Hans Kessler /
Edith Verweyen-Hackmann /
Bernd Weber

Ein guter Gott,
der leiden lässt?

Hans Kessler
Edith Verweyen-Hackmann
Bernd Weber

Ein guter Gott, der leiden lässt?

Materialien zur Bearbeitung der Theodizeefrage
im Religionsunterricht der Sekundarstufe II.

Mit einer Schülerausgabe der Ganzschrift:
Hans Kessler, Gott und der Leid seiner Schöpfung.

religionsunterricht konkret 6
Aufbauendes Lernen –
Materialien und Reflexionen
zum Unterricht in den Sekundarstufen

Herausgeber:
Edith Verweyen-Hackmann / Bernd Weber

Wissenschaftliche Beratung für diesen Band:
Prof. Dr. Hans Kessler
(Systematische Theologie)

Verlag Butzon & Bercker Kevelaer

Bibliografische Information Der Deutschen Bibliothek

Die Deutsche Bibliothek verzeichnet diese Publikation in der
Deutschen Nationalbibliografie; detaillierte bibliografische Daten sind
im Internet über http://dnb.ddb.de abrufbar.

Das Gesamtprogramm
von Butzon & Bercker
finden Sie im Internet
unter www.bube.de

ISBN 3-7666-0572-0

Umschlaggestaltung: Astrid Leson, Münster
Druck und Bindung: WILCO, Amersfoort (NL)

INHALT

Zur Konzeption der Reihe   7

Vorwort   8

Bernd Weber
**Zum Versuch einer rationalen Verantwortung des Gottesglaubens
angesichts des Leidens**   9

Simone Schmitz
**Die Theodizeefrage als religionspädagogische Herausforderung:
Fachdidaktische Reflexionen**   14
1.   Vorbemerkungen   14
2.   Die Theodizeefrage erschließen – aber wie?   17
3.   Das geeignete Alter der Schüler/Schülerinnen für die Behandlung der Thematik   19
4.   Weitere unterrichtspraktische Hinweise   20

Edith Verweyen-Hackmann
Zum Umgang mit Ganzschriften im Religionsunterricht der Sek. II   22
1.   Zum Begriff „Ganzschrift"   22
2.   Warum Ganzschriften im Religionsunterricht der Sek. II?   22
3.   Chancen und Herausforderungen der Lektüre von Ganzschriften
     – didaktische Überlegungen   23
4.   Mögliche Vorgehensweisen beim Einsatz von Ganzschriften im Religionsunterricht   23

Edith Verweyen-Hackmann
Mögliche Ganzschriften zur Theodizeefrage im Religionsunterricht   25

Edith Verweyen-Hackmann
Albert Camus: „Die Pest" (1947) als literarisches Exemplum   27
1.   Warum eine literarische Ganzschrift zur Theodizeefrage?   27
2.   Begründung für die Auswahl dieser Ganzschrift   27
3.   Einführung durch die Schüler   28
4.   Lektüre mit inhaltlicher Akzentuierung   28
5.   Unterrichtsmethodische Aspekte   31
6.   Vergleich der thematischen Bezüge mit der Darstellung in anderen Medien   31
7.   Inhaltliche Weiterarbeit   31
8.   Unterrichtsmaterialien   32

Bernd Weber
**Hans Kessler, „Gott und das Leid seiner Schöpfung" als
systematisch-theologisches Exemplum**   44
1.   Ziele der Auseinandersetzung mit dieser Ganzschrift   44
2.   Auswahl einer theologischen Ganzschrift –
     Lehrer/Lehrerin begründet den Vorschlag (H. Kessler)   45
3.   Hinweise zur Erstlektüre – Aushändigung des Buches   45

4. Sensibilisierung für die Theodizeefrage   46
5. Begriffserklärungen und -präzisierungen   46
6. Was ist Theodizee?   47
7. Klassische Theodizee-Versuche und ihr Ungenügen   47
8. Stationen – Arbeit in Kleingruppen nach individueller Schwerpunktbildung 48
9. Präsentation der Erträge der einzelnen Stationen, Austausch und Vertiefung 48
10. Abschluss: Podiumsdiskussion und Evaluation   48
11. Unterrichtsmaterialien   49

Bernd Weber / Edith Verweyen-Hackmann
Evaluation: Schülerarbeiten und ein praktikables Modell   **71**
1. Schülerarbeit zur literarischen Ganzschrift   71
2. Schülerarbeit zur systematisch-theologischen Ganzschrift   73

Edith Verweyen-Hackmann
Der Glaube kommt vom Sehen – Zu den Bildern dieses Bandes **76**
1. Didaktische Hinweise   76
2. Hannah Höch, Angst 1936   77
3. Christus 15.10.77 von Werner Knaupp, 1977   78

Hans Kessler
„Gott und das Leid seiner Schöpfung. Nachdenkliches zur Theodizeefrage".
Studienausgabe für Schülerinnen und Schüler mit einem Glossar*   **1–65**

* Im Interesse der Übereinstimmung der Seitenzählung erfolgt diese hier analog der Studienausgabe für Schüler. Bestellmöglichkeiten vgl. Umschlagrückseite.

Zur Konzeption der Reihe

Die Reihe *religionsunterricht konkret* richtet sich primär an Lehrerinnen und Lehrer der Fächer Kath. und Ev. Religionslehre, ist aber im Sinne der fächerübergreifenden Zusammenarbeit auch für Lehrerinnen und Lehrer von Interesse, die die Bereiche *Geschichte/Kunst/Literatur/Deutsch/Ethik u. Ä.* vertreten. Alle Bände sind *aus der Praxis erwachsen* und daher eine wirkliche Hilfe *für die tägliche Unterrichtspraxis.*

Die Reihe *religionsunterricht konkret* bietet:

- Hinweise zum aktuellen Stand der fachwissenschaftlichen Diskussion (Theologie, Anthropologie, Ethik u.a.)
- fachdidaktische Reflexionen
- ein umfangreiches Angebot an Unterrichtsmaterialien (Bausteine), das stringent mit den fachwissenschaftlichen und -didaktischen Gesichtspunkten verknüpft ist
- Anregungen zur methodischen und inhaltlichen Erschließung dieser Materialien.

Durchgängig sind folgende Prinzipien leitend:

- Schüler-/Erfahrungsorientierung
- eine ökumenisch-offene Konzeption
- aufbauendes Lernen innerhalb der Jahrgangsstufen der Sekundarstufen I und II
- fächerübergreifende Aspekte
- Handlungsorientierung

Für das systematische wissenschaftspropädeutische Arbeiten ist die Lektüre und Auseinandersetzung mit einer Ganzschrift *die* Chance zu einer vertieften Auseinandersetzung und individuellen, selbstständigen Aneignung; daher wird eine Ganzschriftenlektüre ausdrücklich auch in neueren Lehrplänen nahezu aller Fächer für die gymnasiale Oberstufe/Sek. II empfohlen bzw. gefordert. Dies gilt auch für die Fächer Kath. und Ev. Religionslehre. Die Lektüre einer systematisch-theologischen Abhandlung, wie sie im vorliegenden Band für den Unterricht erschlossen wird, zeigt die *bildende Kraft des Religionsunterrichts* und damit auch die allgemeinbildenden Kompetenzen, die dieses Fach gemeinsam mit anderen Fächern vermitteln kann, wenn es seinen eigenen Zielen und Ansprüchen gerecht wird, den christlichen Glauben heute denkend zu verantworten.

Abweichend von dem Prinzip des aufbauenden Lernens wird mit diesem Band erstmals ein nur auf die Sek. II bezogenes Unterrichtskonzept vorgelegt, das aber angesichts der Lehrplanvorgaben sicher den Bedürfnissen unserer Kolleginnen und Kollegen entgegenkommt. Daher sind wir Herrn Professor Kessler (Lehrstuhl für Systematische Theologie, Universität Frankfurt a. M.) außerordentlich dankbar, dass er sein Werk *Gott und das Leid seiner Schöpfung. Nachdenkliches zur Theodizeefrage (1. Auflage Würzburg 2000, Echter Verlag)* im vorliegenden Band in einer leicht überarbeiteten Fassung für Schülerinnen und Schüler veröffentlicht. Besonders hilfreich ist dabei sicherlich nicht nur das neu erstellte ausführliche *Glossar*, sondern auch die Möglichkeit, diese Schülerausgabe gesondert (Mindestanforderung jeder Bestellung 10 Exemplare; vgl. Umschlagrückseite) bestellen zu können. Daher beginnt mit der Ganzschrift von Hans Kessler in diesem Band auch eine neue Seitenzählung, die der der Schülerausgabe entspricht.

Münster, im September 2003   *Edith Verweyen-Hackmann / Bernd Weber*

VORWORT

„Ich habe nie verstanden

und reagiere immer noch mit Wut und Ärger,

wenn Christen vom ‚lieben' Gott reden,

als ob es nicht so viele Formen des Elends

in der Welt dieses Schöpfers gebe!

Wenn er nun lieb ist, alles gut meinte

und am Anfang machte, wie sie immer sagen,

und wenn er auch noch allmächtig ist –

ja, dann soll er das Leiden doch beenden.

Wozu dient es ihm denn sonst!"

Eine 16-jährige Schülerin

Bernd Weber

Zum Versuch einer rationalen Verantwortung des Gottesglaubens angesichts des Leidens – Einführung

In seinem Roman ‚Die Prozedur' lässt der Autor Harry Mulisch einen Wissenschaftler, der gerade sein Kind verloren hat, sagen: *„Ich habe nie verstanden, wie die Theologen behaupten können, dass die Seelen im Himmel in der glückseligen Anschauung Gottes leben. Wie kann man in Gottes Namen, nach all dem, was im Laufe der Zeit passiert ist, glückselig sein? Der Himmel ist nur als Reich der Amnesie denkbar, das heißt, als eine psychiatrische Einrichtung."*[1] Gott als neurotische Projektion, zwingend, so der Eindruck, verbunden mit der Verdrängung der Geschichte, die auch eine Leidensgeschichte der Menschheit ist und dem Wegsehen von all dem Leid, das Individuen trifft, das sie schmerzvoll tragen. Leiden als ‚Fels des Atheismus', zumindest der kritischen Rückfrage, jetzt mit den Worten einer 16-jährigen Schülerin:
„Ich habe nie verstanden und reagiere immer noch mit Wut und Ärger, wenn Christen vom ‚lieben' Gott reden, als ob es nicht so viele Formen des Elends in der Welt dieses Schöpfers gebe! Wenn er nun lieb ist, alles gut meinte und am Anfang machte, wie sie immer sagen, und wenn er auch noch allmächtig ist – ja, dann soll er das Leiden doch beenden. Wozu dient es ihm denn sonst!"[2]

Übel und Leiden sind aber spätestens ‚nach Auschwitz' *die* Anfragen an den Gottesglauben. Soll dieser rational verantwortet werden, verbietet sich eine „unbeschwert positive Gottesrede"[3], die ‚verblüffungsfest', fraglos und naiv die Theodizeefrage ausblendet, die Frage also, wie der Glaube von einem unendlich vollkommenen und liebenden Gott sprechen kann angesichts der Übel, der Leiden und des Bösen in der Welt. Im Religionsunterricht verbietet sich die Ausblendung dieser Frage schon von seinem Auftrag her, ausgehend von letzten Fragen, die sich in Erfahrungen des Lebens und im praktischen Lebensvollzug stellen, im Rahmen einer systematischen Auseinandersetzung mit biblischen und kirchlichen Traditionen die christliche Antwort auf die Gottesfrage kennen zu lernen und kritisch zu reflektieren. Schülerinnen und Schüler der Sekundarstufe II sind – so meine Erfahrungen – durchaus sensibel für die in diesem Zusammenhang zwingend aufzugreifende Theodizeefrage und immer empfänglich für eine nachdenkliche, sich ihrer Grenzen bewusste Theologie. Dies gilt ungeachtet des empirisch feststellbaren Wertewandels: Lebenspräferenzen sind in den vergangenen Jahrzehnten deutlich in Richtung Genuss- und Spaß-Kultur ausgeprägt; konsumistische und hedonistische Orientierungen angewachsen, die Leiderfahrung und Leiden möglichst auszugrenzen suchen.

Wo dies der Fall ist, gilt es im Religionsunterricht zunächst, individuelle und gesellschaftliche Grundformen der Einstellung zum Leiden zu erschließen. Mit der Lerngruppe ist die je individuelle Wahrnehmung von Leid und Leiden zu thematisieren: „Wie erleben Menschen eigenes und fremdes Leid?" „Welche Dimensionen umfasst Leid...?"[4] Sodann: Leidunempfindlichkeit und *Leidverdrängung (Apathie/Gefühllosigkeit, Unfähigkeit zum Leiden – Ataraxie – Unberührbarkeit und Unerschütterlichkeit),* die in einem gewissen Maß zweifellos Voraussetzung des Überlebens in der modernen Gesellschaft sind, will man angesichts des Wissens um täglich neues weltweites Leid arbeits- und handlungsfähig, auch fähig zur Solidarität bleiben bzw. werden. Somit kann es im Religionsunterricht nicht nur um Beschreibung von Zuständen gehen, sondern immer auch um Nachfragen – welchen Preis zahlen wir für die Verdrängung des Leidens? – und um Alternativen: Empathie und Solidarität mit Leidenden, eine Kultur der Erinnerung und Wahrnehmungsfähigkeit

---

[1]   Zit. H. Mulisch, Die Prozedur, Reinbek 2001, 172 (Erstveröffentlichung: Amsterdam 1998).

[2]   Zit. nach: S. Schmitz, Die Leidproblematik als religionspädagogische Herausforderung, Relevanz und Vermittelbarkeit von Grenzsituationen des Lebens für den Religionsunterricht, Münster 2001, 11.

[3]   Zit. H. Vorgrimler, Das Schweigen Gottes und die Fragen nach seiner Rechtfertigung, in.: ders., Auf dem Weg zum göttlichen Geheimnis, Kevelaer 2000, hier 111.

[4]   Vgl. dazu S. Schmitz, a.a.O., 71ff.

für eigenes und fremdes Leid, die mit der Nachfolge Jesu unabweisbar verbunden sind. Um diesen Zusammenhang zu wissen ist auch dann bedeutsam, wenn Schülerinnen und Schüler je für sich diese Entscheidung offen halten.

Von hier kann eine Sensibilisierung für die Theodizeefrage aufgebaut werden, wie eben schon angedeutet wurde. Diese ist Voraussetzung, um im Spektrum biblischer Theologie (ich verweise z.B. auf das Buch Hiob) und systematischer Theologie[5] theologische Reflexionen zu erarbeiten, die es den Schülerinnen und Schülern ermöglichen, für sich Antwort zu finden, ob und inwieweit ein tragfähiges (christliches) Sprechen von Gott möglich ist und bleibt. Dazu einige Hinweise im Anschluss an *Kessler* u.a.

„Die Glaubensrede vom allmächtigen Gott ist in der Krise. Und auch die scharfsinnigsten theologischen Erläuterungen werden daran wenig ändern. Wie sollte ein Gott allmächtig genannt werden dürfen, der die schlimmsten Katastrophen und die ruchlosesten Verbrechen der Menschheitsgeschichte einfach geschehen lässt? (...) Wäre es Menschen von ‚normalem' Empathievermögen, wenn sie denn in Gottes Lage wären, etwa zuzutrauen, dass sie nur ungerührt zuschauen? *‚Wäre ich allmächtig'* – sagt *Georg Büchners* Lenz – *‚sehen Sie, wenn ich so wäre, ich könnte das Leiden nicht ertragen, ich würde retten, retten.'* Der Allmächtige wäre in so vielen und dramatischen Fällen der unterlassenen Hilfeleistung anzuklagen, dass nach dem katastrophalen Verlauf der letzten zwei Jahrhunderte vielen die berühmte Sentenz *Stendhals* aus der Seele gesprochen ist: ‚Die einzige Entschuldigung Gottes ist, dass er nicht existiert.'"[6]

In einem theologischen und deshalb argumentativen Diskurs kann es angesichts dieser Anfragen nur darum gehen, die Theodizeefrage offen zu halten, „also hinreichend gute Gründe dafür ins Feld zu führen, dass die Argumente gegen die Vereinbarkeit von Gottesglauben und geschichtlicher Leiderfahrung" nicht derart zwingend sind, dass der Glaube völlig sprachlos ist, dass er allenfalls als Restbestand eines überholten Bewusstseins gesehen werden muss!

Mit *Kessler* u.a. halte ich in diesem Kontext Wege, die die Macht Gottes aufgeben und von seiner letztlich völligen Ohnmacht sprechen *(Kushner, Jonas u.a.)*, für theologische Immunisierungsstrategien gegen die einführend genannte Kritik, die mich persönlich auch nicht überzeugen. Hier einige Bruchstücke, wie eine rationale Verantwortung aussehen kann, mit *Kessler* gesprochen: ‚Nachdenkliches zur Theodizeefrage':

Alle theologischen Antwortversuche sind von vornherein nicht so zu verstehen, als wäre *die* Antwort möglich. Da Gott, wenn er Gott ist, in seiner Unverfügbarkeit ein Geheimnis ist und bleibt (vgl. bibl. Bilderverbot), muss sich der Glaube an den Gott der Bibel seines Hoffnungscharakters bewusst bleiben, der notwendig offene Fragen einschließt. Die folgenden Thesen sind nur vor diesem Hintergrund zu verstehen.

Wer immer entschieden für das Gute, für Recht und Gerechtigkeit in Verbindung mit Barmherzigkeit eintritt, hat sich mit seiner Lebenspraxis für eine Option entschieden, *dass das Gute das letzte Wort haben soll;* er setzt – ob er es weiß oder nicht – letzten Endes auf Gott, dass er sich erweisen möge.[7]
Christlicher Gottesglaube impliziert, dass Gott die Liebe und die All-Macht ist, der Grund der Schöpfung von Welt und Mensch. Indem er diese in ihr Eigen-Sein freigibt, „beschränkt Gott sich

---

[5]   Vgl. z. B. Hans Jonas, Der Gottesbegriff nach Auschwitz, Eine jüdische Stimme, Frankfurt/M. 1987; H. Kessler, Gott und das Leid seiner Schöpfung, Nachdenkliches zur Theodizeefrage, Würzburg 2000; H. Kushner, Wenn guten Menschen Böses widerfährt, 5. Aufl. München 1997; J. B. Metz (Hrsg.), Landschaft aus Schreien, Zur Dramatik der Theodizeefrage, Mainz 1995; J. Moltmann, Der gekreuzigte Gott. Das Kreuz Christi als Grund und Kritik christlicher Theologie, München 1972.

[6]   Zit. J. Werbick, Der Glaube an den allmächtigen Gott und die Krise des Bittgebets, in: Berliner Theologische Zeitschrift, 18, 2001, H.1, 40-59,40; das folgende Zitat ebd., 49.

[7]   Vgl. H. Kessler, Gott und das Leid, a.a.O., 121; das folgende Zitat ebd. 111.

und seine Macht ... für eine gewisse Frist: für die Frist der kosmischen und biologischen Evolution, für die Frist der Menschheitsgeschichte, für die Frist jedes individuellen Lebens bis zu dessen Tod."

Gott will also weder das physische noch das moralische Übel, er muss es aber mit „der freien Setzung einer ...Werde-Welt" „für befristete Zeit hinnehmen".[8] „Wenn Gott die Liebe des Menschen gewinnen will, darf er ihn nicht mit seiner Herrlichkeit überwältigen, sondern kann sich ihm nur in verborgener, zeichenhafter Gestalt zeigen, die dem Menschen die Möglichkeit lässt, frei auf ihn einzugehen oder auch ihn zu ignorieren."

„Gott wirbt – *vermittelt* vor allem ... *durch* Menschen, die sich von ihm ansprechen und bewegen lassen ...: Er wirbt um Guttat, Heilung, Versöhnung in Gerechtigkeit."[9] „Auch dort ..., wo die Menschen am Ende sind mit ihren Handlungsmöglichkeiten (also im eigenen Tod, angesichts des Todes der anderen, im Hinblick auf das ihnen angetane und von uns nicht wiedergutmachbare Unrecht), auch dort ist Gottes schöpferische Liebe – so die biblische Botschaft von Tod und Auferstehung – nicht am Ende."

„So setzt der Glaube gerade *gegen* das Leid auf *Gott*, nicht aber auf die Zusammenreimbarkeit von Gott und Leid."[10]

Gott erweist sich in der Zuwendung Jesu zu den Ausgestoßenen und Entrechteten als mitleidend. Problematisch bleibt jedoch die Rede vom ‚leidenden Gott'[11]. Wird damit dem Protest des Atheismus die Basis entzogen oder handelt es sich um eine theologische Immunisierungsstrategie, eine fragwürdige theologische Sinngebung des Leidens? Wird alles nicht noch schlimmer, wenn auch Gott ohnmächtig ist? Somit muss die Rede vom ‚mitleidenden Gott' differenziert werden: „Ein leidender Gott, wenn er *nur* (passiv) leiden würde"[12], führt zur ‚Verdoppelung des Leidens' *(J.B. Metz)*. „Das *Leiden Gottes* ist heilend und erlösend nur dann, wenn er es gerade *nicht* in sich verewigt (...), sondern wenn in seiner frei mitleidenden Liebe eine größere Kraft (All-Macht) ist, wenn sie ... das Leid auch aktiv-real ... zu überwinden vermag. Und dies ... zumindest anfanghaft schon hier und jetzt, indem sie den Willen und die Kraft gibt, im Tun der Tora bzw. auf den Fußspuren und im Geiste Jesu das Leid, wo immer es geht, wenigstens partiell zu heilen oder doch zu lindern und, wo dies nicht möglich ist, es in Solidarität mitzutragen bzw. in Würde und Hoffnung zu bestehen." Biblisches Sprechen von Gott angesichts des Leidens und der Übel ist insofern immer ein „Schrei nach Gott, ihre Gottesrede wird zum Schrei nach Rettung der ungerecht Leidenden, der Opfer (Ex 2f. u.a.; Mk 15,34). Gerade dabei sagt sie ja zu einem Gott, der noch mehr und anderes ist als Natur und Geschichte mit ihren Zweideutigkeiten."[13]

Im Blick auf die Auferstehung Jesu und die von hier gestiftete Hoffnung kann man individuell auch dem erlittenen Leid und Übel als Teil der eigenen Lebensgeschichte Bedeutung, vielleicht sogar Sinn zusprechen; eine *allgemeine Unterstellung von Sinn* schlägt hier aber „leicht in (eine) unerträgliche Rechtfertigung von Übeln und Qualen"[14] um. Insofern bleiben Fragen offen. Hier bleiben für den Glaubenden *Klage* und *Anklage*: „Nützt es dir, dass du Gewalt verübst, dass du das Werk deiner Hände verwirfst, doch über dem Plan der Frevler aufstrahlst" *(Hiob 10,3)* klagt Hiob in seinem Elend Gott an. „Das Gebet der Klage, ja sogar der Anklage, ist vielleicht die einzige Form,

---

[8]   Zit. ebd., 111f.; das folgende Zitat ebd., 113.
[9]   Zit. ebd. 118; das folgende Zitat ebd., 118f.
[10] Zit. ebd. 119.
[11] Vgl. J. Moltmann, Der gekreuzigte Gott. Das Kreuz Christi als Grund und Kritik christlicher Theologie, München 1972; hier vertritt Moltmann die christologische bzw. trinitätstheologische These, das Leiden des Sohnes habe den Vater nicht unberührt gelassen, das Kreuzesereignis sei ein innertrinitarisches Ereignis, Gott selbst habe das Leiden auf sich genommen.
[12] Zit. H. Kessler, Gott und das Leid, a.a.O., 107; das folgende Zitat ebd. 109f.
[13] Zit. ebd., 121.
[14] Zit. ebd., 118.

in der Menschen die Situation wirklich sinnlosen Leidens religiös und ehrenvoll bestehen können. Diese Gebetsform ist aus dem christlichen Bereich weitgehend entschwunden. Dabei ist die Klagerede gegen Gott keineswegs ehrfurchtslos." In der Klage wird Gott in seiner Unerfassbarkeit ebenso ernstgenommen wie der Klagende sich selbst ernst nimmt, der „sich mit den Grausamkeiten des Daseins nicht einfach abfinden, ... sich nicht knechtisch unterwerfen kann und darf und dem als letztes Recht der Frage bleibt: ‚Warum‘?[15]

Mit dem Warum, das ja ausdrücklich an Gott als Gegen-Pol des Übels festhält, ist stets ein Protest gegen eigenes und fremdes Leiden gegeben, mit dem man sich nicht gleichgültig abfindet, ein Protest, der sich in der Perspektive des Glaubens mit der Hoffnung auf die gerechtigkeitsschaffende Macht Gottes verbindet, mit der Hoffnung, „dass unsere *Sehnsucht nach Gerechtigkeit* gerade nicht am Tode strandet, davon, das nicht nur die Liebe, sondern auch die Gerechtigkeit stärker ist als der Tod".[16] Damit ist für Christen die mit der Auferweckung Jesu und der endzeitlichen gerechtigkeitsschaffenden Macht Gottes verbundene Hoffnung eingeschlossen, „dass mit dem Tod die Herrschaft der Herren und die Knechtschaft der Knechte keineswegs besiegelt ist." Unmittelbar verbunden mit dieser Hoffnung ist die *historisch-politische Dimension der Verantwortung des Glaubens*: die Erinnerung an Leiden und die Kritik der Verhältnisse und Verhaltensweisen, die abwendbares Leiden in Vergangenheit und Gegenwart zulassen und das soziale und politische Engagement, das Konsequenz eines glaubwürdigen christlichen Zeugnisses ist und bleibt.

Wenn somit in christlichen Kirchen in Gottesdiensten, hier vor allem in der Predigt häufig völlig unbekümmert von dem ‚lieben Gott' gesprochen wird, somit völlig welt-fremd und welt-los, ohne Bedeutung, die über eine situative individuelle religiöse Imagination hinausgeht, dann tun sie sich und ihrem Verkündigungsauftrag mit dieser Verharmlosung schwersten Schaden an, zumal dieser verfälscht wird, weil die Weitergabe und praktische Bezeugung der Reich Gottes-Botschaft Jesu Christi immer auch ein Leidensgedächtnis ist und eine Lebensorientierung, die im Geiste Jesu Wege der Nachfolge zu gehen sucht, immer neu Widerspruch erfährt und erfahren wird, somit auch heute mit erduldeter Gewalt und tödlichen Konflikten verbunden ist.

Ein glaubwürdiges Zeugnis der Nachfolge ist auch getragen von der Hoffnung, die daran festhält, dass das Gute unbedingt sein soll. „Der praktischen Auflehnung gegen das Böse und das Leid liegt ... selber ein – vielleicht gar nicht bewusstes – Setzen auf und Vertrauen auf das Gute als eine unbedingt einfordernde und bejahende Macht ... zugrunde",[17] die Christen (Juden und Muslime) mit Gott verbinden, der sich zeigen möge. Insofern hält der Glaube eine Hoffnung fest, die einen ‚Verheißungsvermerk' trägt: „Ihre Wahrheit muss sich immer wieder erst erweisen, anfanghaft schon jetzt und einst vollends."

„Letztlich stehe ich immer neu vor der *Frage*, ob ich mir die Option Jesu für einen Gott der Güte als letzten tragenden Grund und letzt-gültigen Sinn-Grund der Welt zu Eigen mache und daraus mein Leben und meine Welt gestalten will." Falls ja, fälle ich eine Entscheidung, die „zu einer bejahenden Grundeinstellung zu Mitmenschen und Mitgeschöpfen" führt".[18]

Von diesem Versuch, der die Theodizeefrage nicht entschärft oder still stellt, sondern offen- und auszuhalten sucht, wünsche ich mir, dass Schülerinnen und Schüler ihn nach-denken und kritisch diskutieren. Welche Entscheidung sie dann für sich treffen, bleibt selbstverständlich ihre Sache.

---

[15]   Zit. H. Vorgrimler, Das Schweigen Gottes, a.a.O., 116.
[16]   Zit. Unsere Hoffnung, Ein Bekenntnis zum Glauben in dieser Zeit, in: Gemeinsame Synode der Bistümer in der Bundesrepublik Deutschland, Offizielle Gesamtausgabe Bd.1, Freiburg 1976, 84 - 111, hier 92; das folgende Zitat ebd. 93.
[17]   Zit. H. Kessler, Gott und das Leid, a.a.O., 128; das folgende Zitat ebd. 126.
[18]   Zit. ebd. 129 u. 131.

Wenn der RU der Sek. II zu derartigen Reflexionen hinführen soll, was spricht dann für eine *Ganzschriftlektüre*?

Ich teile die entsprechenden Ausführungen im Lehrplan Kath. Religionslehre (Sek. II, NRW, 35):

- „Die Lektüre einer Ganzschrift (z.B. biblische Schrift, lehramtliches Dokument, theologische Abhandlung, literarisches Werk) ermöglicht Schülerinnen und Schülern die vertiefte Auseinandersetzung mit einem Sachverhalt, einer Position oder Deutung; sie schult das zielgerichtete, entdeckende Lesen und das selbstständige Erschließen komplexer Strukturen ...“

- eine ernstzunehmende systematische theologische Abhandlung zeigt, dass die Theologie nicht Glaubenssätze dekretiert, sondern argumentativ erschließt

- dass sie ihre Aussagen im Dialog mit anderen Wissenschaften entfaltet, hier vor allem mit Philosophie, Sozialwissenschaften und Naturwissenschaften

- dass sie Theorien, also begründete theologische Hypothesen vorstellt, die kritische Rückfragen selbstverständlich zulassen

- dass der Wahrheitsfrage eine existentiell-praktische Dimension zukommt: die Wahrheit theologischer Aussagen muss sich in der Praxis bewähren: Gerechtigkeit - Frieden und Bewahrung der Schöpfung sind hier zentrale praktische Zeugnisse christlichen Gottesglaubens

- dass es hier stets auch um eine Hoffnungs- und Zukunftsdimension geht: die Wahrheit steht noch aus; sie kann sich, der Glaubende sagt hoffend, sie wird sich erweisen *(die eschatologische Dimension)*

- dass theologische Arbeiten selbstverständlich wie andere wissenschaftliche Abhandlungen mit einem Anmerkungsapparat, mit Bibliographien usw. arbeiten

- nicht zuletzt stärkt der Umgang mit Ganzschriften die Selbstständigkeit der Schülerinnen und Schüler, da sie als Leser ernst genommen werden und nicht nur eine von den Lehrerinnen und Lehrern erstellte Zusammenstellung von Textauszügen erhalten.

Insofern ist die Ganzschriftenlektüre exemplarisch für wissenschaftspropädeutisches Arbeiten. Zudem erlaubt sie eine Vielfalt methodischer Zugänge, die allerdings bei systematischen Abhandlungen deutlich eingeschränkter sind als bei literarischen Ganzschriften *(vgl. den Beitrag von E. Verweyen-Hackmann in diesem Band; hier auch als Exemplum einer literar. Ganzschrift Camus, ‚Die Pest‘).*

‚Leichte Kost‘ ist das hier für eine Ganzschriftenlektüre im Religionsunterricht der Sek. II erschlossene und im vorliegenden Band in einer Schülerfassung enthaltene Buch von Kessler nicht. Ich teile nach meinen unterrichtlichen Erfahrungen jedoch das Urteil von Thomas Menges,[19] dass es sich „gut als zusammenfassender Überblick“ eignet, wenn eine Auswahl getroffen wird. Wie diese aussehen kann, wird im vorliegenden Buch aufgezeigt. „Das Buch (Kesslers) überzeugt vor allem durch den knappen, aber kritisch-souveränen Überblick über die verschiedenen Lösungsversuche des Theodizeeproblems in Vergangenheit und Gegenwart. Die Lektüre ... erfordert allerdings eine gewisse theologische Vorbildung“.[20] Davon darf man in der Jahrgangsstufe 12 ausgehen. Im Sinne der Wissenschaftspropädeutik ist es notwendig, dass Schülerinnen und Schüler eine fachbezogene wissenschaftliche Argumentation kennen- und verstehen lernen inklusive der Verfahren: Referenzstellen, Anmerkungen, Apparat und Register. Wenn der Religionsunterricht diesen Versuch eingeht, kann er einen Beitrag leisten zur Förderung analytischer Fähigkeiten und argumentativer Diskursfähigkeit der Schülerinnen und Schüler. Damit beweist der Religionsunterricht seine Bedeutung im Kontext des Bildungs- und Erziehungsauftrags der Schule.

---

[19] Vgl. Th. Menges, Rezension zu Kessler, Gott und das Leid ... in ‚Kirche und Schule‘ Nr. 17, März 2001, 18f.
[20] Zit. Publik-Forum Nr.11, 2001.

Simone Schmitz

Die Theodizeefrage als religionspädagogische Herausforderung: Fachdidaktische Reflexionen

1. Vorbemerkungen

„Ich habe nie verstanden und reagiere immer noch mit Wut und Ärger, wenn Christen vom ‚lieben‘ Gott reden, als ob es nicht so viele Formen des Elends in der Welt dieses Schöpfers gebe! Wenn er nun lieb ist, alles gut meinte und am Anfang machte, wie sie immer sagen, und wenn er auch noch allmächtig ist – ja, dann soll er das Leiden doch beenden! Wozu dient es ihm denn sonst?"
Sigrun, 16 Jahre[1]

Wo immer Menschen mit eigenem wie fremdem Leid konfrontiert werden, tut sich unweigerlich gleich ein ganzes Spektrum an Fragestellungen auf, die irgendwie in Zusammenhang miteinander stehen, aber nicht unmittelbar auf ein klar umrissenes Problem reduziert werden können. Fast immer kommt jedoch – früher oder später – die Frage nach Gott ins Spiel, zumindest aber wird das Gerechtigkeitsempfinden und Weltvertrauen in Frage gestellt:
Wenn es einen Gott gibt, zu dem wir uns als den Allmächtigen und Allgütigen bekennen, wie kann er ein solches Ausmaß an Leiden zulassen? Kann überhaupt (noch) von Gott gesprochen werden angesichts des mannigfachen Leidens in dieser Welt? Wo ist er bei all dem? Kann seine Existenz noch vorausgesetzt werden? Woher kommt überhaupt das Leid und das Böse in der Welt? Warum greift Gott nicht oder nicht häufiger in die Welt ein, um Leid zu verhindern?
Den Jugendlichen ist in vielen Fällen sicherlich kaum bewusst, dass sie einen Fragekomplex mit langer Tradition aufwerfen, dass sie *die* Menschheitsfrage schlechthin stellen. Dabei sind einige dieser Fragen nicht als Sachfrage im eigentlichen Sinn zu verstehen; vielmehr müssen sie als Vorwurf, als Ausdruck des Unverständnisses und bisweilen auch als Schrei danach verstanden werden, dass Gott das Leiden beende!
Um diese und ähnliche (An)fragen muss es auch im Religionsunterricht gehen, und auch wenn nach inzwischen durchweg gängigem (religions-)philosophischen und, zumindest überwiegend deutschem[2], theologischen Konsens die Frage nach dem Leid oder vielmehr die der Rechtfertigung Gottes angesichts des Leids, unlösbar[3] im Sinne von nicht eindeutig oder zufriedenstellend beantwortet bzw. rein intellektuell erfasst werden kann, so darf dies nicht zur Resignation führen oder gar dazu, diese Menschheitsfrage nicht mehr zu stellen!

Im Verlauf des Lebens gibt es Phasen, in denen sich solche kritischen (An)fragen verstärkt aufdrängen und beunruhigen. Dazu zählt besonders das Alter des Heranwachsens, in dem das selbstständige Denken immer mehr erwacht und bisher vermittelte Antwortmuster oftmals nicht

---

[1]   Diese wiedergegebene Äußerung einer Schülerin ist dem Studienbuch Religionsunterricht 5 von Albrecht Willert, Das Leiden der Menschen und der Glaube an Gott, Göttingen 1997, 7, entnommen. Der Autor, selbst Religionspädagoge, behandelte in einem Kurs der Jahrgangsstufe 11.2 das Halbjahresthema „Provokationen aus grauer Vorzeit für neuzeitliche Menschen? Aspekte des Gottesbildes im Alten Testament." Die thematische Vorgabe dieser Unterrichtseinheit lautete: „Was ich Gott immer schon mal schreiben wollte ..." Diese Schülerin weigerte sich allerdings, Gott persönlich anzuschreiben, sie bevorzugte es, über Gott zu schreiben.

[2]   Vgl. Armin Kreiner, Gott im Leid – Zur Stichhaltigkeit der Theodizeeargumente, Freiburg, Basel, Wien 1998, 10 u. 47: Dem Verfasser ist nicht ersichtlich, wie gerade von theistischer Seite die Unlösbarkeit des Theodizeeproblems mit großer Selbstverständlichkeit behauptet werden kann, ohne jedoch die – seiner Meinung nach – logischen Konsequenzen zu ziehen. Einen völligen Widerspruch sieht er in der Tatsache, dass dieses Problem für definitiv unlösbar erklärt, jedoch die Botschaft von einem gütigen und allmächtigen Gott weiterhin verkündet wird. Das Eingeständnis der theoretischen Unlösbarkeit scheint, so Kreiner, inzwischen zum festen und unhinterfragbaren Inventar eines Großteils des deutschsprachigen Theodizee-Diskurses zu zählen.

[3]   Vgl. Norbert Hoerster, „Zur Unlösbarkeit des Theodizeeproblems", in: Theologie und Philosophie, 60. Jahrgang, Freiburg, Basel, Wien 1985, 400–409.

mehr zufriedenstellen. In diesem Entwicklungsprozess löst sich auch das kindliche Gottesbild – unter Bedingungen religiöser Sozialisation – allmählich auf, und „es wird gerade durch leidvolle Erfahrungen fragwürdig und verliert seine Tragfähigkeit."[4] So fällt in die Jugendzeit eine intensive Auseinandersetzung mit der Leidproblematik, die unweigerlich theologische Züge annimmt, da die Realität des Bösen die „Warum-Frage" nahezu provoziert. Gerade der Religionsunterricht bietet eine große Chance, an dieses diffizile und sehr sensible Thema gemeinsam mit den Jugendlichen heranzugehen und ein Forum der Auseinandersetzung zu schaffen. Dies setzt jedoch beim Lehrer nicht nur eine Vertrautheit mit der Theodizee-Problematik überhaupt, sondern auch die Kenntnis der gegenwärtigen theologischen Fragestellung voraus, um den Fragen seitens der Schülerinnen und Schüler begegnen zu können.

Bereits zu diesem frühen Zeitpunkt soll auf ein generelles Problem hingewiesen werden, das dem Religionsunterricht in beiden Sekundarstufen Schwierigkeiten bereitet und das in besonderem Maße bei der Behandlung der Leidproblematik zum Vorschein kommen könnte: Immer weniger sind die Schüler[5] bereit, sich auf Fragen einzulassen, die am Ende nicht zu einer „glatten" Lösung führen: Vom Unterricht in den naturwissenschaftlichen Fächern sind sie es gewohnt, dass mit Hilfe der Experimente die anfängliche Hypothese am Ende falsifiziert oder verifiziert wird.[6] Grundsätzlich wenig Verständnis bringt die Mehrzahl der Schüler hingegen für ein das Problem umkreisendes „besinnliches Denken" auf, das sich einem Geheimnis zu nähern versucht, ohne es aber jemals vollständig erfassen zu können. Der dazu erforderliche „lange Atem" verflüchtigt sich bei vielen schon nach kurzer Zeit; doch damit geht auch das Staunen vor dem abhanden, was sich letztlich dem denkerischen Zugriff entzieht.

 Da es gerade bei der Behandlung der Leidproblematik u.U. keine, schon gar nicht *die* theoretische Lösung[7] bzw. Antwort gibt, ist zu befürchten, dass die Schüler bald das Interesse verlieren werden. Die Bereitschaft, vor einem Geheimnis auszuharren und es nicht auf eine definitive begriffliche Formel bringen zu können, entspricht so gar nicht der Ungeduld und inneren Rastlosigkeit vieler Jugendlicher, ist aber Voraussetzung für die Erschließung der Leidfrage, wie sie hier vorschwebt. Der Lehrer ist also ganz besonders gefordert, den Komplex Leidproblematik so interessant und abwechslungsreich, aber dennoch so eingängig wie möglich in seiner Vielschichtigkeit zu vermitteln.

Diesen Anforderungen gerecht zu werden, die nicht nur didaktisches Feingefühl, sondern auch ein „waches theologisches Geschick für die heute angemessene Behandlung der Theodizeeproblematik"[8] fordern, ist sicherlich in der theoretischen Überlegung einfacher als in der konkret-praktischen Umsetzung. Denn im Verlauf der Literaturrecherche sowie bei Einblicknahme in die zur Verfügung stehenden Lehrmittel zeichnete sich ab, dass zwar einiges, wenn auch noch immer relativ weniges, an Material zur Leidproblematik im Hinblick auf die Thematisierung im Unterricht vorliegt, diese aber fast ausschließlich aus einer Aneinanderreihung verschiedener Textauszüge ohne jegliche didaktische Hilfestellung, ohne

---

[4]   Vgl. Ralph Sauer, Gott – lieb und gerecht? Junge Menschen fragen nach dem Leid, Freiburg i.Br. 1991, 9 des Vorwortes.

[5]   Der besseren Leserlichkeit halber soll auch im Folgenden auf integrative Sprache verzichtet werden und nur der Begriff „Schüler" verwendet werden; gleiches gilt auch für die Bezeichnungen „Lehrer" und „Religionspädagoge". Es ist selbstverständlich, dass in dieser Bezeichnung die Schülerinnen, Lehrerinnen und Religionspädagoginnen immer mit inbegriffen sind.

[6]   Vgl. Ralph Sauer, Gott – lieb und gerecht? Junge Menschen fragen nach dem Leid, Freiburg i.Br. 1991, 202.

[7]   Die Beurteilung einzelner Theodizee-„Lösungen" hängt natürlich primär davon ab, was man von ihnen erwartet: Der Erwartung einer theoretisch-spekulativen Auflösung von Widersprüchen liegen andere Kriterien zugrunde als der Erwartung von Hilfestellungen für eine existentielle Bewältigung von Leiderfahrungen oder der Erwartung von praktischen Strategien zur Leidreduzierung. Gerade im Rahmen der Theodizeeproblematik kann diese Sensibilisierung dazu beitragen, den Schülern ein differenzierteres Verständnis des Lösungsbegriffs zu vermitteln.

[8]   So schon Ralph Sauer, Gott – lieb und gerecht? Junge Menschen fragen nach dem Leid, Freiburg i.Br. 1991, 10 des Vorwortes.

erhältlichen Lehrerkommentar besteht, so dass es allein der individuellen Einsatzbereitschaft des jeweiligen Lehrers obliegt, sich vorab selbst intensiv mit neueren kritischen Diskussionsansätzen auseinanderzusetzen und sich ganz unabhängig ein Konzept zu erarbeiten, will er diesen Themenkomplex mit den Schülern nicht nur oberflächlich – und schon wieder theologisch „überholt" – abhandeln, sondern wirklich in seiner Tiefe erarbeiten. Mit der Behandlung der Leidfrage, so lässt sich sicher konstatieren, werden Religionslehrer weitgehend – dies gilt für den Sek I- wie Sek. II- Bereich gleichermaßen – alleingelassen, wohingegen philosophische und theologische Auseinandersetzungen zur Theodizee-Problematik ganze Bibliotheken zu füllen scheinen. Möglicherweise spiegelt sich darin die ganze Komplexität dieses Themenbereichs, vor dem die Verfasser der Rahmenrichtlinien und der Schulbücher offenbar kapitulieren?[9]

Und dennoch: Kann es wirklich einen (christlichen) Religionsunterricht geben, sofern er sich denkend[10] verantwortet, der die Frage nach dem Leid nicht in besonderer Weise thematisiert? Die Theodizeefrage auszublenden ist der Religionspädagogik nicht nur aus Gründen der Redlichkeit und der Selbstachtung verwehrt, sondern auch aus Gründen der Glaubwürdigkeit gegenüber den von uns gar nicht erst wachzurufenden, sondern immer schon *vorhandenen* Fragen der Kinder und Jugendlichen! Denn jedem, der mit offenen Augen durchs Leben geht, begegnet dem Leid in seinen unterschiedlichsten Facetten und Ausprägungen. Es kann keine Alternative sein, auszuweichen und die Heranwachsenden mit ihren Fragen sich selbst zu überlassen.

Diese Entscheidung jedoch verschärft sich in dem Maße, als dass die Theodizeeproblematik (kritischen) Schülern nahegebracht werden soll, die bereits über eine eigene Glaubensgeschichte bzw. „Unglaubensbiographie" verfügen und in ihrem bisherigen Leben auf unterschiedliche Weise mit dem Leiden konfrontiert worden sind. In Anbetracht dessen wird man sich als Theologe und Religionspädagoge schon aus Gründen der Glaubwürdigkeit vor allzu eingängigen Theorien hüten müssen. Ansonsten besteht die Gefahr, an der Leidensrealität in ihrem Facettenreichtum und an den Schülern vorbeizudenken und vorbeizutheologisieren.

Als erfahrener Religionspädagoge berichtet Willert, dass sich viele Schüler zunächst an der Frage nach der Existenz Gottes relativ desinteressiert zeigen oder glauben, sie habe für sie keine Relevanz (mehr) – dennoch debattiert ein Großteil dieser Schüler heftig das vermeintlich lieb- und teilnahmslose Verhalten eines (möglicherweise) nicht existenten Gottes angesichts vielfältiger Formen menschlichen Leidens[11], auch ohne sich selbst für religiös zu halten. Der Grund? Nicht wenige geben an, das traditionelle Gottesbild, das die Attribute der Güte und Allmacht in sich vereint, sowie eine tiefe Skepsis bezüglich der Anwesenheit Gottes, ja, ein Gefühl der Einsamkeit gerade in leidvollen Situationen sei der Grund dafür, die Existenz Gottes zu negieren oder für sich selbst als unbedeutend zu betrachten.[12] Bereits durch diese wenigen Aussagen aus Schülermund wird das schon vorhandene Potential und der „Sprengstoff" erkennbar, mit dem im Religionsunterricht gearbeitet werden kann.

---

[9]   Ebd., 10 des Vorwortes.

[10]   Noch immer wird häufig die Ansicht vertreten, der Bekenntnischarakter des Glaubens leide dadurch, einen Standpunkt auch außerhalb des Glaubens zu beziehen, um ihn von dort aus dann kritisch-distanziert zu beleuchten. Dies widerspreche dem Proprium theologischer Reflexion. Doch sind nicht gerade beide Komponenten, eine nüchtern-kritische Distanz in Verbindung mit einem engagierten Bekenntnis, die Standbeine des Glaubens? Vgl. hierzu Armin Kreiner, Gott im Leid – Zur Stichhaltigkeit der Theodizeeargumente, Freiburg, Basel, Wien 1998, 23f.

[11]   Vgl. Albrecht Willert, Das Leiden der Menschen und der Glaube an Gott, Göttingen 1997, 7.

[12]   Solche Aspekte sind nicht nur im Einleitungsteil in Form des Zitates einer Schülerin, sondern auch im theoretischen Abriss der Theodizeefrage angesprochen worden und werden auch hier, im unterrichtspraktischen Teil, Thema sein. In wesentlich ausführlicherer Form bei Simone Schmitz, Die Leidproblematik als religionspädagogische Herausforderung, Münster, Hamburg, London 2001.
      Vgl. Albrecht Willert, Das Leiden der Menschen und der Glaube an Gott, Göttingen 1997, 7.

2. Die Theodizeefrage erschließen – aber wie?

Im Folgenden soll der Blick nun konkret, soweit im hier eng gesteckten Rahmen möglich, auf die Frage nach der Thematisierung der Leidproblematik im schulischen Religionsunterricht gelenkt werden. Dieser verweist auf die bereits genannten grundsätzlichen Vorüberlegungen und bemüht sich anschließend um eine Begründung der Themen*auswahl* innerhalb dieses Fragekomplexes. Altersentsprechende Situierung und eine (Überblicks)Planung des Kursverlaufs samt Untergliederung in drei Unterrichtseinheiten mit je unterschiedlicher Schwerpunktsetzung runden den Entwurf einer denkbaren Umsetzung der Leidthematik im schulischen Religionsunterricht ab, wobei die Frage nach Gott stets direkt oder implizit zur Sprache kommen soll. Wie bereits gesagt, kann dies hier leider nur sehr kursorisch geschehen und impulsartig angedacht werden.[13]

Die enorme Vielschichtigkeit der Theodizeefrage ist es, die zu einer Auswahlentscheidung zwingt: *alles* kann einfach nicht angesprochen werden. Diese ist so getroffen worden, dass die Bandbreite der Leidproblematik durchaus im Bewusstsein der Schüler steht, wenn auch nur einige, dafür m. E. wesentliche Aspekte thematisiert werden. Der Entwurf Leibniz', der den Begriff „Theodizee" zwar prägte, ihn aber nur aufgrund seiner philosophisch-theologischen Vordenker wie bspw. Epikur und Augustinus entwickeln konnte, ist unumgehbar. Letztlich soll es jedoch um eine notwendig gewordene Modifikation des Gottesbildes gehen, die den Schülern Anhaltspunkte und Hilfestellung zur eigenen Reflexion geben kann, wobei die Frage nach dem Allmachtsverständnis Gottes und – damit verwoben – jüdisch-christliche Sichtweisen zum Thema Leid die Schwerpunkte bilden. Oberstes Gebot muss sein, christlicherseits nicht der Gefahr zu unterliegen, vorschnelle Antworten präsentieren zu wollen, sondern stattdessen einen kritischen Blick auf eigene christliche Traditionen zu werfen.

Zu den drei Unterrichtsblöcken:

Vorrangiges Ziel ist es, die Schüler in der *ersten* Unterrichtseinheit zunächst für die Vielfältigkeit des Leidens in seinen Ausmaßen zu sensibilisieren, welche oftmals gar nicht mehr wahrgenommen und reflektiert werden, wobei die tägliche auf uns niederprasselnde Informationsflut mit Bildern und Berichten von Krieg, Elend und Leid in der Welt einen nicht unerheblichen Stellenwert einnimmt.

Dazu ist es sinnvoll, den Erfahrungshorizont der Schüler als Basis zugrunde zu legen, nicht nur, um deren Interesse an der Thematik zu wecken, sondern auch, um die Jugendlichen nicht gleich zu Beginn mit abstrakt-philosophischen Erörterungen zu überfordern. Hinzu kommt der nicht zu unterschätzende Faktor der persönlichen Betroffenheit, da bereits jeder Schüler in seinem Leben mit mehr oder weniger schmerzhaften Erfahrungen konfrontiert war, die ihn die „Warum-Frage" stellen ließen oder auch ein Gefühl der Ungerechtigkeit hervorriefen.

Um auszuloten, in welchen Facetten und Ausprägungen heute die Heranwachsenden selbst „Leiden" erfahren, wäre ein Blick in Tagebuchaufzeichnungen oder Briefdokumente Jugendlicher ein erster Schritt, auf authentische Weise einen Einblick in ihre Gemütswelt zu bekommen und gleichzeitig junge Menschen selbst zu Wort kommen zu lassen. Zu diesem Zweck könnte die von Ernst Kappeler[14] herausgegebene Sammlung von Briefdokumenten junger Menschen mit dem Titel *Es schreit in mir* hinzugezogen werden. Denkbar ist auch der vorbereitende Arbeitsauftrag an die Schüler, über 2–3 Tage Zeitungsausschnitte zu sammeln, die sich im weitesten Sinne mit „Leid" beschäftigen. Im anschließenden Unterrichtsgespräch erfolgt der Versuch einer Kategorisierung.

---

[13] Ein detaillierter Entwurf von 3 Unterrichtsblöcken, die konkret entfaltet werden, findet sich bei Simone Schmitz, Die Leidproblematik als religionspädagogische Herausforderung, Münster, Hamburg, London 2001, dort v.a. 63–115.

[14] Ernst Kappeler, Es schreit in mir. Briefdokumente junger Menschen, München 1980; zitiert nach: Ralph Sauer, Gott – lieb und gerecht? Junge Menschen fragen nach dem Leid, Freiburg i.Br. 1991, 26.

Spezifische Leiderfahrungen einzelner Jugendlicher sollten hingegen nicht vertiefend thematisiert werden. Stattdessen soll es Im Unterricht darum gehen, gemeinsam mit den Jugendlichen auf abstrakterer Ebene verschiedene Facetten der Leidproblematik zu erarbeiten, die sich aber dennoch mit ihrem eigenen Leben in Verbindung bringen lassen und zu einem differenzierteren Verständnis beitragen.

Eine sensible Klasse oder ein empfindsamer Kurs wird deutlich wahrnehmen, dass eine rein theoretische oder theoriegeleitete Reflexion diesem Thema nicht gerecht werden kann. In einigen Unterrichtssituationen (in allen 3 Unterrichtsblöcken) werden Schüler wie Lehrer spüren, dass eine Konfrontation mit dem Leiden auch stumm machen kann – es fehlen die Worte, und jegliche direkte Stellungnahme wäre unangemessen. Für die konkrete Planung dieser Unterrichtsreihe heißt das: Es darf keine Sequenz an Lernschritten erfolgen, die vorschnell zu intellektuellen Sicherheiten führt. Vielmehr ist es wichtig, auch ruhigem Nachdenken und bedächtigen Gesprächen Raum zu geben. Von Seiten des Lehrers ist zu respektieren, dass die Schüler sich manchmal auch nicht äußern möchten. Möglicherweise ist die Betroffenheit so groß, dass der immer noch halb-öffentliche Rahmen der Unterrichtssituation hemmend wirkt. Auch aus diesem Grunde kann es sinnvoll sein, wenn einige Texte nicht im erarbeitenden Klassenunterricht besprochen werden, sondern die Schüler miteinander in Partner- oder Gruppenarbeit ins Gespräch kommen.[15]

Von dieser ersten Sensibilisierungsphase ausgehend sollen in einem *zweiten* Unterrichtsblock die unsere heutige Zeit kennzeichnenden Phänomene der Leidunempfindlichkeit, der Leidens-unfähigkeit und der Leidverschleierung in ihren zahlreichen gesellschaftlich-sozialen Erscheinungsformen thematisiert werden.

Worum es geht, sind die für die heutige Zeit typischen Reaktionen auf die Konfrontation mit dem Leid. Dabei sollen die Schüler reflektieren, dass die Abstumpfung durch die tägliche „Überdosis" an Katastrophenbildern in den Massenmedien ebenso wie die Unfähigkeit, über Unrecht und Leid überhaupt noch zu erschrecken, weitere Wesensmerkmale der Leidproblematik sind, die der Großteil der Jugendlichen sicherlich auch an sich selbst beobachtet hat. Auch die Verdrängung von Krankheit, Alter und Tod durch die häufig beobachtbare Isolierung der Kranken und Sterbenden sollen angesprochen werden, da sie unmittelbar auch Konsequenzen für die jungen und gesunden Menschen nach sich ziehen. Ein weiterer Aspekt ist die medienwirksame Darstellung alter Menschen, die scheinbar ewige Fitness und Jugend suggeriert.

In der *dritten* und letzten Unterrichtseinheit schließlich soll mit den Schülern gemeinsam am Gottesbegriff gearbeitet werden – mit folgender Intention: Über den Weg der Erörterung der traditionellen Rechtfertigungsschemata (auch des Leibnizschen) und der *not*-wendig gewordenen Infragestellung aller herkömmlichen Antwortversuche seit dem Bewusstwerden um den „Zeitindex Auschwitz" sollen die jeweiligen Kernthesen auf ihre Stichhaltigkeit hin beleuchtet werden und schließlich zur Erarbeitung eines neuen, *tragfähigen* Gottesbildes führen. Mit dem „Zeitindex Auschwitz" ist die Katastrophe benannt, an der sich alle bisherigen Antwort- und Stilllegungsversuche der Theodizeefrage als unhaltbar erwiesen und die einen Paradigmen-wechsel hervorrief, der nicht nur eine ganz andere Gottesrede als die traditionelle initiierte, sondern auch unweigerlich mit einer Modifikation am herkömmlichen Gottesbild einhergehen musste, wollte man angesichts der Shoah weiterhin am Gottesglauben festhalten.

Dabei liegt im Unterricht der Schwerpunkt auf der Auseinandersetzung mit den Antwort-versuchen von Metz, Moltmann und ganz bewusst dem jüdischen Denker Hans Jonas, die in sämtlichen Lehrwerken und Unterrichtsmaterialien zur Leidthematik wieder begegnen und einen guten Einblick in Tendenzen derzeitiger Diskussionsschwerpunkte innerhalb des theologischen Theodizee-Diskurses im Bewusstsein der Situation „nach Auschwitz" geben, wenn auch leider fast immer ohne kritische Einbindung und aktuelle Rückfragen in den Unterrichtsmaterialien.

---

[15] So auch die Argumentation Sauers, der über eigene einschlägige Unterrichtserfahrungen berichtet. Vgl. ebd. 198f.

Was jedoch gerade den Reiz des Jonasschen und Metzschen Ansatzes ausmacht, ist die Tatsache, dass sie den Schüler nicht als fertige Problemlösungskonzepte vorgestellt werden, sondern als Antwort*suche* und Identifikations*angebote*, die je nach Situation unterschiedlich brauchbar und hilfreich sein können. Aufschlussreich wäre für die Schüler auch die Erarbeitung der Allmachtsaufgabe in Kushners *Wenn guten Menschen Böses widerfährt*[16]. Gerade im letztgenannten Titel wird der Glaubenskonflikt des Autors auf sehr eingängige und in einer für Schüler leicht verständlichen Sprache fassbar und könnte gemeinsam mit dem Jonasschen Ansatz besprochen werden. Anhand des Jonasschen Ansatzes kann – wenn auch nur exemplarisch – erörtert werden, welches Reden von Gott dem jüdischen Volk nach der Shoah noch erträglich erscheint, aber auch, woran wir Christen Maß nehmen müssen für unsrer Gottesrede.

Immer im Hinterkopf sein muss dabei, dass jegliches Theologietreiben nicht mehr situationslos von Gott sprechen darf – wie dies vor allem bis zum Zeitindex Auschwitz stattgefunden hatte –, sondern nur noch im Angesicht der Opfer und Leidenden mit dem langfristigen Ziel der Vermittlung eines *tragfähigen* Gottesbildes. Tragfähig, kann und darf jedoch nicht heißen, dem Gottesbegriff plötzlich seine innere Spannung zu nehmen und jeden Widerspruch von vorneherein aufzulösen, der sich gerade in der Frage nach dem Leid immer wieder auftut.

3. Das geeignete Alter der Schüler für die Behandlung der Thematik

Es versteht sich von selbst, dass die Fähigkeit der Schüler zum paradoxal-verbindenden Denken in der gymnasialen Oberstufe weiter entwickelt ist als in den Mittelstufenklassen; hinzu kommt, dass sich das Kurssystem in der Sekundarstufe II in höherem Maße als geeignete Plattform anbietet, die Theodizee-Problematik in ihrer Tiefe zu behandeln.

Dennoch ist auch für den Sek. I-Bereich die Thematisierung der Leidensproblematik sinnvoll und vorgesehen. Schaut man sich die Rahmenrichtlinien der einzelnen Bundesländer für den Evangelischen und Katholischen Religionsunterricht an, begegnet einem die Leidproblematik im Unterrichtskatalog eines jeden Bundeslandes; jedoch sind dafür unterschiedliche Jahrgänge angesetzt. In Hessen bspw. wird den Schülern unter der Rubrik „Leid im menschlichen Leben" schon im 7./8. Schuljahr diese Thematik zugemutet; in Hamburg steht die Leidproblematik unter „Fragen angesichts von Not, Leid und Tod" erst im 9./10. Schuljahr auf dem Lehrplan.[17] Angelehnt an die kognitiv-strukturellen Theorien zur religiösen Entwicklung, die die Entsprechungen zwischen lebensgeschichtlicher Entwicklung und religiöser (bzw. Glaubens-) Entwicklung aufzeigen, erscheint es wenig sinnvoll, schon in den Unterstufenklassen die Leidproblematik zu thematisieren.[18] Zwar findet im Jugendalter eine bedeutsame religiöse Entwicklung statt, die sich auch in einer Modifikation des kindlichen Gottesbildes zeigt.[19] Doch erst im 9./10. Schuljahr sind am ehesten die Denkvoraussetzungen und die existentielle Betroffenheit vorhanden, die es erlauben, in reflektierter Weise die Fragen anzugehen, die sich

---

[16] Harold Kushner, Wenn guten Menschen Böses widerfährt, München 1997.

[17] Die einschlägigen Lehrplaninformationen der Bundesländer sind Sauer, 1991, 31, entnommen. Aktuell auf den katholischen Religionsunterricht der Oberstufe bezogen finden sich sinnvolle Vorschläge auch hinsichtlich einer thematischen Vernetzung und Verschränkung in: Richtlinien und Lehrpläne für die Sekundarstufe II – Gymnasium/Gesamtschule in Nordrhein-Westfalen, Katholische Religionslehre, Frechen 1999, 120ff. Für den evangelischen Religionsunterricht der Oberstufe findet sich eine m. E. sehr gelungene Übersicht über das Halbjahresthema: „Wieso gibt es das Böse auf der Welt? Welches sind Ursachen und Erscheinungsformen in Vergangenheit und Gegenwart? – Religionen versuchen, Antworten auf diese drängenden Fragen zu geben" in: Richtlinien und Lehrpläne für die Sekundarstufe II – Gymnasium/Gesamtschule in Nordrhein-Westfalen, Evangelische Religionslehre, Frechen 1999, 30.

[18] Vgl. hierzu: James W. Fowler, Theologie und Psychologie in der Erfahrung der Glaubensentwicklung, in: Conc. 18 (1982), 446ff sowie Karl Ernst Nipkow/Friedrich Schweitzer/James W. Fowler (Hg.), Glaubensentwicklung und Erziehung, München 1988.

[19] Vgl. Friedrich Schweitzer, Lebensgeschichte und Religion. Religiöse Entwicklung und Erziehung im Kindes- und Jugendalter, München 1987, darin bes. Kapitel 17: "Die Entwicklung des Gottesbildes", 207–217.

aus der Tatsache des Leids in der Welt ergeben. Fragen nach der Gerechtigkeit und Güte Gottes, eine kritische Haltung gegenüber den Erfahrungen von Leid und Ungerechtigkeit im persönlichen wie gesellschaftlich-politischen Bereich werden bei den Schülern in der Altersgruppe von 11–14 Jahren kaum von selbst aufkommen; somit ist zu einem sehr frühen Zeitpunkt auch die Theodizeefrage noch nicht virulent. Selbst in den Abschlussklassen der Sekundarstufe I zeigt sich bei einigen Schülern eine gewisse „Unpünktlichkeit" religiöser Lernprozesse, so dass auch aufgrund der einzukalkulierenden entwicklungsbedingten Schwierigkeiten eine Behandlung der Leidproblematik zu einem verfrühten Termin nicht angeraten scheint.[20]

4. Weitere unterrichtspraktische Hinweise

Fast alle Unterrichtsmaterialien (abgesehen von Schulbüchern, in denen die Leidproblematik konkret im entsprechenden Teilband bspw. für Kl. 9/10 eingebettet ist),. geben nicht an, ob das Material ausdrücklich für den Sek. I- oder Sek. II-Unterricht vorgesehen ist. Sie vertrauen auf die Einschätzung des Religionspädagogen, in welcher Tiefe bestimmte Aspekte der Leidproblematik angesprochen und vermittelt werden können. Zudem ist jede Klasse, jeder Kurs individuell in seinen intellektuellen wie emotionalen Fähigkeiten zu beurteilen, so dass es allenfalls durch das Verfahren des Ausschlussprinzips legitim erscheint, bspw. abstrakt-philosophische Abhandlungen in ihrer Vielschichtigkeit eher Oberstufenkursen zuzumuten als Mittel-stufenklassen.[21] Da jedoch auch dies nur als genereller Anstoß dienen kann, die religiöse Entwicklung und Urteilsfähigkeit der Heranwachsenden einzuschätzen, soll hiermit nochmals auf das Einschätzungsvermögen des jeweiligen Lehrers bzgl. der Leistungsfähigkeit seiner Klasse/seines Kurses verwiesen werden.

Weitere Aspekte, die im Unterricht beleuchtet werden sollten, hier jedoch nicht weiter ausgeführt werden können, lassen sich folgendermaßen formulieren: Wie geht die Theologie in ihrer pastoralen Umsetzung heute mit der Theodizeefrage um? Hat sie sie stillgelegt, weicht sie aus oder ist sie in der Seelsorge noch immer in überkommenen Standardantworten wie Tun-Ergehen-Zusammenhang verhaftet, deren theologische Hilfestellung als recht problematisch zu beurteilen ist? Kritisch zu betrachten ist weiterhin, ob die Vermittlung eines anderen Gottesbildes, in dem Gott selbst mit den Leidenden mitleidet, mit biblischer Gottesrede konform geht u.a.
Die generelle Intention der Thematisierung der Leidproblematik sowie die Mindestanforderungen an die Klasse/ den Kurs sollen direkt im Anschluss der besseren Verständlichkeit halber noch einmal auf den Punkt gebracht werden.

4.1 Überblick der Unterrichtseinheiten

1.   Unterrichtsblock: „Wahrnehmungen – Situationen – Erfahrungen" mit dem Schwerpunkt der Sensibilisierung
2.   Unterrichtsblock: „Grundformen der Einstellungen zum Leiden" mit den Schwerpunkten der Leidunempfindlichkeit und der Leidverdrängung
3.   Unterrichtsblock: „Gott und das Leiden" mit dem Hauptaugenmerk auf der Hinführung zu einem tragfähigen Gottesbild[22]

---

[20]   So auch Ralph Sauer, Gott – lieb und gerecht? Junge Menschen fragen nach dem Leid, Freiburg i.Br. 1991, 30f.
[21]   Vgl. dazu auch die zuvor angeführten Überlegungen zum geeigneten Alter für die Behandlung der Leidfrage im Unterricht.
[22]   Vgl. Franz W. Niehl/Franz-Josef Nocke, Die Frage nach dem Leiden, Theologische Grundlegung und Lehrerkommentar, Paderborn 1983, 40f.

4.2 Gesamtzielsetzung

Die Schüler sollen:

- aufmerksam werden auf Leiden als Grunderfahrung und Bestandteil menschlichen Lebens, vielfältige Leiderfahrungen (u.a. Auschwitz) beschreiben und angestoßen werden, darüber nachzudenken (gegen die Tendenz der Leidverdrängung);
- Maßstäbe gewinnen für die Beurteilung des Leidens und der Leidensfähigkeit;
- ihre grundlegende Einstellung zum Leiden bedenken und Verhalten gegenüber dem Leiden vergleichen;
- eine Beziehung herstellen zwischen Leiderfahrung und dem Glauben an Gott;
- die Theodizeefrage und die klassischen Antworten darauf darstellen können;
- neue Klärungsversuche im jüdisch-christlichen Raum kennenlernen und bedenken;
- als affektives Lernziel: sich selbst emotional von der Theodizeefrage „bedrängen" lassen.[23]

4.3 Mindestanforderungen an die Klasse/den Kurs

Die Schüler sollen:

- Grundeinstellungen und Reaktionen gegenüber dem Leiden benennen und charakterisieren (Begriffe wie Ataraxie, Apathie, Solidarität mit den Leidenden);
- den Begriff „Theodizee" sachgerecht verwenden und das damit bezeichnete Problem skizzieren;
- in vereinfachter Form die Lösung des Theodizee-Problems bei Leibniz referieren; darüber hinaus rationale und theologische Erklärungsversuche zur Theodizee wiedergeben und prüfen;
- neue Ansätze in der christlichen Interpretation des Leidens darstellen (politische Theologie, bibeltheologische Neuansätze);
- aufzeigen, wie sich diese Neuinterpretation des Leidens auf die Gottesvorstellung auswirkt ((Mit)Leidensfähigkeit Gottes, Untersuchung der (Modifikation der) Gottesattribute);
- einen möglichen Zusammenhang zwischen Leid und Evolution herstellen; dabei den Unterschied zwischen Formen von Übel und Leid vergegenwärtigen;
- erörtern, ob es *die* Antwort auf die Theodizee gibt bzw. geben kann;
- Erfahrungen von Menschen wiedergeben, die für sich Antworten auf die Theodizeefrage gefunden haben.[24]

---

[23] Diese Gesamtzielvorgaben sind nicht im Wortlaut, wohl aber im Gedankengang folgenden Materialien entlehnt und hier in Auswahl neu zusammengestellt worden: Franz W. Niehl/Franz-Josef Nocke, Die Frage nach dem Leiden, Theologische Grundlegung und Lehrerkommentar, Paderborn 1983 sowie: Dies., Die Frage nach dem Leiden, Materialien für den Religionsunterricht, Paderborn 1983, 39f und Alfred Kall/Thomas Menges, Theodizee – Wie könnte ein Gott so etwas zulassen? aus der Reihe: Religion betrifft uns, (o. Ortsangabe), Bd. 2 1996, 6.

[24] Der Katalog der Mindestanforderungen ist in Auswahl dem Lehrerkommentar Franz W. Niehl/Franz-Josef Nocke, Die Frage nach dem Leiden, Theologische Grundlegung und Lehrerkommentar, Paderborn 1983, 43, entlehnt.

Edith Verweyen-Hackmann

Zum Umgang mit Ganzschriften im Religionsunterricht der Sek. II

1. Zum Begriff „Ganzschrift"

Bei der Bezeichnung „Ganzschrift" handelt es sich um einen recht unscharfen Terminus technicus, der zwar gebräuchlich ist, aber in Deutschdidaktiken kaum gebraucht bzw. erläutert wird.

Er findet sich allenfalls als Gegenbegriff zur sogenannten „Häppchenkost der Lesebücher" und zielt hier auf den Unterschied zwischen „Textsammlung" und „Ganzschrift" (vgl. auch etymologisch: textum (lat.): Gewebe, Geflecht). Angesichts dieser eher formalen Abgrenzung liegt im Folgenden die eher banale Definition als Arbeitsbegriff zugrunde: Ganzschriften sind in sich geschlossene, umfangreiche (fiktionale und nichtfiktionale) Texte.[1]

2. Warum Ganzschriften im Religionsunterricht der Sek. II?

Der französische Jugendbuchautor *Daniel Pennac* hat einen positiven Zusammenhang von Leseerfahrungen und Lebenserfahrungen festgestellt: Das Lesen „bietet dem Menschen keine endgültige Erklärung seines Geschicks, webt aber ein Netz von Einverständnissen zwischen dem Leben und ihm, ... die das paradoxe Glück zu leben selbst dann noch ausdrücken, wenn sie die tragische Absurdität des Lebens verdeutlichen. Demnach sind unsere Gründe zu lesen genauso *seltsam* wie unsere Gründe zu leben".[2] Lesen bedeutet aber auch, nicht nur die eigene Lebenserfahrung zu bereichern, sondern auch andere als die eigene zu erschließen, nachzuempfinden. Es bedeutet im Idealfall, sich in den Augen anderer zu sehen. Leben ermöglicht so einen Perspektivenwechsel[3] und bietet neben dem Gespräch *die* Möglichkeit interkulturellen und interreligiösen Lernens.

Dies spricht für die Lektüre von Romanen, Biographien, theologischen Essays auch im Religionsunterricht, „handeln" doch solche Texte von den Empfindungen des Menschen, dem Sein des Menschen, von seinem inneren Zustand, seiner inneren Geschichte.

Die Auseinandersetzung eines Ich mit seiner Welt – wie sie gerade in der zeitgenössischen Literatur zur Sprache kommt – wirft die Frage auf, wie existentielle Erfahrungen gedeutet und bewältigt werden können.

Dabei zeigt sich gerade in anspruchvollen literarischen Texten das Individuelle als das Exemplarische, erschöpft sich aber nicht darin. Die authentische Erfahrung verkommt nicht zur Illustration eines Allgemeinen (Kitsch, didaktisierende Literatur), sondern reflektiert in unterschiedlichster Weise Besonderheiten, Unverwechselbares, Spannungen, die sich einer vereinnahmenden Zuordnung und Klassifizierung entziehen. Gerade diese Offenheit macht das Spannende und den besonderen Reiz der Auseinandersetzung aus (vgl. den Umgang mit Bildern).

- Die Lektüre von Ganzschriften kann daher eine ganzheitliche Wahrnehmung von grundlegenden theologischen Fragestellungen fördern, wenn sie Schülerinnen und Schüler anregt, ihrerseits produktiv zu werden (siehe kreative Arbeitsformen).
- Sie kann die Freude am Lesen und das offene Lernen wecken.[4]

---

[1] Diesen Hinweis verdanke ich der intensiven Recherche von Gerhard Röckel, der keine andere „Definition" gefunden hat.

[2] Zitiert nach Ulrike Baumann, Ein literarisches Quartett, Hrg. vom Pädagogischen Institut der Evangelischen Kirche im Rheinland, Bonn 1999, Vorwort.

[3] Vgl. zur Perspektivenübernahme als didaktisches Prinzip: Die bildende Kraft des Religionsunterrichts, hrg. vom Sekretariat der Deutschen Bischofskonferenz, Bonn 1996, 62 und 44f.

[4] Vgl. Richtlinien und Lehrpläne Sek. II Gymnasium/Gesamtschule Evangelische Religion, hrsg. vom Ministerium für Schule und Weiterbildung, Wissenschaft und Forschung des Landes NRW, Frechen 1999, 35.

- Die Arbeit mit Ganzschriften im Religionsunterricht ermöglicht die Erarbeitung größerer theologischer Zusammenhänge (im Gegensatz zu einer sog. „Steinbruchtheologie") und die vertiefte Auseinandersetzung mit einem Sachverhalt, einer Position oder Deutung.
- Sie schult das zielgerichtete, entdeckende Lesen und das selbständige Erschließen komplexer Strukturen.[5]
- Sie führt in wissenschaftspropädeutisches Arbeiten ein.
- Vielfältige methodische Zugänge (siehe kreative Arbeitsformen) werden ermöglicht (Arbeitsmethoden der Lernenden, projektorientiertes Arbeiten, Lernstationen etc.).[6]

3. Chancen und Herausforderungen der Lektüre von Ganzschriften – didaktische Überlegungen

Die Lektüre einer Ganzschrift im Unterricht kostet Zeit, bietet aber die Möglichkeit der intensiven Auseinandersetzung mit einem „Gegenstand". Bereits durch die Textauswahl (z.B. literarische oder theologische Ganzschrift) werden didaktische Vorentscheidungen für diese Unterrichtssequenz getroffen.

Aufgrund der Komplexität des „Gegenstandes" wird vom Schüler/von der Schülerin ein hohes Maß an selbständigem Arbeiten gefordert. So gilt es, die eigene Rezeption zu organisieren, um das Gelesene verstehen bzw. eigene Verständniszugänge entwickeln zu können. So schult die Lektüre von Ganzschriften das zielgerichtete, entdeckende Lesen und das selbständige Erschließen komplexer Strukturen.

4. Mögliche Vorgehensweisen beim Einsatz von Ganzschriften im Religionsunterricht

Die vorgestellten Arbeitsschritte müssen nicht alle in dieser Reihenfolge beachtet werden; sie verstehen sich als Anregungen bei der Erarbeitung einer Ganzschrift.

1. Auswahl: Welche Ganzschrift soll gewählt werden?
Aus den vorhergehenden Überlegungen ergeben sich folgende Anforderungen an eine Ganzschrift bzw. folgende Kriterien für die Auswahl von Ganzschriften:
- Das Buch muss es ermöglichen, einen Bezug zur Lebenswelt der Schülerinnen und Schüler herzustellen. Sie haben ohnehin im Verlauf der Oberstufe besonders in den Sprachen einen mehr oder minder großen Lektürekanon zu bewältigen. Ohne Motivation ist Ganzschriftlektüre eine Quälerei.
- Damit zusammenhängend ist es klar, dass der Text vom Umfang her zu bewältigen sein muss. Kompendien schrecken ab und sind auch nicht sinnvoll in den Unterricht zu integrieren.
- Das Werk muss sich auf einen für die Schülerinnen und Schüler, besonders im Hinblick auf den Unterricht bedeutsamen Sachverhalt beziehen. Es muss sich nicht immer um einen „Klassiker" handeln, der gelesen wird, jedoch schließt es sich aus, abwegige Elaborate gemeinsam zu lesen, die keinen Bezug zu dem Gelernten herstellen lassen.
- Aus Gründen der Zeitökonomie besonders im Grundkursbereich ist es dringend erforderlich, dass sich mit der Ganzschriftlektüre Teile des Lehrplans erfüllen lassen.
- Die Ganzschrift muss für die Schülerinnen und Schüler bzw. ihre Eltern bezahlbar sein. Bücher über 15,00 Euro schließen sich daher von vornherein aus.
- Schließlich muss die Schrift auch in sprachlicher Hinsicht für Schülerinnen und Schüler zu bewältigen sein. „Fachchinesisch" schreckt die meisten ab.
- Vorraussetzungen und Interessen der Schülerinnen / Schüler sind zu berücksichtigen.
- Der Sachbezug des Buches zu den Fragen und Erfahrungen der Schülerinnen und Schüler muss gegeben sein.

---

[5] Vgl. Richtlinien und Lehrpläne Sek. II Gymnasium/Gesamtschule Katholische Religion, hrsg. vom Ministerium für Schule und Weiterbildung, Wissenschaft und Forschung des Landes NRW, Frechen 1999, 35.
[6] Im Lehrplan Katholische Religionslehre S. II NRW wird die Lektüre von Ganzschriften empfohlen; im Lehrplan Evangelische Religionslehre S. II ist sie verpflichtend (mindestens eine in der Qualifikationsphase).

- Eine mögliche Beziehung zur Hauptfigur des Buches ist zu berücksichtigen.
- Die Vorgaben des Lehrplans Kath. Religionslehre/Ev. Religionslehre sind zu bedenken.
- Die Aktualität des Themas der Fragestellung kann motivierend sein.

Für theologische Ganzschriften möchte ich besonders auf folgende Kriterien hinweisen:
- Die Schrift sollte geeignet sein, in die fachbezogene *wissenschaftliche Argumentation* einzuführen oder einen Teilbereich zu erschließen. Dazu sollte es im Werk deutlich werden, dass es in einer wissenschaftlichen Auseinandersetzung steht. – Das Buch muss eine möglichst konsistente und geschlossene Abhandlung darstellen. Eine Aufsatzsammlung wird in der Regel diese Anforderung nicht erfüllen.
- Im Hinblick auf die *Einübung des Verfahrens des wissenschaftlichen Arbeitens* muss die Ganzschrift die Methoden wissenschaftlichen Argumentierens aufweisen, z. B. Anmerkungen enthalten, den Bezug zu Referenzstellen bieten u.s.w. – Das Buch muss es ermöglichen, die Funktion eines Apparats zu erarbeiten.

2. Einführung durch Lehrer oder Schüler
- Impulse durch Titel, Umschlagbild, Autorennamen, Verlagsnamen
- Klappentext / Rezensionen / (Literatur-) Lexika
- Sachbezug/Erfahrungsbereich der Schülerinnen und Schüler

3. Häusliche Lektüre (Lesen als Einheit oder Lesen in Phasen)
- das ganze Buch (bei kürzeren Schriften), ein Kapitel, eine bestimmte Anzahl von Seiten
- Anfertigung eines Lesetagebuches (Was geschieht? / Was denke, fühle, meine ich?)
- ausgewählte Kapitel als ‚Pflicht'-Lektüre, die anderen freiwillig
- gezielte Lese-(inhalts) Aufgaben

4. Unterrichtsmethodische Arbeit
- Schreibgespräch zum Austausch eines ersten persönlichen Rezeptionseindrucks
- weiterführende Leseaufgaben mit einbringen
- Klärung schwieriger/unverstandener Stellen
- für einzelne Kapitel: Grundschritte der Texterschließung[7]
- kreative Arbeitsformen zum Umgang mit einer Ganzschrift:
  - neues Titelbild gestalten;
  - eine Rezension für die Lokalpresse und überregionale Zeitung schreiben;
  - Pro- und Contra-Thesen zur Thematik entwickeln und in einem Streitgespräch darstellen;
  - Standbilder zu einzelnen Szenen entwerfen;
  - aus einem Romanauszug ein Drehbuch entwickeln, etc.[8]

5. Vergleich der thematischen Bezüge mit der Darstellung in anderen Medien
andere Bücher, Zeitschriften, Film etc.

6. Weiterarbeit in einer Arbeitsgemeinschaft
- Spiel mit Aufführung
- Hörspiel
- Videoaufnahme
- Literatur- bzw. Theologencafé etc.[9]

---

[7] Vgl. z. B. Gerhard Röckel, Grundschritte der Texterschließung, in: Edith Verweyen-Hackmann/Bernd Weber, Methodenkompetenz im Religionsunterricht (Reihe: Religionsunterricht konkret Bd. 4), Kevelaer 1999, 71ff.

[8] Weitere Anregungen sind zu finden in: Ulrike Baumann u. a. Ein literarisches Quartett. Hrsg. vom Pädagogischen Institut der Evangelischen Kirche im Rheinland, Bonn 2000, 2f.

[9] Vgl. hierzu auch: Methodenhandbuch Akzente Religion hrsg. von G. Bubolz / U. Tierz, Düsseldorf 1999, 73f.

Edith Verweyen-Hackmann

Mögliche Ganzschriften zur Theodizeefrage im Religionsunterricht

Im Religionsunterricht lassen sich qualitativ vier Arten von Ganzschriften unterscheiden, wobei sich bei genauerer Betrachtung im Einzelfall zeigt, dass die Differenzierung fließend ist. Hier seien einige Beispiele genannt.

Biblische Ganzschriften

- Das Buch Hiob

- Ausgewählte Klagepsalmen (z.B. Ps 44)

Literarische Ganzschriften

- *Albert Camus, Die Pest, erschienen 1947*
  Reinbek bei Hamburg 1998 (Rowohlt Taschenbuch rororo 22500) 346 Seiten, € 7,90
  Die Stadt Oran wird von rätselhaften Ereignissen heimgesucht. Die Ratten kommen aus den Kanälen und verenden auf den Straßen. Kurze Zeit später sterben die ersten Menschen an einem heimtückischen Fieber: Die Pest wütet in der Stadt. Oran wird hermetisch abgeriegelt. Ein Entkommen ist nicht möglich. Albert Camus' erfolgreichster Roman gehört zu den Klassikern der Weltliteratur. In ihm skizziert er hellsichtig das menschliche Handeln im Angesicht der Katastrophe.
  Themenschwerpunkte: Existentialismus – Theodizeefrage

- *Joseph Roth, Hiob, Roman eines einfachen Mannes, erschienen 1930*
  Köln 1982 (Kiepenheuer & Witsch) 216 Seiten, € 6,90
  Der fromme Jude Mendel Singer wird jäh durch eine Kette harter Schicksalsschläge aus der Bedeutungslosigkeit seiner Existenz gerissen und zu einer „Reinkarnation Hiobs" im 20. Jh. erhoben. Gläubig und demütig nimmt er Unglück für Unglück als Prüfung Gottes hin. Aus anfänglicher Demut und Frömmigkeit werden Rebellion und Trotz. Das Wunder der Heilung an seinen Sohn bringt ihn zu Gott zurück.
  Themenschwerpunkte: Gottesfrage, Theodizee

- *Hans Jonas, Der Gottesbegriff nach Auschwitz – Eine jüdische Stimme, erschienen 1947,*
  Frankfurt a. M. (suhrkamp 1516) 40 Seiten, € 5,00
  Die Theodizeefrage stellte sich für das jüdische Volk immer schon, aber in biblischer Zeit gab es die Idee der Strafe für Untreue und der Zeugen (Märtyrer: „Durch ihr Opfer leuchtete das Licht der Verheißung, der endlichen Erlösung durch den kommenden Messias" [11]).
  Auschwitz enthält nichts von allen diesen Mustern; hier starben Menschen nicht um des Glaubens willen, hier geschah die Umkehr der Erwählung in den Fluch. Gott ließ es geschehen und der Philosoph Jonas untersucht die Frage, welcher Gott das ist. In einem eigenen Schöpfungsmythos entwirft er die Idee eines Seinsgrundes, der sich dem Zufall unterwirft, die Welt sich selber überlässt, von ihr völlig verschieden, und der sie mit "ahnender Erwartung" bis zum Ende begleitet (15). Auch Gott verändert sich dabei. Jonas untersucht die theologischen Implikationen eines leidenden Gottes, eines nicht allmächtigen Gottes (Paradoxie des Allmachtsbegriffes [33]), zugunsten von absoluter Güte und Verstehbarkeit Gottes, wohl wissend, wie weit er sich damit von der traditionellen jüdischen Lehre entfernt.
  Themenschwerpunkte: Vergleich mit anderen jüdischen Positionen (z.B. Harold Kushner oder Jossel Rakover, s.u.) und der Prozesstheologie.

- *Zvi Kolitz, Jossel Rakovers Wendung zu Gott (Pieper 2666) zweisprachig, erschienen 1946, Berlin (Verlag Volk & Welt) 1977, 40 Seiten, € 15,30*
  Die Geschichte, die lange als authentisches Dokument aus dem Warschauer Ghetto galt, beschreibt, sprachlich gewaltig, die Auseinandersetzung eines jüdischen Gläubigen, der – den Tod vor Augen – sich in beeindruckender Weise mit seinem Gott auseinandergesetzt. Dabei gibt es viele thematische Anregungen, die für die Weiterarbeit aufgenommen werden könnten: Gottesbild (der Gott mit dem verhüllten Antlitz, der Gott der Rache), Menschen und Rachegefühle, das Gesetz, was es bedeutet, ein Jude zu sein, Leiden und Erwählung, Täter und Zuschauer, der Mensch, der ohne Angst mit Gott spricht („Ich beuge mein Haupt vor seiner Größe, aber werde die Rute nicht küssen, mit der er mich schlägt" [39]).
  Themenschwerpunkt: Theodizeefrage, Judentum

Theologische Ganzschriften

- Hans Kessler, Gott und das Leid seiner Schöpfung. Nachdenkliches zur Theodizeefrage, Würzburg (Echter) 2000 135 Seiten, € 12,80

- Armin Kreiner, Gott und das Leid. Paderborn (Bonifatius)[4]1999, 180 Seiten, € 11,90

Biografische Ganzschriften

- *Harold Kushner, Wenn guten Menschen Böses widerfährt, Gütersloh (Gütersloher Verlagshaus) 1986, 140 Seiten, € 9,90*
  Wie kann Gott es zulassen, dass Menschen, die an ihn glauben und ihr Leben an ihm ausrichten, von schweren Schicksalsschlägen getroffen werden? Harold Kushner, der dieses Buch aus Anlass der Krankheit und des Todes seines Sohnes schrieb, will helfen, mit dem menschlichen Leid und der damit verbundenen Frage nach der Gerechtigkeit Gottes umzugehen.

- *Elie Wiesel, Die Nacht, Freiburg (Herder) 2002, 150 Seiten, € 8,90*
  Elie Wiesel, Friedensnobelpreisträger, erzählt – bewusst karg im Stil – seine Erfahrung als Kind in Auschwitz. „Für diesen Überlebenden sind Gott und die Welt in Verlust geraten. Er kann sich kein Bild mehr machen und schon gar keine Chiffre" (Martin Walser, Vorwort). Jeder Satz ist ein Testament und spricht uns unmittelbar an. Das Buch ist ein erschütterndes Zeugnis zu einem unauslöschbaren Kapitel deutscher Geschichte und „die einzige Literatur, die notwendig ist" (Martin Walser, Vorwort).

Edith Verweyen-Hackmann

Albert Camus: „Die Pest" (1947) als literarisches Exemplum

1. Warum eine literarische Ganzschrift zur Theodizeefrage?

Die Theodizeefrage ruft in besonderer Weise nach Bearbeitung in einer literarischen Ganzschrift. Gerade hier ist ja eine Antwort oder ein Ergebnis keineswegs in Form eines abstrakten theologischen Satzes zu erreichen oder auch nur zu erwarten; vielmehr erweisen sich die einzelnen systematisch möglichen Antworten als kontext- und sprecherbezogene Situation auf dem Weg einer existentiellen Auseinandersetzung. Die Klagepsalmen im Kleinen und das Ijobbuch im Großen bezeugen diesen Prozess. Eine literarische Ganzschrift vermag ebenfalls die Leser mit auf diesen Weg zu nehmen.

„Die Pest" kann als literarische Ganzschrift aber auch in Auszügen unter dem thematischen Aspekt „Theodizeefrage" (siehe Materialien) im Unterricht der Sek. II behandelt werden. Dieser Roman kann alleine, aber auch im Zusammenhang mit der theologischen Ganzschrift von *Hans Kessler: Gott und das Leid seiner Schöpfung* als literarische Vertiefung bearbeitet werden.[1] In der in der Praxis erprobten Unterrichtssequenz waren folgende *Ziele* leitend:

- Exemplarische Vertiefung der Theodizeefrage – erarbeitet an Hans Kessler;
- kritische Auseinandersetzung mit dem Existentialismus in der Person Dr. Rieux' und mit theologischen Positionen in der Person des Pater Pandeloux als Antwortversuche auf die Theodizeefrage;
- Inhaltliche Einordnung und Bewertung der im Roman enthaltenen Haltungen durch Vergleiche mit anderen Überlegungen zur Gottesfrage angesichts des Leids in der Welt.
- *Methodisch:* Lektüre und Analyse einer literarischen Ganzschrift – Kennen lernen und Erproben verschiedener Lese- und Rezeptionstechniken;
- Arbeitsmethoden der Lernenden (hier besonders: Kurzvortrag, Referat, projektorientiertes bzw. projektartiges Arbeiten).

Die Vorgehensweise mit dieser Ganzschrift entspricht den im Kapitel „Zum Umgang mit Ganzschriften im Religionsunterricht der Sek. II" entwickelten Arbeitsschritten.

2. Begründung für die Auswahl dieser Ganzschrift

- Sachbezug des Buches zu den Fragen und Erfahrungen der Schülerinnen und Schüler
- Aktualität der Fragestellung (z.B. Erdbeben in El Salvador Jan 2001, 11. Sept. 2001 etc.); Sensibilisierung der Schüler für diese Fragestellung
- Aktuelle Aspekte im Roman „Die Pest":
  - ➢ Tugend des Widerstandes/der Revolte und der Resignation;
  - ➢ Zwang zur Entscheidung in Grenzsituationen;
  - ➢ Gleichgültigkeit der Mitmenschen;
  - ➢ Hoffnung auf Überleben, Frage nach dem (verborgenen) Gott;
  - ➢ das Böse in der Welt;
  - ➢ Camus „Agnostizismus und seine Christentumskritik", seine Auseinandersetzung mit Jesus von Nazaret und seine Erfahrung mit Christen der Gegenwart;
  - ➢ die Alternative Opfer oder Henker?
  - ➢ Die „Wette unserer Generation": „Wir haben nichts zu verlieren. Darum wollen wir vorwärtsgehen. Das ist die Wette unserer Generation. Wenn wir scheitern sollten, ist es auf

---

[1] Vgl. Hans Kessler, Gott und das Leid seiner Schöpfung, Schülerausgabe, 18ff.

alle Fälle besser, sich auf Seiten derer gestellt zu haben, die leben wollen, und nicht auf Seiten derer, die vernichten".[2]

- Relevanz und Bedeutung von Person und Werk A. Camus' (Nobelpreisträger);
- Lehrerplanvorgaben: Möglichkeiten der thematischen Verschränkung und Vernetzung[3].

3. Einführung durch die Schüler

- Erste Informationen über Literaturlexika (M 1 und M 2), Internetrecherche, Klappentext durch die Schülerinnen/Schüler;
- Gemeinsame Planung des weiteren Vorgehens mit den Schülerinnen und Schülern.

4. Lektüre mit inhaltlicher Akzentuierung

- Schnelles Lesen: Überblick verschaffen und inhaltliche Schwerpunkte bezogen auf das Thema setzen;
- Anschließend Absprache: ausgewählte Kapitel als Pflichtlektüre (Kap II, 3 u. 4, Kap. IV, 3, Kap IV, 4, Kap V, 5: Predigten von Pater Paneloux; Todeskampf eines Kindes „Position Rieux'/Camus').
- Informationen zur Biografie Camus (M 2: Textauszug oder Filme) sowie zum Existentialismus (M 3) können durch Schülerreferate und Kurzvorträge[4] eingeholt werden.
  Gezielte Lese(inhalts)-Aufgaben: Je nach Lernvoraussetzungen und Leistungsfähigkeit des Kurses müssen ggf. Aufgaben zu den Textauszügen gestellt werden (M 4 – M 7).

Zu Kapitel II, 3. und 4.: Die erste Predigt von Pater Paneloux (zu M 4)

Mögliche Ergebnisse:

Thema: *„Mes frères, vous êtes dans le malheur, mes frères, vous l'avez mérité." („Meine Brüder, Sie befinden sich im Unglück, meine Brüder, Sie haben es verdient.")*
           Schuld und Sühne der Bewohner von Oran

Struktur: Einleitung
           Predigt
           Reaktion der Zuhörer

Position von Paneloux:

- *fatalistisches Gottvertrauen* / Gebet
- einfaches Strukturschema: gut – böse
                            Glück – Unglück
                            Schuld – Sühne
- *Pest in Oran als Element des göttlichen Heilsplans,* als notwendiges Moment im Rahmen seiner heilsgeschichtlichen Weltdeutung (Augustinus → Jansenismus)

Position von Rieux/Camus:

- distanzierte, atheistische Grundhaltung
  objectivité: praktische Hilfe (SOLIDARITÄT) als *Auflehnung/Revolte* gegen das Unheil

Wirkung der Predigt:

- Frustration, Angst, Flucht, Verzweiflungstaten als Möglichkeiten in den Augen Rieux'
- Rednerisches Geschick Paneloux'

---

[2] A. Camus, Fragen der Zeit, Reinbek 1960, 258f.
[3] Vgl. Lehrplan Katholische Religionslehre S II NRW; Vgl. Kap. 6 in diesem Buch.
[4] Vgl. zum methodischen Vorgehen: Edith Verweyen-Hackmann/Bernd Weber, Methodenkompetenz im Religionsunterricht (Reihe: religionsunterricht konkret Bd. 4), Kevelaer 1999, 205ff.

- pathetische Bildersprache
- Evokationsfähigkeit
- Subtilität

Einordnung:
Der ordnungstheoretische Ansatz: Einordnung des Übels als funktionales Element in einer umgreifenden Ordnung (Augustinus)

Zu Kapitel IV, 3.: Der Todeskampf eines Kindes (zu M 5)

Mögliche Ergebnisse:
Angesichts des Todeskampfes des kleinen Jungen, der zynischerweise aufgrund eines zum ersten Mal eingesetzten Serums länger leiden muss als die anderen Pestkranken, kommt es zur Zuspitzung der Position von Dr. Rieux und Paneloux. Die „Pest" wird hier zum ersten Mal als „terreur" bezeichnet.

Dr. Rieux:	Pater Paneloux:
„Et je refuserai jusqu'à la mort d'aimer cette création où des enfants sont torturés." (Ich werde mich bis zum Tod weigern, eine Schöpfung zu lieben, in der Kinder gemartert werden.)	*„Cela est révoltant parce que cela passe notre mesure. Mais peut-être devons-nous aimer ce que nous ne pouvons pas comprende."* (Das löst Auflehnung aus, weil es das Maß des Menschlichen übersteigt. Aber vielleicht müssen wir das lieben, was wir nicht begreifen können.)

Auflehnung *(la révolte)* gegen das Schicksal, die Schöpfung, eine deterministische Weltsicht.

Akzeptanz des Unbegreiflichen als Zeichen Gottes; Hingabe an den göttlichen Willen.

Ziel: Die Gesundheit der Menschen

Ziel: Das Heil der Menschen

Existentialismus

Christlicher Humanismus

Gemeinsam:
Das Leiden erdulden und das Böse in der Welt bekämpfen!

Zu Kapitel IV, 4.: Die zweite Predigt von Pater Paneloux (zu M 6)

Mögliche Ergebnisse:
Wandlung der Position von Pater Paneloux bezogen auf

a) Sprache:
- Wandel von „ihr" in „wir"
- sanfter, überlegter, zögerlicher
- viel überzeugen, nicht überreden!

b) Inhalt:
- auch die grausamste Prüfung ist für den Christen noch ein Gewinn

- der Mensch in Grenzsituationen: *„tout ou rien"* (Existenzfrage des Christen)
  → *Sprung in den Glauben* (wer nicht springt, ist verloren).
  „Glaube – Unglaube" (vgl. Pascals Wette: „l'argument du pari" im politischen Zusammenhang von Camus aufgegriffen: „Wette unserer Generation" (s. S. 27f.)
- adäquate Einstellung des Christen: *„fatalisme actif"*
  → tatenlose Hingabe in den Willen Gottes einerseits (Unbegreiflichkeit des Leids),
  → aktive Teilnahme beim Bekämpfen der Pest andererseits
- Pater Paneloux ist insofern authentisch, als dass er diese Haltung auch *lebt.*
  Gemeinsame Konsequenz: aus Glaube (Position von Paneloux)
                                              und Unglaube (Position von Camus):
                                              → Humanismus
                                              → praktizierte Solidarität

Rückfrage an die Position von Rieux/Camus unter Bezugnahme auf Hans Kessler
- „Woher bezieht dann Dr. Rieux seine Kraft, um gegen Elend, Leiden und Tod dieser Welt anzukämpfen, wenn er doch selber Teil eben dieser Welt ist, der sein Veto und Widerspruch gilt?!" (ebd. 50).
- Frage nach der Sinnhaftigkeit des Tuns (Kampf gegen die Pest), wenn die Welt ein Ort voller Übel ist.
- Eigentlich müsste Dr. Rieux resignieren, stattdessen revoltiert er (Widerspruch?).

Zu Kapitel IV, 5.: Schluss (zu M 7)

Mögliche Ergebnisse:
Die unterschiedlichen Bedeutungsebenen der „Pest"

Die „Pest" als Metapher
- Die „Pest" ist eine literarische Widerspiegelung aller Aspekte, die mit den Kriegsjahren (2. Weltkrieg) verbunden sind:
  Unfreiheit, Unterdrückung, *Tod,* Terror, Unglück, Eingeschlossensein, Trennung, Exil, Leid, Schuld;
  → *verpestet* ist derjenige, dessen Widerstandsvermögen mit der Zeit in einem Erosionsprozess erlahmt.
- Die „Pest" bedeutet die Konfrontation mit dem Tod.
- *Für Rieux*   bedeutet die „Pest" Krankheit und Leiden,
  für Tarroux   bedeutet die „Pest" Gewalt,
  für Rambert   bedeutet die „Pest" das Todesurteil,
  für die Einwohner bedeutet die „Pest" Exil, Schmerz, Tod. Es ist ein Phänomen, das um Vergangenheit und Zukunft beraubt.
- Die „Pest" ist daher nicht nur ein zeitgeschichtliches Dokument (Résistance), sondern besitzt Allgemeingültigkeit als philosophisches Exempel;
  → Camus reißt die Menschheit aus dem dumpfen, unreflektierten Dasein heraus und konfrontiert mit der einzigen Notwendigkeit des Lebens, dem Tod.
- Haupterkenntnis Rieux' am Ende:
  Schwäche der Liebe → Resignation;
  Hinter der Flüchtigkeit des Glücks sieht er die nächste Pest.
- *Die Position von Rieux/Camus:*
  Der Tod ist die evidente Absurdität.
  → Der Sinn des Lebens besteht in der *Auflehnung* gegen das Absurde. Es gilt, im Bewusstsein der Grenzen der Erkenntnis und der Schranken des Todes zu leben. Hierzu verkörpern die dargestellten Personen unterschiedliche Haltungen.

Ebenso ist es möglich und sinnvoll, die Beschäftigung mit Camus' Leben und Werk fächerverbindend (z. B. mit dem Fach Französisch) oder fachübergreifend zu gestalten und auch projektartig bzw. projektorientiert zu arbeiten.[5] So können etwa auch die schwerpunktmäßig nicht bearbeiteten Kapitel durch Referate/Kurzvorträge einzelner Schüler im Unterricht berücksichtigt werden, um so den weiteren Personen im Roman (z. B. Grand, Rambert, Tarroux) gerecht zu werden.

5. Unterrichtsmethodische Aspekte

- Austausch eines ersten persönlichen Rezeptionseindrucks;
- Klärung schwieriger Stellen (z.B. „Existentialismus" – Recherche);
- Grundschritte der Texterschließung; Hinweise zu Lesetechniken[6];
- kreative Arbeitsformen z.B.
    - Brief an Pater Paneloux / Rieux / Camus schreiben (Rückfragen an die jeweiligen Positionen);
    - Rezension des Romans schreiben unter dem Aspekt „Aktualität" bzw. Klappentext erstellen;
    - Interview mit Rieux / Camus / Pater Paneloux führen;
    - Hörszene erstellen;
    - Drehbuch für einzelne Szenen schreiben;

6. Vergleich der thematischen Bezüge mit der Darstellung in anderen Medien

- Rückbezug zu H. Kessler: Gott und das Leid seiner Schöpfung (siehe Aufgaben)

7. Inhaltliche Weiterarbeit

- Albert Camus: Die Ungläubigen und die Christen (1948) (vgl. M 8)
- Inhaltliche Einordnung in von Hans Kessler aufgeführte weitere Antwortversuche zur Theodizeefrage
- Aktuelle Aspekte im Roman „Die Pest"
    - Tugend des Widerstandes/Revolte und Resignation;
    - Zwang zur Entscheidung in Grenzsituationen;
    - Gleichgültigkeit der Mitmenschen;
    - Hoffnung auf Überleben, Frage nach dem (verborgenen) Gott;
    - das Böse in der Welt;
    - die Alternative Opfer oder Henker?;
    - Die „Wette unserer Generation": „Wir haben nichts zu verlieren. Darum wollen wir vorwärtsgehen. Das ist die Wette unserer Generation. Wenn wir scheitern sollten, ist es auf alle Fälle besser, sich auf Seiten derer gestellt zu haben, die leben wollen, und nicht auf Seiten derer, die vernichten". (A. Camus, Fragen der Zeit, Reinbek 1960, 258f.)

---

[5] ebd.
[6] G. Röckel in: Methodenkompetenz im RU, ruk Bd. 4

8. Unterrichtsmaterialien

M 1 Zum Inhalt von „Die Pest"

(frz.; Ü: *Die Pest).* Roman von Albert Camus, erschienen 1947. – Bereits im Motto weist Camus, der dem chronikartigen Bericht ein Zitat von Daniel DEFOE voranstellt – *„Es ist ebenso vernünftig, eine Art Gefangenschaft durch eine andere darzustellen, wie irgend etwas wirklich Vorhandenes durch etwas, das es nicht gibt"* –, auf den allegorischen Charakter des

5   Romans hin, dessen Handlung frei erfunden ist. *„Die seltsamen Ereignisse, denen diese Chronik gewidmet ist, haben sich 194.. in Oran abgespielt. Man war allgemein der Ansicht, sie gehörten ihres etwas ungewöhnlichen Charakters wegen nicht dorthin. Auf den ersten Blick ist Oran nämlich eine ganz gewöhnliche Stadt, nichts mehr und nichts weniger als eine französische Präfektur an der algerischen Küste «*

10   Die ersten Anzeichen einer Seuche – immer mehr Ratten kriechen aus ihren Schlupfwinkeln hervor und sterben auf Straßen, Plätzen, in Hauseingängen – werden von den Bürgern zunächst mehr staunend als beunruhigt zur Kenntnis genommen. Als man endlich das gefürchtete Wort Pest öffentlich auszusprechen wagt, hat die Krankheit schon eine Reihe von Opfern gefordert. Camus schildert den Verlauf der Seuche – jener Allegorie unserer

15   Zeit, die für *„die deutsche Okkupation und die Welt der Konzentrationslager, die Atombombe und die Aussicht auf den dritten Weltkrieg",* aber auch für *„das Zeitalter der Unmenschlichkeit des Gottesstaates, der Maschinenherrschaft, der verantwortungslosen Bürokratie"* steht (P. de Boisdeffre) – unter zwei Aspekten. Er zeigt ihre Auswirkungen auf das moralische Klima dieser *„reiz-, pflanzen - und seelenlosen Stadt",* die das Gefühl für

20   den Tod verloren hatte, und er führt die exemplarischen Reaktionen einer Reihe von Einzelpersonen vor, die sich mit der allgemeinen Tragödie nicht abfinden wollen oder sie zu rechtfertigen, ja zu nutzen verstehen.

    Hauptfigur ist der Arzt Rieux, der sich gegen Ende des Romans als dessen fiktiver Verfasser zu erkennen gibt. Als einer der ersten deutet er die Vorzeichen richtig, fordert die

25   Stadtverwaltung zu Gegenmaßnahmen auf und versucht in unermüdlichem Einsatz, so viele Menschenleben wie möglich zu retten. Seine kranke Frau hat er vor Ausbruch der Seuche in ein Sanatorium außerhalb von Oran gebracht. Scheinbar in Sicherheit, stirbt sie dort außerhalb des Einflussbereiches der Pest. Ihr Tod ist ein Modellfall für die von Camus behauptete „Absurdität" des Daseins, die, in Gestalt des über Oran hereingebrochenen

30   Kollektivschicksals, Rieux, den Prototyp des aufgeklärten Skeptikers, zum Widerstand herausfordert. Rieux kämpft ohne Illusionen – gleichsam als ein Sisyphos, der sich mit den Leidenden solidarisch erklärt. – Rambert, ein Pariser Journalist, wird von der Seuche überrascht und darf die Stadt, die unter strenger Quarantäne steht, nicht verlassen. Alle Versuche auszubrechen, um zu der von ihm geliebten Frau zu gelangen, schlagen fehl. Er,

35   der zunächst sagt: *„Ich habe genug von den Leuten, die für eine Idee sterben, mich interessiert nur noch, von dem zu leben und an dem zu sterben, was ich liebe",* wird schließlich vom Egoisten zum Altruisten bekehrt. Er schließt sich den freiwilligen Hilfstrupps an, die in lebensgefährlichem Einsatz die Ärzte unterstützen. Auch Grand, ein kleiner Büroangestellter, findet in der allgemeinen Katastrophe eine sinnvolle Tätigkeit.

40   Jahrelang hat er in einsamer Zurückgezogenheit gelebt, ein Kleinbürger, der an einem Roman schreibt, über dessen ersten Satz er nie hinausgekommen ist. Unter dem Eindruck des Schreckens löst er sich von dieser absurden Betätigung und baut die zivilen Hilfstrupps auf.

    Cottard ist Nutznießer der Situation; er ist der Kollaborateur. Eines Verbrechens beschuldigt,

45   wollte er Selbstmord begehen, wurde gerettet und lebt nun in relativer Freiheit, da die Polizei andere Aufgaben hat, als Verbrecher zu jagen. Als die Pest ihr Ende findet, verschanzt sich Cottard in seiner Wohnung und wird im Verlauf eines Feuergefechts von der Polizei erschossen. – Für den Jesuitenpater Paneloux ist die Pest ein Gottesgericht, das

gerechterweise auf die Sünder herabkommt. Erst der Tod eines unschuldigen Kindes, den
50 Paneloux mit ansehen muss, trifft den religiösen Fanatiker so nachhaltig, dass er sich nun auf eine – aus Camus' Weltsicht – freilich kaum weniger anfechtbare Position rettet, die des unbedingten sich selbst verleugnenden Glaubens daran, dass *„die Wahrheit aus der augenscheinlichen Ungerechtigkeit hervorbrechen wird"*. Er wird selbst von der Pest dahingerafft, nachdem er sich dem Sanitätstrupp angeschlossen hat.

55 In Tarroux, von dessen Herkunft und Ziel man zunächst wenig erfährt und der sich vom beobachtenden Außenseiter zum Kämpfer wandelt, findet Rieux einen Freund. Tarroux war von zu *Hause* weggegangen, als er erfuhr, dass sein Vater, ein Staatsanwalt, Menschen dem Tod auslieferte. Seine Ablehnung gegen alles, *„was von nah oder fern aus guten oder schlechten Gründen tötet oder rechtfertigt, dass getötet wird"*, und die ihn tief bewegende
60 Frage, ob man ein *„Heiliger ohne Gott"* sein könne, machen aus dem stillen, resignierten Individualisten einen tätigen Helfer. Auch sein Tod ist absurd. Das Buch endet in einer tiefen Aporie: Als die Bevölkerung von Oran schon die Befreiung von der Seuche feiert, ist er einer der letzten, die an der Pest sterben. Rieux weiß, dass der Sieg nicht endgültig ist, *„dass der Pestbazillus niemals ausstirbt oder verschwindet ... und dass vielleicht der Tag*
65 *kommen wird, an dem die Pest zum Unglück und zur Belehrung der Menschen ihre Ratten wecken und erneut aussenden wird, damit sie in einer glücklichen Stadt sterben"*.
Camus hat in seinem erfolgreichsten Prosawerk zweifellos Erfahrungen des Zweiten Weltkriegs und seiner Tätigkeit in der Résistance verarbeitet. Dass er die Pest als
70 unabänderliche Schicksalsmacht, als conditio humana und nicht als ein nach seinen geistigen und historischen Grundlagen zu analysierendes Phänomen deutete, bot den Angriffspunkt für jene Kritiker, die, wie z. B. SARTRE, dem Autor mangelndes historisches Verständnis vorwerfen, ja seinen eigenen berühmt gewordenen Einwand gegen die Geschichte als schlechthin unverbindlich, als *„Flucht auf höchster Ebene"* (W. Heist) bezeichnen.
75 Andererseits war es gerade die philosophische Entscheidung gegen die Wertneutralität HEGELS (*„Der Wert wird also auf das Ende der Geschichte verschoben. Bis dahin gibt es keinen Maßstab, der ein Werturteil zu begründen erlaubte"* – L' homme révolté) und für KIERKEGAARDS ethisches Individuum, *„das seine Theologie in sich selbst hat"* (Entweder-Oder), also die entschiedene Behauptung der wertsetzenden moralischen Kraft
80 des einzelnen, die weltweite Resonanz fand und die überzeugte, nicht zuletzt weil Camus selbst sie gelebt hatte.
aus: *KINDLERS NEUES LITERATUR LEXIKON,*
München (Kindler Verlag) 1989, Bd. 3, 571

Film

Die Pest LA PESTE
Frankreich / England / Argentinien – 1992 – 140 min.
Literaturverfilmung
Erstaufführung: 29.04.1997 arte
Produktionsfirma: Compagnie Française Cinématographique/Oscar Kramer (Buenos Aires)/The Pepper-Prince Company Ltd./Chinemania/Canal +
Regie: Luis Puenzo
Vorlage: nach dem Roman von Albert Camus
Kamera: Felix Monti
Musik: Vangelis
Schnitt: Juan Carlos Macias
Darsteller: William Hurt (Dr. Bernard Rieux), Sandrine Bonnaire (Martine Rambert), Jean-Marc Barr (Jean Tarroux), Robert Duvall (Joseph Grand), Raul Julia (Cottard)

M 2   Zur Biografie Camus'

Camus, Albert, 07.11.1913 Mondovi (Algerien) – 04.01.1960 (Autounfall bei Paris);
Prosaautor, Essayist, Dramatiker, Journalist. Eltern unbemittelte europ. Einwanderer in
Algerien, Mutter span., Vater franz. Herkunft; Vater fiel 1914; Gymnasialbesuch als
Stipendiat, erster Ausbruch einer unheilbaren Tuberkulose; Philosophiestudium in Algier
5   und Gelegenheitsarbeiten; Engagement in antifaschist. Bewegung; 1934/37 Mitglied der KP
Algeriens; Gründung einer progressiven Theatergruppe am Kulturhaus von Algier; u. a.
Mitarbeit an der dramat. Kollektivschöpfung *Revolte dans les Asturies* (1936, Revolte in
Asturien) über die Niederschlagung des astur. Bergarbeiteraufstandes 1934, auch dramat.
Umsetzung der Erzählung *Le temps du mépris* von Malraux; Europareisen. Gleichzeitig
10   entstanden die Sammlungen belletrist. Essays *L'envers et l'endroit (1937,* dt. Licht und
Schatten, 1959) und *Noces* (1939, dt. Hochzeit des Lichts, 1954), in denen C. neben
Erfahrungen sozialen Mangels vor allem glückl. Naturgefühl Ausdruck verlieh. 1938/40 war
er ein engagierter Mitarbeiter der Ztg. *"Alger républicain"* (später *"Soir républicain"*), die
unter Missachtung der Zensur die Kolonialadministration angriff. Nach seiner Artikelfolge
15   über das Elend der alger. Landbevölkerung und dem Verbot der Zeitung war für C. keine
journalistische Berufsausübung in Algerien mehr möglich; daher übersiedelte er 1940 nach
Paris. In den letzten Kriegsjahren nahm er Kontakte zur Résistance auf, arbeitete maßgeblich
an der illegalen Ztg. "Combat" mit und veröffentlichte die *Lettres à un ami allemand*
(1943/44, Briefe an einen deutschen Freund, 1960), in denen er den Faschismus zur irrigen
20   Konsequenz nihilist. Denkens erklärte. In der Nachkriegszeit hatte er freundschaftl. Kontakt
zu Sartre und dessen existentialist. Kreis. Ab 1953 nahm er wieder prakt. Theaterarbeit auf
als Übersetzer, Bearbeiter von Stücken und Regisseur. Im Algerienkrieg kehrte er zur
journalist. Arbeit zurück, um mit ihr zur dringend erwünschten Aussöhnung der Fronten
beizutragen; 1957 Nobelpreis. C.' Werk ist vom Gedanken der Absurdität menschl. Daseins
25   geprägt, die aus dem Widerspruch zwischen dem Streben nach sinnvollem Handeln, nach
Glückserfüllung und Unerreichbarkeit dieser Ziele resultiert. C. fordert, dass sich der
Mensch dieses existentielle Dilemma bewusst macht und sich ihm in Würde stellt, indem er
dem Nihilismus individuelle eth. Prinzipien entgegensetzt. C. führte Auffassungen zu
keinem geschlossenen philosoph. System. Individuelle Verhaltensformen der ange-
30   nommenen Grundgegebenheit menschl. Daseins, der Absurdität, gegenüber zeigt C. in
einem ersten Schaffenszyklus: mit dem Roman *L'étranger* (1942, Fremde, 1948), dem
moralphilosoph. *Essay Le mythe de Sisyphe* (1942, dt. Der Mythos von S., 1950) und dem
Drama *Caligula* (1944 U. 1945, Hg. J. Arnold, 1984 in der Fassung vom Febr. 1 1959). Der
Held von *L'étranger* sieht sich wegen eines kriminellen Delikts der Verfügungsgewalt der
35   Gesellschaft ausgeliefert und lehnt deren verlogenes Spiel ab; dafür, nicht für sein Vergehen,
wird er zum Tode verurteilt; er nimmt das Urteil gefasst und freudig an, wie er im
Nachhinein sein ganzes "absurdes" Dasein akzeptiert. In dem Essay konstatiert C. in
Anlehnung an Nietzsche, Dostojewski u.a. die Absurdität menschl. Daseins und setzt ihr
ausdrücklich einen Lebensstil bewussten, gefassten Durchhaltens entgegen. Der kaiserl.
40   Machthaber Caligula zerstört seine menschl. Umwelt, geht daran selbst zugrunde und
erkennt im Tode seinen Weg als falsch. In einem zweiten Schaffenszyklus wollte C. in der
Nachkriegszeit Solidarität und die moral. Ideale der Résistance bewahren und
gesellschaftlich wirksam machen: mit dem Roman *La peste* (1947 dt, 1948), einem Bericht
vom zähen, selbstlosen Widerstand des Menschen gegen seine phys. und moral. Zerstörung;
45   mit dem Drama *Les justes* (1950, U. 1949, dt. Die Gerechten, 1959), das nach der moral.
Berechtigung polit. Attentate unter Terrorregimes fragt; mit dem Essay *L'homme révolté*
(1951, dt. Der Mensch in der Revolte, 1953), in dem C. eine Antinomie zwischen Moral und
Geschichte herausarbeitete; diese geschichtspessimist. Haltung C.' führte zum Bruch mit
Sartre. In seinen letzten erzähler. Werken befragt C. seine früheren Moralpostulate auf ihre
50   Tragfähigkeit. Ein negatives Beispiel, das für den Leser Anlass zu positiver Gegenhaltung

werden kann, gibt C. in *La chute* (E., 1956, dt. Der Fall, 1957): Der Protagonist verhöhnt nach dem Verlust seines bürgerl. guten Gewissens jegl. eth. Grundsatz. In der Novellensammlung *L'exil et le royaume* (1957, dt. Das Exil und das Reich, 1958) lässt C. in allen Gestalten eine Ahnung erfüllten menschl. Daseins aufscheinen, die jedoch von

55 unterschiedl. Existenzzwängen erstickt wird. In den letzten Lebensjahren arbeitete er an dem unvollendet gebliebenen Roman *Le premier homme* (Der erste Mensch), mit dem C. zu seiner Jugendzeit in Algerien als der Quelle seiner Lebens- und Schaffensenergie zurückkehren wollte. C. ist einer der meistgelesenen franz. Autoren, hat schon zu Lebzeiten Eingang in den Autorenkanon der Literaturgeschichte gefunden und gehört heute in

60 Frankreich zur Schullektüre.
CAMUS 'LEBEN UND WERK'
in: *Albert Camus; Die Pest –*
Königs Erläuterungen und Materialien,
Hollfeld, 1998, 11–13

Medien zu A. Camus

1. Film
   Albert Camus (franz.)
   91 min (f) Frankreich 1974
   Ein Porträt des französischen Schriftstellers, der unter anderem durch seine Romane "Der Fremde" (1942), "Die Pest" (1947) und der "Der Fall" (1956) berühmt wurde. Camus war Mitglied der französischen Widerstandsbewegung. 1957 erhielt er den Nobelpreis. – Albert Camus wurde 1913 in Algerien geboren, starb 1960 in Frankreich.
   zu entleihen über: Medienzentrum Rheinland

2. Film
   Albert Camus – un combat contre l'absurde
   84 Min. Frankreich/Großbritannien 1996
   Das Leben Camus', sein Werk, seine Reisen
   Autor: James Kent

3. Diaserie
   Albert Camus (1913 – 1960)
   21 (f) 1974
   1. L'atelier de l'oncle (Albert Camus est au centre, en tablier noir), 2. Alger, 3. Préparation à l'école normale, 4. Mer, soleil, sable (Algérie), 5. La baie d'Alger, 6. Tipasa, 7. Ruines de Djemila, 8. Camus au Théâtre de Paris, pendant une répétition de Caligula, 9. Albert Camus, Claude Bourdet et André Malraux (en uniforme), 10. Manuscrit d' Albert Camus (préface à l'édition américaine de "L'Etranger", 11. Albert Camus à une répétition de "Caligula", 12. La baie d'Oran, 13. "Les Justes" (au Théâtre Hébertôt), 14. Une réception chez Gallimard, 15. Répétition de "L'Etat de Siège" (1948), 16. Une conférence d' Albert Camus, le 22 janvier 1956, 17. Camus à la N.R.F., 18. Alger: Café "La Liberté", 19. Albert Camus chez lui, 20. Petite plage en Algérie, 21. Albert Camus (1960)
   zu entleihen über: Westfälisches Landesmedienzentrum

M 3 Existentialismus

Existenzphilosophie, Existentialismus. Der Titel E. ist seit Ende der zwanziger Jahre (F. Heinemann, 1967) Sammelbenennung für eine Mehrzahl philosophischer Ansätze u. Ausbildungen. Sie sind dadurch gemeinsam kennzeichenbar, dass sie die philosophische Frage nach dem Sein u. dem Seienden im Ganzen festmachen am menschlichen Dasein
5 (Existenz), dem das Wirklichkeitsganze als naturaler und soz. Bedeutungszusammenhang nicht nur zum Nach- u. Mitvollzug schon schlechthin vorgegeben, sondern als zu Entwerfendes im urspr. Vollzug seiner endlich-geschichtlichen Freiheit je aufgegeben ist. Sie steht in einer Traditionslinie der neuzeitlichen Philosophie der sich überantworteten Subjektivität, betont aber in deren Verfassung radikaler das Handlungsbewusstsein und die
10 Tat der Entscheidung in jeweiliger Situation vor dem Erkenntnisbewusstsein und dem objektivierenden und bleibende Gültigkeit suchenden Wissen, insgesamt die konkrete menschliche Individualität mit ihrer unabnehmbaren Last, sich und ihre eigene Lebens- und Weltgestalt "echt" selbst zu gewinnen oder zu verfehlen, worin zugleich ihr ausgezeichneter Rang beruht. Sie setzt sich ab vom Idealismus (v. a. Hegelscher Prägung), der den Menschen
15 aufgehoben wissen wollte in einem übergreifenden System allgemeinverbindlicher Gehalte, Normen, Werte und in dessen geschichtlichen Entwicklungsgang; überhaupt von der abendländisch-europäischen Tradition der Metaphysik des ewigen Seins und seiner die Dinge und den Menschen, das Erkennen und das Handeln tragenden u. bemessenden Wesensordnung (Substantialismus, Essentialismus). So reflektiert sich im existenz-
20 philosophischen Denken selber auch die Erfahrung einer Krisen- u. Umbruchssituation insbesondere nach dem 1. und noch verstärkt nach dem 2. Weltkrieg.
Bei M. Heidegger ist das menschliche Dasein unbeschadet der Selbstbestimmung zugleich gehalten an schon vorgegebene Tatbestände; seine selbstbezügliche Sorge um das eigene Sein steht überdies und zuvor in einem Bezug zum Sein überhaupt (Existenz als Existenz).
25 Da es der Existenzanalyse Heideggers somit letztlich um die Frage nach dem Sein selbst geht, lehnt er die Kennzeichnung Existentialismus, weil missverständlich, für sich ab. Auch bei K. Jaspers ist der Mensch von vornherein verwiesen über sich hinaus, freilich so, dass der Vollzug dieser Verwiesenheit stets scheitern muss, in den Grenzsituationen (Leiden, Schuld, Tod) der Transzendenz zwar inne wird, aber nie unmittelbar in ihre Gegenwart zu
30 kommen vermag, da sie nur mit Chiffren zu bezeichnen ist, die der philosophische Glaube stets in der Schwebe belässt. Für G. Marcel ist die konkret-leiblichen Existenz des Menschen, der sich in seinem Selbstverhältnis nie restlos verobjektivieren und in den Besitz bringen kann, eingelassen in das Geheimnis des Seins, in dem sich Gott verbirgt, u. dieses Grundverhältnis ist damit geprägt durch Glauben, Vertrauen, Hoffnung. Für J.-P. Sartre
35 dagegen ist die Selbstbestimmung der Existenz absolut, voraussetzungslos und durch keinen übergreifenden und umgreifenden Seinssinn affiziert, so dass zumal der Glaube an Gott sich als feige Flucht vor der Wahrheit, zur Freiheit verurteilt zu sein, erweisen muss (atheistischer Existentialismus). Gegen die Absurdität dieser in sich verschlossenen Freiheit revoltiert A. Camus' Sisyphos-Existenz, ohne sie freilich in einen dauerhaften Sinnzusammenhang
40 verwandeln zu können und zu wollen, am wenigsten durch den Glauben an einen Gott angesichts der Qualen des Lebens in der Welt, und dieser Revolte allein verdankt sich die Würde des Menschen. – Den unterschiedlichen Existenzbegriffen entsprechen unterschiedliche Zielsetzungen und Vorgehensarten: die existentiell-appellative von Jaspers, Marcel, Sartre, die, obzwar in je eigentümlicher Weise, Existenz anzusprechen, betroffen zu machen,
45 zum engagierten Handeln aufzurufen sucht, und die existential-ontologisch von Heidegger, die deskriptiv die Lebens- und Weltzusammenhänge des Existierens klären will.
Methodische Anstöße für die Ausbildung des philosophischen Existenzdenkens ergeben sich, besonders für Heidegger und auch Sartre, aus der Phänomenologie E. Husserls und der phänomenologische Anthropologie M. Schelers, die ihrerseits Anregungen F. Nietzsches
50 und der Lebensphilosophie aufgenommen hatte. Insbesondere für Heideggers

Existenzinterpretation wurde bedeutsam W. Diltheys Hermeneutik. Den entscheidenden inhaltlichen Anstoß aber gab S. Kierkegaards Existenztheologie, deren formelle Bestimmung des "Selbst" als Verhältnis zu sich v. a. bei Jaspers aufklingt. – In einer gewissen Verwandtschaft zum existenzphilosophischen Denken kann die Philosophie des
55 Dialogs (F. Rosenzweig, F. Ebner, M. Buber) gesehen werden. – Existenzphilosophische Ausprägungen erfolgten über den deutschen und französischen Sprachraum mit den genannten Hauptvertretern hinaus in Italienisch (N. Abbagnano u.a.) und Spanisch (M. de Unamuno u. a.).

Impulse der Existenzphilosophie besonders Heideggers (u. Jaspers') und die kritische
60 Auseinandersetzung mit den Neuansätzen regten das philosophische Denken auch im katholischen Raum an, führten zu fruchtbaren Neuinterpretationen der klassischen Metaphysiktradition (M. Müller, G. Siewerth, J. B. Lotz, K. Rahner, B. Welle) und gingen in die Grundlegungs- u. Fortbildungsversuche katholischer Theologie (Th. Steinbüchel, K. Rahner, J. B. Metz, B. Lonergan) sowie, stärker noch, im Raum der protestantischen
65 Theologie in das Bemühen um eine existential-hermeneutisch begründete Entmytho-logisierung des Christentums (R. Bultmann) ein.

Lit.: Gilson (Hg.): Christl. Existentialismus: Gabriel Marcel. P 1947, dt. Warendorf 1951; Th. **Steinbüchel:** Existenzialismus u. chr. Ethos. Bn 1948; **E. Mounier:** Einf. in die E. Bad Salzig 1949; H. Kuhn: Die Begegnung mit dem Nichts. Tü 1950; L. **Gabriel:** Von Kierkegaard bis Sartre. W. 1951; 1. Müller: E. u. kath. Theol. Baden-Baden 1952; F. **Heinemann:** E. lebendig od. tot? St 1954; N. Abbagnano: Philos. des menschl. Konflikts. Eine Einf. in den Existentialismus. Ha 1957; M. Müller: E. Von der Metaphysik z. Metahistorik. FrM 11986; F. Zimmermann: Einf. in die E. 11992.

ALOIS HALDER
aus: *Lexikon für Theologie und Kirche*
    Bd. 3, Freiburg (Herder),
    3. überarbeitete Auflage 1995,
    Sp. 1117–1119

Vorbemerkung zu M 4 – M 7:

Da eine paraphrasierende Zusammenfassung nicht den Ansprüchen einer Ganzschrift genügt, wird hier nur auf die entsprechenden Kapitel mit den Seitenzahlen in der benannten Camus-Ausgabe verwiesen.

M 4 Albert Camus: Die Pest (1947)

➢ Kapitel II, 3 und 4: Die erste Predigt von Pater Paneloux (106–121)
Hinweis: Die Seitenzahlen beziehen sich auf die Ausgaben des Rowohlt Taschenbuches (rororo 22500), Reinbek 1998
Die Predigt wird aus der Sicht des Arztes Rieux – in dem sich Camus selbst widerspiegelt – von Zwischenkommentaren und Zusammenfassungen unterbrochen in direkter Rede wiedergegeben.

Aufgaben:

Analysieren Sie die Predigt Paneloux` unter Berücksichtigung folgender Aspekte:

- Thema der Predigt
- Struktur der Predigt
- Position des Predigers und seine Wirkungsintention
- Rieux' Beschreibung des Predigers und der Zuhörer (Charakterisierung)
- Wirkung der Predigt auf die Zuhörer
- Welche Positionen der klassischen Theodizee-Versuche sind in dieser Predigt wieder zu erkennen? (vgl. Kessler, Kap. II und M 3.1 – M 3.3)

M 5   Albert Camus: Die Pest (1947)

➢ Kapitel IV, 3: Der Todeskampf eines Kindes (238–249)

Hinweis: Die Seitenzahlen beziehen sich auf die Ausgaben des Rowohlt Taschenbuches (rororo 22500), Reinbek 1998

Aufgabe:

Vergleichen Sie die Position Rieux' und Paneloux' angesichts des Todeskampfes des kleinen Phillip, dem Sohn des Richters Othon!

M 6   Albert Camus: Die Pest (1947)

➢ Kapitel IV, 4: Die zweite Predigt von Pater Panleoux (249–265)
Hinweis: Die Seitenzahlen beziehen sich auf die Ausgaben des Rowohlt Taschenbuches (rororo 22500), Reinbek 1998.

Aufgaben:

- Analysieren Sie die zweite Predigt von Pater Paneloux unter folgenden Aspekten:
  - Struktur der Predigt
  - Wandlung der Position von Pater Paneloux (Sprache? Gottesbild?)
  - Wirkung der Predigt/Reaktion der Zuhörer
- Inwieweit ist in dieser Predigt das Motiv der Unbegreiflichkeit des Leids und der Unbegreiflichkeit Gottes zu finden? (vgl. Hans Kessler 37 ff)
- Formulieren Sie unter Bezug auf Hans Kessler (vgl. ebd. zu Camus, 7, 22 f, 51, 61) Rückfragen an die Position von Rieux / Camus!

M 7   Albert Camus: Die Pest (1947)

➢ Kapitel V, 5: Schluss (341–350)
Hinweis: Die Seitenzahlen beziehen sich auf die Ausgaben des Rowohlt Taschenbuches (rororo 22500), Reinbek 1998.

Aufgaben:
- Analysieren Sie die abschließenden Überlegungen Rieux'! Berücksichtigen Sie dabei die verschiedenen Bedeutungsebenen der „Pest".
- Stellen Sie sich vor, heute wäre ein Dialog zwischen Albert Camus und Hans Kessler möglich! Konstruieren Sie dieses Gespräch! Berücksichtigen Sie dabei insbesondere H. Kessler, 57–63!

M 8 ALBERT CAMUS: Der Ungläubige und die Christen (1948)

Auszüge aus einem 1948 im Dominikanerkloster von Latour-Maubourg gehaltenen Vortrag

Da Sie mich, der ich Ihre Überzeugungen nicht teile, so freundlich aufgefordert haben, auf die ganz allgemein gehaltene Frage zu antworten, die Sie im Verlauf dieser Gespräche zu stellen pflegen, möchte ich zuerst – bevor ich Ihnen sage, was die Ungläubigen meiner Ansicht nach von den Christen erwarten – meinen Dank für Ihre großzügige Gesinnung
5   dadurch ausdrücken, dass ich mich zu ein paar Grundsätzen bekenne.
Es gibt zunächst ein gewisses areligiöses Pharisäertum, das zu vermeiden ich versuchen will. Als areligiöse Pharisäer bezeichne ich die Leute, die vorgeben, es sei eine Kleinigkeit, Christ zu sein, und die sich anschicken, im Namen eines nur von außen gesehenen Christentums
10   mehr von den Christen zu fordern als von sich selbst. Ich bin in der Tat überzeugt, dass der Christ zu vielen Dingen verpflichtet ist, dass es aber einem Menschen, der selber diese Verpflichtungen ablehnt, nicht zusteht, sie einem anderen, der sie bereits anerkannt hat, in Erinnerung zu rufen. Wenn jemand irgendetwas vom Christen fordern darf, dann nur der
15   Christ selber. Sollte ich mir am Ende meiner Darlegungen erlauben, von Ihnen die Beobachtung gewisser Pflichten zu fordern, so könnte es sich demzufolge nur um Pflichten handeln, deren Erfüllung heute von jedem Menschen gefordert werden muss, sei er nun Christ oder nicht.
20   ... Ich werde nicht versuchen, irgendetwas an meinen oder Ihren Gedanken (so weit ich sie beurteilen kann) zu ändern, um eine uns allen wohlgefällige Versöhnung der Standpunkte herbeizuführen. Vielmehr möchte ich Ihnen heute sagen, dass die Welt ein echtes Zwiegespräch nötig hat, dass das Gegenteil eines Dialogs ebenso gut Lüge heißt wie
25   Schweigen und dass ein Zwiegespräch deshalb nur zwischen Menschen möglich ist, die das bleiben, was sie sind, und die wahr sprechen. Mit anderen Worten: die heutige Welt verlangt von den Christen, dass sie Christen bleiben. Kürzlich hörte ich in der Sorbonne, wie ein katholischer Priester sich an einen marxistischen Redner wandte und öffentlich versicherte, auch er sei antiklerikal. Wohlan, ich liebe keine Priester, die antiklerikal sind, wie ich auch
30   keine Philosophen liebe, die sich ihrer selbst schämen. Ich werde also nicht versuchen, mich vor Ihnen als Christ zu gebärden. Ich teile mit Ihnen das Grauen vor dem Bösen. Aber Ihre Hoffnung teile ich nicht und werde nie aufhören, gegen diese Welt zu kämpfen, in der Kinder leiden und sterben.
35   Warum soll ich hier nicht sagen, was ich anderen Orts geschrieben habe? Während jener Jahre des Schreckens habe ich lange Zeit darauf gewartet, dass sich in Rom eine laute Stimme erhöbe. Ich, der Ungläubige? Eben deshalb. Denn ich wusste, dass der Geist verloren gehen musste, wenn er angesichts der Gewalt nicht den Schrei der Verdammung ausstieß. Es heißt, diese Stimme sei laut geworden. Aber ich schwöre Ihnen, dass Millionen
40   Menschen wie ich selbst sie nicht gehört haben und dass sich deshalb in allen Herzen, ob gläubig oder ungläubig, eine Einsamkeit einnistete, die immer weiter um sich griff, je mehr Zeit verstrich und je zahlreicher die Henker wurden.
Seither wurde mir erklärt, die Verdammung sei wirklich und wahrhaftig erfolgt, aber in der Sprache der Enzykliken, und diese Sprache ist nicht klar. Die Verdammung war
45   ausgesprochen worden, und sie wurde nicht verstanden! Wer spürte hier nicht, wo die wirkliche Verdammung liegt, wer sähe nicht, dass dieses Beispiel einen Teil der Antwort, vielleicht die ganze Antwort, die Sie von mir erwarten, bereits in sich birgt? Die Welt erwartet von den Christen, dass sie den Mund auftun, laut und deutlich, und ihre Verdammung ganz unmissverständlich aussprechen, damit nie auch nur der geringste
50   Zweifel im Herzen des einfachsten Mannes zu keimen vermag; dass sie sich aus der Abstraktion befreien und dem blutüberströmten Gesicht gegenübertreten, das die Geschichte in unseren Tagen angenommen hat. Die Vereinigung, die uns nottut, ist eine Vereinigung von Menschen, die gewillt sind, eine klare Sprache zu sprechen und sich mit ihrer Person

55 einzusetzen. Wenn ein spanischer Bischof politische Hinrichtungen segnet, ist er kein Bischof mehr und kein Christ, ja nicht einmal ein Mensch; dann ist er ein Hund, genauso gut wie jener, der von der hohen Warte einer Ideologie aus die Hinrichtung befiehlt, ohne die Arbeit selbst zu verrichten. Wir warten, und ich warte darauf, dass sich die Menschen vereinigen, die keine Hunde sein wollen und die entschlossen sind, den Preis zu zahlen, den es kostet, damit der Mensch mehr ist als der Hund ...

60 Das ist, glaube ich, alles, was ich zu sagen hatte. Wir befinden uns dem Bösen gegenüber. Was mich selbst angeht, so fühle ich mich allerdings ein wenig wie Augustin vor seiner Bekehrung, als er sagte: „Ich forschte nach dem Ursprung des Bösen und blieb darin befangen." Aber ich weiß auch, und ein paar andere Menschen wissen es mit mir, was getan werden muss, um das Böse wenn nicht zu verringern, so doch wenigstens nicht zu 65 vermehren. Wir können es vielleicht nicht verhindern, dass diese Schöpfung eine Welt ist, in der Kinder gemartert werden. Aber wir können die Zahl der gemarterten Kinder verringern. Und wenn Sie uns dabei nicht helfen, wer soll uns dann helfen?

Zwischen den Mächten des Schreckens und denen des Zwiegesprächs ist ein gewaltiger, ungleicher Kampf entbrannt. Ich hege nur sehr mäßige Illusionen in bezug auf den Ausgang 70 dieses Kampfes. Aber ich glaube, dass er durchgefochten werden muss, und ich weiß, dass es zumindest Menschen gibt, die dazu entschlossen sind. Nur fürchte ich, dass sie sich zuweilen ein wenig einsam fühlen, ja es tatsächlich sind, und dass wir Gefahr laufen, mit zweitausend Jahren Abstand der vervielfachten Hinopferung des Sokrates beizuwohnen. Die morgige Tagesordnung bringt uns entweder die Civitas des Zwiegesprächs oder die 75 feierliche und bedeutungsschwere Hinrichtung der Zeugen des Zwiegesprächs. Nachdem ich meine Antwort abgegeben habe, richte ich nun meinerseits folgende Frage an die Christen: „Wird Sokrates wiederum allein stehen und gibt es nichts in seiner und in eurer Lehre, das euch dazu bewegen könnte, zu uns zu stoßen?"

80 Ich weiß, es kann wohl sein, dass das Christentum nein sagt. Oh, nicht aus Ihrem Munde, das will ich gerne glauben. Aber es kann auch sein und ist sogar wahrscheinlich, dass es beharrlich weiter Kompromisse schließt oder seine Verurteilungen in das dunkle Gewand der Enzyklika kleidet. Es kann sein, dass es sich darauf versteift, sich endgültig die Tugend der Auflehnung und der Empörung entreißen zu lassen, die ihm vor langer Zeit eigen war. 85 Dann werden die Christen leben, und das Christentum wird sterben. Dann werden es wirklich die anderen sein, die für das Opfer bezahlen. Auf jeden Fall ist dies eine Zukunft, über die zu entscheiden mir nicht zusteht, so manche Hoffnung und Angst sie in mir wecken mag. Ich kann nur von dem sprechen, was ich weiß. Ich weiß jedoch, und weiß es manchmal mit wehem Herzen, dass die Christen sich nur dazu entschließen müssten, damit Millionen 90 von Stimmen, Millionen, hören Sie, auf der ganzen Welt in den Schrei einer Handvoll Einzelgänger einfallen, die heute ohne Glauben noch Gesetz allenthalben und unermüdlich für die Kinder und für die Menschen eintreten.

Entnommen aus: Albert Camus, Fragen der Zeit
Deutsch von Guido G. Meister, Reinbek bei Hamburg (Rowohlt Verlag GmbH)
Sonderausgabe August 1970, 59–63 in Auszügen

Aufgabe:

Analysieren und bewerten Sie Camus' Sichtweise bezüglich des Verhältnisses zwischen „Ungläubigen" und „Christen". Berücksichtigen Sie dabei auch die von Hans Kessler[7] aufgeworfene Anfrage an Camus: „Woher bezieht dann Dr. Rieux seine Kraft, um gegen Elend, Leiden und Tod dieser Welt anzukämpfen, wenn er doch selber Teil eben dieser empirischen Welt ist, der sein Veto und Widerspruch gilt?"

---

[7] Hans Kessler: Gott und das Leid seiner Schöpfung. Würzburg 2000, 50.

Bernd Weber

Hans Kessler, „Gott und das Leid seiner Schöpfung" als systematisch-theologisches Exemplum[1]

1. Ziele der Auseinandersetzung mit dieser Ganzschrift

- Das Theodizeeproblem als *die* Anfrage erfahren und erkennen, die sich einer zeitgemäßen („nach Auschwitz") Rechenschaft über den Glauben heute stellt (*kognitive und affektive Dimension*)
- Durchdenken theologischer, philosophischer und existentieller Antwortversuche von „Gottsucher(n) und Zweifler(n), Dichter(n), Denker(n) und Beter(n)" (2), die Differenzierungen und Perspektivenveränderungen im Blick auf das „Verständnis von Allmacht, von Güte, von Unbegreiflichkeit Gottes" (*ebd.*) einschließen
- Erkenntnis, dass Christen (wie andere Glaubende in monotheistischen Religionen) im Blick auf das Theodizeeproblem heute eher mit „Fragen denn mit fertigen Antworten" leben, die gleichwohl Orientierung geben können „für ein heutiges Leben und Handeln angesichts fremden Leids und im eigenen Leid" (3)
- Klage bis hin zur Anklage Gottes als biblisch fundierte Haltungen erkennen und in ihrer Bedeutung würdigen
- *Methodisch*: Lektüre und Analyse einer systematisch-theologischen Ganzschrift – Kennenlernen und Erproben verschiedener Lese- und Rezeptionstechniken
- Schwerpunktbildung in Form des Stationenlernens zu einzelnen Kapiteln (inkl. Vereinbarungen zu konkreten ,Produkten': schriftliche Zusammenfassungen, Referate, Rollenspiele u.a.)
- Schulung der Argumentationsfähigkeit im Rahmen der Darstellung theologischer Positionen und selbstständige Formulierung von kritischen Anfragen und Stellungnahmen
- Lehrplanbezug Sek. II
- Die zwei Bereiche des Faches kommen hier zur Sprache:
- Fragen und Erfahrungen des Menschen *und* Aussagen des Glaubens der Kirche und der Theologie
- Formen religiösen Sprechens *und* von der Theologie angewandte Methoden
- Schüler artikulieren Fragen und Erfahrungen mit Übel und Leid, die direkt oder indirekt Anfragen an den Gottesglauben evozieren bzw. implizieren. In diesem Horizont wird aus dem Bereich der *obligatorischen Inhalte die christliche Antwort auf die Gottesfrage* entfaltet:
- Wege des Redens von Gott/biblisches Sprechen von Gott
- Glaube und Wissen/Religionskritik
- Praxis des Glaubens/Spiritualität *(vgl. z.B. M 4.3 ,Beten')*

Das Prinzip der Vernetzung der Inhalte und der Methoden wird hier besonders deutlich. Folgende obligatorische Inhalte kommen zur Sprache:
- Das Zeugnis vom Zuspruch und Anspruch Jesu Christi
- Reich-Gottes-Verkündigung Jesu
- Tod und Auferstehung Jesu
- Heilsbedeutung Jesu Christi
- Eschatologische Verheißung und Erfüllung

---

[1] Hans Kessler, Gott und das Leid seiner Schöpfung, Nachdenkliches zur Theodizeefrage, Würzburg 2000; Umfang: 135 S. Hier zitiert nach der Schülerausgabe in diesem Band. Die Klammern verweisen auf die Seitenzahlen der Schülerausgabe.

- Mensch-Sein in heilsgeschichtlicher Sicht
- Handeln aus dem Glauben

Sprache der Religion und der Theologie:
- objektivierendes und existentielles Reden von Gott
- atheistische Aussageformen
- theologisches Reden von Gott
- Gottesvorstellungen in Antike, Mittelalter und Neuzeit

Methoden der Theologie:
(hier bes. Hermeneutische Verfahren; hier auch: Perspektivenwechsel – Theologie im Diskurs mit religionskritischen Anfragen – Schulung analytischen Denkens und diskursiven Argumentierens Empathieförderung durch die Begegnung mit Widerfahrnissen des Leidens)

Arbeitsmethoden der Lernenden:
- Lektüreverfahren – Textanalyse und Textinterpretation
- Präsentationsformen: Referat, Szenisches Spiel, Kreative Textproduktion, Streitgespräch/Podiumsdiskussion u.a.

Literaturauswahl
Angesichts des Vorbereitungsaufwandes (*Bereitstellung ergänzender Texte, Literaturauszüge usw.*) ist es m.E. kaum möglich, die Schülerinnen und Schüler direkt an der Auswahl des Buches zu beteiligen*; zwingend erforderlich ist jedoch eine vorgängige – d.h. noch vor der ersten Lektüreauswertung – Sensibilisierung für die jeweilige Leitfrage, hier: Theodizeefrage, um Interesse zu wecken und Motivation aufzubauen, ein entsprechendes theologisches Werk als Ganzschrift zu lesen und zu erarbeiten. Um den individuell unterschiedlichen Interessen gerecht werden zu können, wird nach einer ersten Übersichtslektüre eine arbeitsteilige Auseinandersetzung in Interessengruppen intendiert. Die genannte Sensibilisierung für die Thematik soll gleichzeitig die Vorerfahrungen und das Vorverständnis der Schülerinnen und Schüler zur Sprache bringen.
* *Konkrete Erfahrung*: Schon im Gk 12,1 „Gott existiert ...!?" zeigte sich, dass Übel und Leiden für Schülerinnen und Schüler *die* Anfrage an den Gottesglauben darstellen, so dass schon zu diesem Zeitpunkt im Hinblick auf die Lektüre einer Ganzschrift gemeinsam mit den Schülern die Theodizeefrage vereinbart werden konnte.

2. Auswahl einer theologischen Ganzschrift (H. Kessler) – Lehrer/Lehrerin begründet den Vorschlag

Auf der Basis der eigenen Lektüre und der Rezensionen von Th. Menges und G. Neuhaus stellt der Lehrer/die Lehrerin das Buch *kurz* vor. *Medien*: FOLIE : Inhaltsverzeichnis des Buches von Kessler (*vgl. Anlage/Folienvorlage*) – Klärung der Sammelbestellung des Buches: Studienausgabe (vgl. hintere Umschlagseite).

3. Hinweise zur Erstlektüre – Aushändigung des Buches

Zu dem Buch [Schülerausgabe] erhalten die Schüler die Hinweise zu Lesetechniken und zur Textanalyse und -interpretation (*vgl. Anlage aus E. Verweyen-Hackmann, B. Weber, Methodenkompetenz im Religionsunterricht, Kevelaer 1999, 209–210 hier als Anlage*) – Vereinbarung: sich binnen einer Woche einen Überblick zu dem Buch i.S. des schnellen Lesens zu verschaffen, binnen 14 Tagen i.S. des systematischen Lesens mit individueller Schwerpunktbildung Kap. III–IV (vgl. ebd.)

4. **Sensibilisierung für die Theodizeefrage – oder: Annäherung und Austausch im Rahmen des Vorverständnisses der Schülerinnen und Schüler (2 Std.)**

Textbearbeitung in EA: ‚Ein Brief aus El Salvador, Februar 2001' *(vgl. M1)*
Austausch über die persönliche Stellungnahme in PA/GA; aus jeder Gruppe trägt anschl. ein(e) Schüler/Schülerin eine Antwort im Plenum vor – Aussprache und Versuch einer Systematisierung der Antworten an der TA – ebenso Umgang mit Leiderfahrungen heute – vgl. *M 2*
Hg. zur nächsten (Einzel-) Stunde: 3–4: zentrale Aussagen benennen und vorstellen können

5. **Begriffsklärungen und -präzisierungen (Kap. I, 3–4/1 Std.)**

5.1 Zur Hg.: –Lektüreeindruck? –Verständnisfragen?

5.2 Zunächst geht es ja um ‚notwendige begriffliche Unterscheidungen'! (das theo-logische Übel, vgl. Seite 3, wird an dieser Stelle bewusst ausgeklammert) *UG*
TA: Begriffliche Unterscheidungen:
malum physikum (lat., das naturbedingte Übel)
malum morale (lat. das moralische Übel, das sittliche Böse)
malum metaphysicum (lat. das metaphysische Übel)
strukturelle Übel

5.3 In *PA* benennen die Sch. über die im Buch genannten hinausgehend weitere Beispiele für die jew. Übel und bestimmen die anthropologischen bzw. biologischen Voraussetzungen des Sprechens von ‚Übel' (vgl. Seite 4) *(entsprechende Erg. an der TA festhalten)*

5.4 *Impuls:* Würden wir Gott unmittelbar für sittliche und strukturelle Übel verantwortlich machen, wären wir analytisch völlig hilflos! *UG*
TA: Ein vorschnelles Abschieben unserer Verantwortung für sittliche u. strukturelle Übel macht uns analytisch hilflos → Fatalismus, alles ist gleich-gültig, was wir tun, vorherbestimmt)

5.5 Wenden Sie die von uns problematisierte These z.B. auf eine histor. Analyse der Ursachen von ‚Auschwitz' an *(PA)*! – Erträge?
TA-Erg.: z.B. Auschwitz: im Ansatz erklärbar durch Antijudaismus / Antisemitismus / Rassismus der NS-Ideologie – ihre Verbreitung und Akzeptanz, antidemokratisches Denken – Unterwerfung unter den ‚Führer'– strukturelle Faktoren durch Deportation, Ghetto-bildung u.a. – nicht durch ein Abschieben auf Gott

5.6 Lehrererg.: der Münchener Philosoph Fritz Heinemann (+1969) spricht in diesem Kontext von dem Erfordernis einer Anthropodizee! *UG*
TA-Erg.: Erfordernis einer Anthropodizee (Rechtfertigung des Menschen angesichts des von Menschen zu verantwortenden Bösen)

5.7 Impuls: Dies ist zweifellos richtig und jeder Nichtglaubende von heute würde uns zustimmen. Für an Gott, den Gott der Bibel glaubende Menschen bleiben aber Fragen, auch Rückfragen an Gott!
TA-Erg.: Ist Gott nur für das Gute zuständig und Menschen für das Böse?
Vorber. Hg.: 4–8 systemat. Lesen u. schriftlich: Klären Sie die Begriffe ‚theoretische Theodizee', ‚praktische Theodizee' und erläutern Sie diese! (5–7)

6.   Was ist Theodizee? (4–8/1 Std.)

6.1 Zur Hg.: – Lektüreeindruck? – Verständnisfragen?

6.2 Vorstellen der schriftlichen Hg. Begriffsklärungen, evtl. Ergänzungen
(Theoretische Theodizee: Rationale Rechtfertigung Gottes angesichts der Übel und Leiden in der Welt – Praktische Theodizee: Umgang mit dem Leiden/Leid-Bewältigung in Form einer solidarisch-mitfühlenden Praxis, die an Gott festhält)

6.3 *Impuls*: Das Problem der praktischen Theodizee stellt und stellte sich schon immer, die theoretische Theodizee ist demgegenüber ein spezifisch neuzeitliches Problem! *UG*
TA: Die theoretische Theodizee stellt sich erst im neuzeitlichen Kontext, in dem die Existenz Gottes fraglich geworden ist: Wie kann überhaupt noch von Gott gesprochen werden angesichts der abgründigen Leidensgeschichte (Leiden und Böses in der Welt)

6.4 *Impuls*: Versetzen Sie sich in einen Atheisten/Agnostiker – Sie sehen die Probleme anders!
TA: Für Atheisten und Agnostiker hat sich die theoretische Theodizee erledigt, nicht jedoch das Erfordernis der Bewältigungsversuche des Leidens
Und für diejenigen, die sich im Kontext monotheistischen Religionen verstehen?
TA: Für Juden und Christen, die an ihrem Gottesglauben* festhalten, bleibt die Frage einer theoretischen Theodizee relevant, wenn sie an dem Anspruch festhalten, ihren Gottesglauben vor der Vernunft zu verantworten (*Islam: Allah ist gütig und barmherzig, aber: Rückfragen, gar Anklagen i.S. der Theodizeefrage nicht zulässig! Anders in jüdischen und christlichen Traditionen, vgl. Hiob, letzte Worte Jesu (Mk 15,34b): Gott soll sich rechtfertigen

6.5 Erweiterndes Unterrichtsgespräch zu der existentiellen Frage Leidender (5–6) und zu den Voraussetzungen, unter denen die Theodizeeproblematik aufkommt (7–8). Hier ist besonders der Anspruch neuzeitlicher Theodizeen zu hinterfragen. Hinweis auf das weitere Vorgehen: Arbeitsteilige Klärung Klass. Theodizeen, anschl. Stationenlernen' – wer sich genauer mit der existentiellen Auseinandersetzung zur Gottesfrage angesichts des Leidens im biblischen Buch Hiob (vgl. 5f.) befassen möchte, erhält dazu Möglichkeiten im Rahmen des ,Stationenlernens'!

Vorber. Hg. zur folgenden Std.:
Die klassischen Positionen, z.B. Augustinus oder Leibniz werden von Kessler nur skizzenhaft dargestellt; die entsprechenden Zusammenfassungen der Schüler dürften diese Positionen zwangsläufig nochmals verkürzt darstellen. Daher sollen die Seiten 9–18 lediglich nochmals gelesen werden, Aufzeichnungen nach Wahl *zu 10–13 (1.Gr.); 13–14 (2.Gr.); 14–16 u. 17f. (3.Gr.);* um sicherzustellen, dass alle Aspekte des Kapitels berücksichtigt werden, tragen sich die Schüler in eine entsprechende Gruppenliste ein; alle Felder müssen ,besetzt' sein, bevor Zweitbearbeitungen durch weitere Kleingruppen möglich sind.

7.   Klassische Theodizee-Versuche und ihr Ungenügen (Kap. II/2 Std.)

Allein der Zeitfaktor verweist auf die *Unmöglichkeit einer differenzierteren Auseinandersetzung.* Immerhin ermöglichen die Materialien M 3.1–3. 3 im Kontext der vorbereitenden Lektüre/Hg. im arbeitsteiligen Zugriff einen ersten Zugang zu diesen Versuchen.
Kleingruppenbildung gemäß individueller Schwerpunktsetzung im Rahmen der vorbereiteten Hg./Lektüre zu Kap. II, 1–3; Aushändigung von *M 3.1–M 3.3.* an die Gr. 1–3 ; Klärung von Verständnisfragen in den Gruppen, *Bearbeitung* von *M 3.1.–M 3.3* vor dem Hintergrund der vorber. Hg. / Erarbeitung / Vorstellen der Erträge durch die Gruppen *(hierzu erhalten alle Schüler M 3.1–3.3; Erträge können auf diesen Arbeitsblättern eingetragen werden)* / Auswertung und Vertiefung

Vorber. Hg. zur Folgestunde: Aushändigung der Übersicht zu den Lernstationen M4 – gemäß persönl. Wahl nochmalige Durchsicht der entspr. Bezüge in den Kapiteln III–V – So kann jedoch eine ‚Überbelegung‘ einzelner Stationen nicht verhindert werden; Alternative: Vorwahlen; in Verbindung mit entspr. Lehrerinformationen Zeitbedarf von 20 Min., die in der Doppelstunde (vgl. hier P. 7) nicht zur Verfügung stehen! Individuelle Wahl und Begründung des persönlichen Arbeitsschwerpunktes ‚Stationenlernen‘

8. Stationen-Arbeit in Kleingruppen nach individueller Schwerpunktbildung (4–5 Std.)

8.1 Vorstellen der Lernstationen anhand M 4 – verbindliche Wahl der jeweiligen Gruppen: 1–7 bzw. 8 (mindestens jew.2–3 Schüler/innen; die ‚Gruppe Camus‘ – *umfangreiches Material! –* sollte mit bis zu 5 Sch. besetzt sein o. 2 x 3!)

8.2 Vereinbarungen:
- Gruppenmitglieder tauschen Anschriften und Telefonnummern aus, um im Verhinderungsfalle einzelner Schüler den jew. Arbeitsanteil und Informationen über den Arbeitsprozess sicherstellen zu können!
- Wahl einer(s) Gruppensprecherin/Gruppensprechers: verantwortlich für die Koordination der Arbeit, Sicherstellung eines Abschlussgesprächs der Gruppe mit Endredaktion bzw. Klärung des ‚Produktes‘
- Mögliche ‚Produkte‘ und Formen der Präsentation (vgl. M 4), Zeit für die Präsentation: je max. 15 Minuten (*zusätzl.: Kurzzusammenfassung schriftlich zum Einkleben/Einheften in Heft/Mappe*)
- Beratung durch die Fachlehrerin/den Fachlehrer während der GA und vor der Präsentation
- Beginn der Arbeit in den Gruppen

9. Präsentation der Erträge der einzelnen Stationen, Austausch und Vertiefung (3 Std.)

Die Gruppen stellen die Erträge zu den einzelnen Stationen vor – Rückfragen durch das Plenum – Austausch und Vertiefung im UG; Zeit je Gruppe inkl. Präsentation max. 25 Min.
Rollenübernahme für die abschl. Podiumsdiskussion klären.
z. B. zu M 4.5 :

1. Gott ist allmächtig $\longrightarrow$ ... kann Leid verhindern
und

2. Gott ist gütig $\longrightarrow$ ... will Leid verhindern

3. Es gibt Leid $\longrightarrow$ ... *aber will auch Willensfreiheit*
... jenes, das wegen der Willensfreiheit logisch unvermeidlich ist

Schaubild nach: A. KREINER, Gott und das Leid, Paderborn 1994, 144

10. Abschluss: Podiumsdiskussion und Evaluation (1 Std.)

Das Podium wird besetzt mit Schülerinnen und Schülern, die als Theologen ‚Kessler‘, ‚Werbick‘ usw. bzw. als Rezensenten des Werkes von Kessler bzw. als Schriftsteller (‚Büchner‘, ‚Dostojewski‘, ‚Camus‘) Stellung nehmen: ‚Nach Auschwitz an Gott glauben‘? Moderation: evtl. Fachlehrer/in
Abschließend: z.B. Zielscheibenevaluation Lektüre einer theologischen Ganzschrift

11. Unterrichtsmaterialien

M 0 Elementare Lern- und Arbeitstechniken

Lesetechniken

1. Schnelles Lesen

Für nahezu alle Unterrichtsfächer ist das Lesen von Texten von zentraler Bedeutung. Dies gilt ebenso für den Religionsunterricht, der ohne die Bibel, ohne literarische Texte und Sachtexte (theologische, philosophische, sozialwissenschaftliche u. a.) nicht denkbar ist. Für einen ersten Zugang – hier vor allem zu Sachtexten – ist *schnelles Lesen* hilfreich.

Dies muss geübt werden. Hier ein paar Tipps:

1. Verschaffe dir einen ersten Überblick zu dem Text durch konzentriertes, schnelles Lesen!
2. Achte auf Überschriften, Hervorhebungen oder fett gedruckte Wörter!
3. Versuche, sinntragende Worte herauszufinden, die den gedanklichen Zusammenhang angeben!
4. Du kannst ruhig von Absatz zu Absatz springen, um die zentralen Aussagen in einem ersten Zugriff zu erfassen!
5. Bei Ganzschriften (Bücher oder längere Aufsätze z. B.) lies zuerst das Inhaltsverzeichnis, die Einführung und das Schlusskapitel bzw. die Überschriften, die ersten und letzten Seiten. So erfährst du in einem ersten Zugriff, worum es in dem Text geht und welche Perspektiven er anbietet.
6. Bei längeren Texten, z. B. Büchern, die dir nicht gehören, kannst du mittels Folien und einer auswaschbaren Folienbeschriftung Markierungen vornehmen!

2. Systematisches Lesen

Das Lesen von Texten ist mehr als ein oberflächliches Abtasten von Wörtern und Sätzen. Verstehen setzt gründliches, *systematisches Lesen* voraus. Als erster Zugang gilt auch hier:

1. Überschriften, Hervorhebungen usw. oder Inhaltsverzeichnis, Einleitung und Schluss ermöglichen eine erste Vorstellung von Inhalt und Aufbau eines Textes.
2. In einem zweiten Schritt überlege, um welche Aussagen, um welche Probleme und Lösungsmöglichkeiten es in dem Text geht. Was interessiert dich an den Aussagen des Textes besonders?
3. Anschließend wird der Text vor dem Hintergrund des so gewonnenen Überblicks gründlich gelesen. Hilfreich sind Markierungen (nur Schlüsselaussagen markieren – nur so ist dies eine Hilfe zur schnellen Übersicht und Wiederholung), Fragezeichen und sonstige Randnotizen.
4. Nach jedem Sinnabschnitt (Druckabsätze sind nicht unbedingt identisch mit Sinnabschnitten!) erstelle eine kurze gedankliche oder schriftliche Zusammenfassung!
5. Zum Schluss wiederhole nochmals gedanklich oder schriftlich die wichtigsten Aussagen und Informationen des Textes! Hier kann man sich auch selbst einen zusammenfassenden Vortrag zu den Aussagen des Textes, den hier aufgeworfenen Fragen, Problemen und Antwortversuchen halten!

Auf der Grundlage eines derart systematischen Lesens kann die weitere Textarbeit erfolgen (vgl. *Texte analysieren und verstehen*).

Texte analysieren und verstehen

- *Lektüre des Textes:* Erstes Lesen in Einzelarbeit oder Hören des Textes
- Spontanassoziationen notieren; von hier gegebenenfalls erste Hypothesen zum Textverständnis: worum geht es?
- Falls der Text zunächst vorgetragen wurde: Erstlektüre

- Unklare Begriffe hervorheben (z. B. Markierung, Linie usw. oder schriftlich auf einem gesonderten Blatt festhalten).
- Sinnabschnitte des Textes bestimmen. Schon beim ersten Lesen können z. B. mit einem Bleistift erste Sinnabschnitte des Textes gekennzeichnet werden (wo beginnt etwas Neues?) Sinnabschnitte sind nicht unbedingt mit den vom Druckbild vorgegebenen Abschnitten identisch!
- Definition/Erläuterung der unklaren Begriffe, z. B. mittels Fremdwörterbuch, Lexika
- *Wiederholtes Lesen*
- *Textwiedergabe mit eigenen Worten*
- Vor diesem Hintergrund erfolgt die genaue Analyse: Bestimmung der Textart (z. B. Sachtext, literarischer Text)
- *Textbeschreibung:* Bei Sachtexten geht es um den Aufbau des Textes (Einleitung usw.) und den Argumentationsgang; bei literarischen Texten: Form, sprachlich-stilistische Mittel, Handlung, Personen, Raum und Zeit u. a.
- *Textdeutung/-interpretation.* Die zentrale Frage lautet vor dem Hintergrund der bisherigen Schritte. Was sagt der Text? Hat sich die erste Hypothese zur Aussage des Textes bestätigt? Ergänzend zur textimmanenten Deutung können textexterne (-übergreifende) Aspekte herangezogen werden: – In welchem historisch-gesellschaftlichen Kontext ist der Text entstanden? – Wer ist der Autor, die Autorin? – Stellung in ihrer Zeit? – Intentionen in diesem Kontext? – Bedeutung der Thematik zur Entstehungszeit? – An welche Adressaten ist der Text ursprünglich gerichtet? – Vor diesem Hintergrund: Inwieweit bin ich als Leser, als Leserin schon durch die Wirkungsgeschichte des Textes beeinflusst? Inwieweit ist meine Textrezeption von hier schon geprägt?

Grundsätzlich gilt: als Leser und Rezipient eines Textes kann ich die eigene Sicht und Wahrnehmung, den 'Horizont', in dem ich stehe, niemals gänzlich so aufheben, dass ich z. B. einen biblischen Text oder einen beliebigen historischen Text so lese und verstehe, wie die ursprünglichen Adressaten des jeweiligen Textes *(hermeneutischer Zirkel).* Insofern ist die Bedeutung, die ein Text gewinnt, stets auch abhängig vom Fragehorizont des jeweiligen Lesers.
Textbeurteilung: Erörterung, Bewertung, Stellungnahme; z. B. bei argumentativen Sachtexten: – Welche Argumente überzeugen? – Welche sind anfechtbar? – Lässt der Text dem Leser Distanz und Freiheit zum eigenständigen Urteil? – Enthält der Text ideologische Aussagen (Aussagen, die als verallgemeinerungsfähig bzw. allgemeingültig ausgegeben werden, in Wirklichkeit aber nur ein partielles politisches, soziales usw. Interesse zum Ausdruck bringen)? „*Bei literarischen Texten* (... z. B.) – das Wirklichkeitsverständnis, das Bild vom Menschen und von der Gesellschaft, die Auffassung von der Natur, die Vorstellung vom Transzendenten usw. – Handlungsweisen, Eigenschaften und Wertmaßstäbe von Personen des Textes, wie sie durch Reden und Handeln offen oder verschleiert zutage treten" *(zit. G. Röckel).* Vor diesem Hintergrund: eine persönliche Stellungnahme abgeben!
Textanwendung: Neben dieser analytischen Umgangsweise mit Texten gibt es Formen der Textanwendung und des kreativen Umgangs mit Texten: Hier „wird der gegebene Text Anlass und Modell für neue sprachliche Gestaltungen. Aktualisierungen, Anti-Erzählungen, Fortsetzungen, perspektivische Nacherzählungen, Umformungen in eine andere Textgattung, Erweiterung des Textes oder Kürzungen, aber auch bildliche Gestaltungen des Textes gehören hierher" *(zit. F. W. Niehl)*
Q.: B. Weber, in: E. Verweyen-Hackmann, B. Weber, Methodenkompetenz im Religionsunterricht, Kevelaer 1999, hier S 209f. (Auszüge)

M 1   Ein Brief aus El Salvador, Februar 2001

Nach leidvollen Erfahrungen schreibt Leoncia Cubas* an Pater Artemio

„Lieber Pater Artemio!

Sie wissen, was mir mein Glaube bedeutet; ich muss genauer sein: bedeutete. Sie haben das schwere Erdbeben am 13. Januar in unserem Land ja ebenso erlebt wie ich; was Sie nicht wissen: unter den über 800 Toten war mein Sohn Heriberto. Nach drei Tagen der vergeblichen Suche fanden wir ihn schließlich: tot und begraben unter Schuttmassen. Verzweifelt habe ich Gott angerufen, den ich als barmherzigen, gütigen und gerechten Gott auf unserer Seite glaubte, auf der Seite von uns kleinen Leuten, die wir uns in den vergangenen Jahren mühsam eine Existenz aufgebaut hatten. Alles war vergeblich: das Erdbeben hat unsere Existenz vernichtet und der Tod unseres Sohnes hat mir alle Lebensfreude genommen. Aber es kam noch schlimmer: ich will gar nicht von meinen Ängsten in den Tagen und Nächten der Nachbeben sprechen; meine einzige Sorge galt meiner kleinen Tochter Rosa. Vier Wochen nach dem Tod von Heriberto gab es schon wieder Minuten, wo ich nicht an sein Schicksal dachte, doch jetzt kenne ich nur noch Verzweiflung. Denn genau einen Monat später, am 13. Februar ereignete sich ja ein neues Erdbeben; ich selbst war unmittelbar betroffen und verlor Rosa aus den Augen. Als ich meine Tochter wiederfand, war auch sie zum Opfer dieses Bebens geworden, das über 300 Tote gefordert hat.

Sie haben immer gesagt: Gott gibt uns Kraft und Mut, sein Geist führe uns als Brüder und Schwestern zusammen. Ich kann dies kaum mehr schreiben, geschweige denn aussprechen. Wo ist denn der gute Schöpfergott, der alles so herrlich regieret, angesichts dieser Katastrophen. Und von Kriegen, Terror und Gewaltopfern will ich gar nicht sprechen. Nein, Pater, es gibt keinen Gott. Und wenn es doch einen Gott geben sollte, dann gibt es ihn nur bei Euch, in den Gesangbüchern und Gebeten, den frommen Sprüchen der Priester und Pastoren, dem Läuten der Glocken und dem Duft des Weihrauches, aber in El Salvador nicht."

* ein fiktiver Brief, z. Tl. angeregt durch J. Brantschen in: P. Schmidt-Leukel, Grundkurs Fundamentaltheologie, München 1999, 282; die Daten zu den Erdbeben sind der MZ vom 22.2.01 entnommen, die Namen nach Vamos Caminando, Machen wir uns auf den Weg, Glaube, Gefangenschaft und Befreiung in den peruanischen Anden, Freiburg/Münster 1983

Aufgabe:

Stellen Sie sich bitte vor, Sie seien der Empfänger dieses Briefes gewesen und müssten ihn beantworten. Überlegen Sie bitte, was Sie in Ihrer Antwort schreiben möchten und halten Sie dies in Stichworten schriftlich fest. Nehmen Sie sich hierfür 15 Minuten Zeit und tauschen Sie sich anschließend zu zweit über Ihre Antworten aus!

M 2 Theodizeefrage und postmoderne Mentalität

*Kennzeichnend für ‚postmodernes Bewusstsein‘ ist die Ausklammerung der Wahrheitsfrage, die Delegierung religiös-weltanschaulicher Themen in den Bereich privater Beliebigkeit, der Trend zu einer lust- und spaßbetonten Ich-Bezogenheit, der mit einer Gleichgültigkeit gegenüber dem Leid der anderen einhergeht. Leiden ist nur ein Thema, wenn es das eigene ist und man nicht mehr ausweichen kann. Diese Entwicklung geht mit einer Verdrängung fremden Leidens einher:
‚Don't worry, be happy!‘*

Unter Jugendlichen weckt die Bezeichnung ‚cool‘ positive Assoziationen: Sind Gelassenheit, Gleichgültigkeit, Unerschütterlichkeit ein gesellschaftliches Idealbild? Positives Denken ist ‚in‘. Nicht die Welt ist verkehrt, sondern nur unsere Einstellung ihr gegenüber. „Ich bin auf alles eingerichtet, ich bin gegen alles gewappnet, mich wird nichts mehr verletzen. Ich bin unverletzlich geworden. Ich habe in Drachenblut gebadet, und kein Lindenblatt ließ mich irgendwo schutzlos." So schreibt *Christoph Hein* in seinem Roman *‚Drachenblut‘* (1989). Ist dies nicht eine realistische Einstellung? Müssen wir uns nicht unempfindlich machen gegenüber der Flut von Schreckensbildern, die uns in den Medien täglich begegnen?
 Auf der anderen Seite sind gerade Mord- und Gewaltszenen in Serien und Filmen von großer Beliebtheit. Ist dies eine Form moderner Leidbewältigung oder Abhärtung, Einübung in die Unerschütterlichkeit durch Gewöhnung? Wie steht es um den Leidensvoyeurismus, der z.B. bei Unfällen zu beobachten ist: sofort bilden sich Zuschauermengen, die sich so verhalten, als ginge es um eine Fernsehsendung.
Q.: Martin Kiefhaber, ‚Si Deus est, unde malum?‘ – Zur grundlegenden Bedeutung der Theodizeefrage für die Rede von Gott heute, 2. Staatsarbeit, Münster 1996

Aufgaben:

- Entspricht diese Skizze ‚postmodernen Bewusstseins‘ ihren Erfahrungen und Beobachtungen?
- Nehmen Sie Stellung zu diesen Formen des Umgangs mit Leiden!

M 3 Klassische Antwortversuche
M 3.1 Der ordnungstheoretische Ansatz *(10ff.)*

Augustinus (354–430; Taufe 387, 391 Priester, seit 395 Bischof von Hippo, Nordafrika; einer der großen Kirchenlehrer ‚Kirchenvater'; beschreibt u.a. in dem Buch ‚Confessiones' – Bekenntnisse – seine Bekehrung zum christlichen Glauben; eine weitere berühmte Schrift: ‚De civitate dei' – Über den Gottesstaat)
Ursprünglich Anhänger des Manichäismus (-Dualismus, benannt nach dem Perser Mani*; ein gütiger und liebender Gott kann nicht die Ursache des Bösen sein; als Quelle des Bösen gilt daher eine diesem Gott nicht unterliegende antigöttliche Macht, die gleichursprünglich von Anfang an existiert: vgl. ‚LICHT' und ‚FINSTERNIS'. Spuren dieses Denkens haben auch im christlichen Glauben Niederschlag gefunden, vor allem in der Gestalt des Teufels. Wirkungsgeschichte in der heutigen Theodizee-Diskussion: Infragestellung der Allmacht Gottes.*

In Auseinadersetzung mit dem Neuplatonismus (*Plotin*) versucht Augustinus nach seiner Abwendung vom Manichäismus als Christ eine nicht-dualistische Antwort zu geben:
Das *Böse*, die *Unordnung* sind Teil einer umfassenden Ordnung (d.h. von höherer Warte aus werden Übel/Leiden relativiert): Diese *ordnungstheoretische Sicht* ist eine Möglichkeit, „Widrigkeiten, die schmerzhaft oder zerstörend wirken, im Rahmen umfassenderer Funktionssysteme als unausweichlich, nützlich, lebensnotwendig zu erkennen und .produktiv zu verarbeiten: Schmerzen sind Signale, Entbehrungen können zu größerer Reife führen, ohne Aggression gibt es kein Überleben, ohne Fressen und Tod kein Leben und keine Evolution." (*K.*, 10f.)
Gottfried Wilhelm Leibniz (*1646–1716, dt. Philosoph der Aufklärungsepoche, Buch u.a. ‚Essays über die Theodizee'*). Unter den denkbar möglichen hat Gott ‚die beste aller möglichen Welten' geschaffen; er wollte die Menschen in größtmöglicher Vollkommenheit, daher billigt er ihnen Vernunft und Freiheit zu und muss somit das Böse zulassen, das zudem mit der Endlichkeit/Kontingenz des Menschen gegeben ist. Das physische Übel läßt Gott als Strafe, zur Prüfung oder Bewährung zu, das moralisch Böse als ‚conditio sine qua non' des Besten.
Pierre Teilhard de Chardin (*1881–1955, frz. Jesuit, der christlichen Gottesglauben und Evolutionstheorie zu vermitteln suchte*): Evolutionäre Entwicklung schließt notwendig „Disharmonie oder physischen Verfall im Vor-Lebendigen, Leiden beim Lebendigen, Sünde im Bereich der Freiheit" (*K., 12*) ein; da Gott die Schöpfung als evolutionäre Welt wollte, konnte er diese Kehrseite nicht ausschließen.

Aufgaben:
- Erläutern Sie an Beispielen ‚Schmerzen sind Signale ...' (vgl. oben Zitat nach *Kessler*, 10f.) !
- Erläutern Sie ebenso den Zusammenhang zwischen Evolution und Leiden!
- Nehmen Sie unter Einbezug Ihrer Lektüre der Seiten 10–13 (zu Leibniz vgl. auch 16f.) Stellung zu dem Anspruch dieser Theodizeeversuche, Leiden und Übel intellektuell einsichtig zu machen!

M 3.2 Der privationstheoretische Ansatz *(13ff.)*

Augustinus *(354–430; Taufe 387, 391 Priester, seit 395 Bischof von Hippo, Nordafrika; einer der großen Kirchenlehrer ‚Kirchenvater'; beschreibt u.a. in dem Buch ‚Confessiones' – Bekenntnisse – seine Bekehrung zum christlichen Glauben; eine weitere berühmte Schrift: ‚De civitate dei' – Über den Gottesstaat) hat den ‚ordnungstheoretischen' Ansatz (vgl. M 3.1) um weitere Erklärungsversuche der Herkunft des Bösen erweitert.*

In seinem ‚*Handbüchlein über Glaube, Hoffnung und Liebe*' (‚*Enchiridion de fide spe et caritate*') schreibt *Augustinus*:

Von Gott „... ist alles geschaffen worden, das aber nicht selbst in höchster, gleicher und unveränderlicher Weise gut ist. Doch sind auch die einzelnen Dinge gut; insgesamt aber sind sie sehr gut, denn aus allen zusammen besteht das Universum in seiner bewunderungswürdigen Schönheit. . In ihr lässt auch das sogenannte Schlechte(malum), gut eingeordnet und an seinen Platz gestellt, die guten Dinge (bona) nur noch deutlicher hervortreten, damit sie um so besser gefallen und preiswürdiger sind, wenn man sie mit den schlechten Dingen (mala) vergleicht. (...) Was aber ist das sogenannte Schlechte anderes als ein Mangel des Guten (privatio boni)? Denn wie für den Körper der Lebewesen von Krankheit und Wunden betroffen zu werden nichts anderes ist als der Gesundheit beraubt zu werden (.., denn wenn man zu heilen versucht, sollen die darin befindlichen Übel ... der Krankheit und die Wunden nicht anderswohin weichen, sondern überhaupt verschwinden. Denn die Krankheit oder Wunde ist keine Substanz (*die an sich existiert, B. Weber*), sondern ein Fehler an einer fleischlichen Substanz ..., weil das Fleisch die Substanz selbst ist, also etwas Gutes, zu dem jene Übel hinzutreten, d.h. die Mängel des Guten, das Gesundheit genannt wird)...

Also sind alle Naturen gut, weil auch der Schöpfer aller Naturen zuhöchst gut ist. (...) Solange also eine Natur verderbt wird, ist ein Gutes an ihr, dessen sie beraubt wird; (...) Das Gute aber, das von jeglichem Schlechten frei ist, ist völlig gut. Das Gute, dem etwas Schlechtes innewohnt, ist zwar ein mangelhaftes oder fehlerhaftes Gut, aber niemals kann es etwas Schlechtes geben, wo kein Gutes ist."

Q.: Augustinus, Enchiridion ..., zit. nach W. Sparn, Leiden-Erfahrung und Denken, Materialien zum Theodizeeproblem, München 1980, 184f., Auszüge

Aufgaben:

- Erläutern Sie unter Bezug auf diese Auszüge und *Kessler 13f.* den privationstheoretischen Ansatz!

- Nehmen Sie unter Einbezug Ihrer Lektüre der Seiten 13f. Stellung zu dem Anspruch dieses Ansatzes, Leiden und Übel intellektuell einsichtig zu machen!

M 3.3 Der (erb-)sündentheoretische Ansatz (*14–16 u. 17f.*)

Aufgaben:

- Erläutern Sie diesen bibeltheologischen Ansatz von Augustinus i. S. „der damals üblichen, naiv historisierenden Auslegung der Paradieserzählung"(*K., 14* – Gen 2,4b–3)!

- Stellen Sie dem die heutige historisch-kritische Sicht gegenüber(*vgl. dazu bes. K., Anm. 36, 14*)!

- Exkurs/Hinweis: Grundsätzlich ist zwischen Aussagemitteln und Aussageinhalt der Erbsündenlehre festzuhalten. Der Begriff der ‚Erbsünde' ist daher theologisch nicht an den Monogenismus der Entwicklung der Menschheit gebunden. Er meint vielmehr die Erlösungsbedürftigkeit der Menschheit und die Verwurzelung in einer unheilvollen Gesamtwirklichkeit (‚*strukturelle Sünde*': das Leben in mit wirtschaftlichen, sozialen und politischen Strukturen verbundenen Unrechtssituationen, die es faktisch ausschließen, dass Menschen ohne Sünde leben können), die der Entscheidung einzelner zum Bösen, der personalen sündigen Tat, vorausliegen.
  Q.: Handbuch der Dogmatik, Bd.1, hrsg. von Th. Schneider, Düsseldorf 1992, 226ff.!

- Nehmen Sie unter Einbezug Ihrer Lektüre der Seiten 15f. u. 17f. Stellung zu dem Anspruch dieses Ansatzes, Leiden und Übel intellektuell einsichtig zu machen!

- Hinweis zu 16, Mitte:
  Problemanzeige im Blick auf Lehren des Buddhismus!

- Hinweis zu 17, I. Kant:
  Kant fordert eine ‚authentische Theodizee', die letztlich nur Gott selbst geben kann, d.h. er weist alle spekulativen Versuche, die Theodizeefrage mit den Mitteln der Vernunft zu klären, zurück:
  - Scheitern der Metaphysik,
  - Grenzen der Vernunft und der endlichen Erkenntnisfähigkeit,
  - biblisches Bilderverbot, dass für Kant im Blick auf das Sprechen von Gott von entscheidender Bedeutung ist.

  Für Kant ist das Christentum nicht erledigte Vergangenheit; er spricht sich jedoch für Religionsfreiheit aus. Überzeugend erscheint ihm die Klage und Anklage, die Rückfrage an Gott angesichts des Leidens, wie sie der biblische Hiob vollzieht. Da wir die Endabsichten Gottes nicht kennen können, bleibt ein moralisches Handeln, das das Postulat der Existenz Gottes einschließt, der die Möglichkeit der Erfüllung von Moralität trotz der herrschenden Immoralität sichern kann.
  (vgl. W. Oelmüller, R. Dölle-Oelmüller, Grundkurs Religionsphilosophie, München 1997, hier 57ff. und Handbuch der Dogmatik, Bd. I, hrsg. von T. Schneider, Düsseldorf 1992, 196ff.)

M 4 Lernstationen – *Arbeitsfelder zur arbeitsteiligen Gruppenarbeit über mehrere Stunden*

Die folgenden Angebote können u.U. ergänzt werden durch Themen eigener Wahl! Aus Zeitgründen ist nur eine Station verpflichtend!

Arbeitsgang:
Erneute Lektüre des entspr. Kapitels, Austausch über die Lektüre (*Was ist zentral? Was sollte allen zugänglich gemacht und erläutert werden?*), Beachtung der Anregungen zur Bearbeitung, Einarbeitung des Zusatzmaterials, Ergänzungen/Vertiefungen/Erläuterungen an Beispielen aus unserer/Ihrer Lebenswelt/ Fazit/ Präsentation der Erträge.

Entscheidung für eine bestimmte Präsentationsform der Erträge:
- Präsentationsformen der Erträge vor dem Plenum: z.B. – Referat/Vortrag, – Streitgespräch,
- Interview mit dem Autor (Hans Kessler), den eine/r aus ihrer Gruppe spielt – Erstellung eines Arbeitsblattes für Schülerinnen und Schüler zu ihrem Thema – informierendes Plakat zu ihrem Sachthema – *ergänzend*: Foto-/Bildcollage zur Thematik ihrer Wahl erstellen!
- jede Gruppe legt eine Kurzfassung (*1* Seite) ihrer Arbeitserträge als Computerausdruck für alle vor! (*für die Schülerarbeitshefte*)

Stationen[2]:
- ‚Gerecht bist du, o Herr! ‘– Doch warum müssen Kinder leiden?
  Bezug: Dostojewski, 'Die Brüder Karamasow' (20ff) mit Zusatzmaterialien zu Dostojewski M 4.1
- Von Gott sprechen in einer Welt, „in der Kinder gemartert werden"?
  Bezug: Camus, ‚Die Pest'
- Nach Auschwitz an Gott glauben? – ‚Abschied vom allmächtigen Gott'?
  Seiten 27–32 mit Zusatzmaterialien zur Frage der ‚Allmacht Gottes': A. Kreiner über H. Kushner, 'Wenn guten Menschen Böses widerfährt'; J. Werbick, Der Glaube an den allmächtigen Gott und die Krise des Bittgebetes – vgl. M 4.2
- „Bleibt, wenn man an Gott, seiner Allmacht und seiner Güte festhält, angesichts des maßlosen Leidens in der Welt nur die Kapitulation vor der Unbegreiflichkeit Gottes?" (*37*)
  32–41, Zusatzmaterial vgl. M 4.3
- „Naturübel und Böses – unvermeidlich um der menschlichen Freiheit und Liebe willen?"
  89–98, Zusatzmaterial: M 4.4
- „Inwiefern hilft ein leidender (mitleidender) Gott?" (*47*)
  47–53, Zusatzmaterial: M 4.5
- Versuche einer rationalen Verantwortung des Gottesglaubens angesichts des Leidens
  53–63, M 4.6

M 4.1

1. Zur Person und zum Werk Dostojewskis:
Dostojewski, Fjodor Michajlowitsch, russischer Dichter. Geb. in Moskau 11. 11. 1821, + Sankt Petersburg 9. 2. 1881; verbrachte als Sohn eines Arztes aus einer verarmten Adelsfamilie die Kindheit meist in Moskau, litt schon früh an epileptischen Anfällen, studierte an der Militäringenieurschule in St. Petersburg (1838–43); seit 1844 war er als freier Autor tätig. Sein Erstlingswerk, der Roman ‚Arme Leute' (1846), von dem maßgeblichen Kritiker der Zeit ... als ‚Werk eines Genies' bezeichnet, wurde ein großer Erfolg. Die nächsten Werke (darunter ‚Weiße Nächte') fanden bei den Kritikern keine positive Resonanz. 1847 war D. Mitgl. des geheimen

---

[2] Zusatzangebot: Anklage und Schrei: ‚Gott herrscht wie ein Frevler über die Erde' (Hiob 9,24) – Gedankengang und Grundzüge der Theol. des Buches Hiob. *AT, Buch Hiob und Materialien aus E. Zenger, Einleitung in das AT.*

Zirkels um M. W. PETRASCHEWSKIJ, in dem u.a. der ‚utop. Sozialismus' diskutiert wurde. 1849 wurden die Mitgl. des Zirkels verhaftet; D. wurde zum Tod verurteilt, auf dem Richtplatz aber zu vier Jahren Zuchthaus in Sibirien begnadigt (1850–54). Die ‚Aufzeichnungen aus einem Totenhaus' schildern diese Leidenszeit. Erst 1859, nach mehreren Jahren Militärdienst, durfte D. zurückkehren, jetzt als überzeugter Christ und radikaler Gegner des atheistischen Sozialismus. Gemeinsam mit seinem Bruder MICHAIL gab D. Zeitschriften heraus ..., unternahm Auslandsreisen und begann die Reihe seiner großen Romane; ‚Schuld und Sühne', ‚Der Idiot', ‚Die Dämonen', ‚Der Jüngling' und *‚Die Brüder Karamasow'*. (...)

In den späteren großen Romanen schuf er sich eine eigene, neuartige Romanform, die seinem neuen Menschen- und Weltbild entsprach. Sie neigt zur Auflösung aller starren Grenzen und zur Aufhebung jeder eindeutigen Interpretation. An die Stelle einer übersichtlichen Romanfabel tritt ein kompliziertes, bewusst verwirrtes und mystifiziertes Geflecht von Intrigen: der Gehalt spaltet sich auf in ein perspektivisches und dialekt. Neben- und Gegeneinander individueller Ansichten: die äußere Umwelt, die krankhaft-gespannte Atmosphäre der Großstadt und der innere, ebenso krankhaft-überspannte Zustand der Figuren spiegeln sich wechselseitig und gehen ineinander über. Die Auflösung aller Begrenzungen ermöglicht eine bisher unbekannte Dynamik der Handlungsführung und Seelenanalyse, die dramatisch auf die Katastrophe zutreiben. Diese ist sowohl Vernichtung als auch Sprengung des individuellen Egoismus, der sozialen und seelischen Isolierung und damit trag. Reinigung und Erlösung. Insofern ist der von D. geschaffene Romantypus als ‚Romantragödie' charakterisiert worden. Zur Dynamik tritt eine Art Schichtung in drei miteinander unauflösbar verbundene Ebenen: die kriminalistische Handlungsebene, ihre psychologische Vertiefung und deren Erhöhung zu einem Kampf metaphysischer Mächte oder bewegender Ideen (Idee und Kritik (...) des atheistischen Sozialismus in den ‚Brüdern Karamasow' und den ‚Dämonen'.

Tiefe Religiosität, aufopfernde Liebe für alle Leidenden und kritische Auseinandersetzung mit selbstherrlichen Rationalismus und Individualismus sind für das Weltbild entscheidend. Während D. in Russland und im Westen zunächst u. a. wegen seiner Ideen und als ‚Meister der tiefenpsychologische Analyse' bewundert wurde, findet er in der neueren Kritik und Forschung immer mehr auch als literarischer Künstler und als Schöpfer einer neuen, bahnbrechenden Romantechnik Beachtung und Würdigung. (...)

Q.: Art. D. in: Brockhaus Enzyklopädie, Bd.5, 29. Aufl. Leipzig 1997, 651–52

2. Die ‚Brüder Karamasow' als Ideenroman:

Als Ideenroman geht es hier u.a. um die Auseinandersetzung zwischen Vernunftgläubigkeit und religiöser Ethik. Der Autor spürt der Verflechtung von Theorie und Praxis nach. Der Leser erfährt, wie das nur auf Vernunft (im Sinne einer instrumentellen Vernunft) beruhende Denken letztlich zur Formel ‚alles ist erlaubt' führt, wenn es rational begründbar ist und dem Menschen Nutzen bringt. Dies wird in den ‚Brüdern Karamasow' zur Voraussetzung für den Vatermord (vgl. die Einleitung zu Nr.3).

Q.: R. Neuhäuser, F. M. Dostojevski: Die großen Romane und Erzählungen. Interpretationen und Analysen, Wien, Köln, Weimar 1993

3. Die furchtbare Frage (Auszug aus ‚Die Brüder Karamasow'):

Der folgende Text stammt aus dem Roman „Die Brüder Karamasow", den der große russische Dichter Dostojewski in den Jahren 1878–1880 schrieb. Im Mittelpunkt dieses Werkes, das sich durch hohe sprachliche und psychologische Kunst auszeichnet, stehen die drei ungleichen Söhne eines zügellosen Vaters, der ermordet wird. Der erste, Dimitri, ist ein Mann von wilder Leidenschaft. Der zweite, Iwan, verfügt über eine ungewöhnliche Intelligenz, die er ganz in den Dienst seiner Skepsis stellt. Aljoscha schließlich, der dritte Sohn, ist eine reine Seele, voll tiefen Glaubens, der an die großen russischen Mönchsgestalten erinnert. In der folgenden Szene, einem Höhepunkt des Romans, stellt der kritische Iwan seinen frommen Bruder Aljoscha vor die Frage, warum Gott die unschuldigen Kinder leiden lasse. Dazu beginnt er zu erzählen:

„Nur noch eine einzige Geschichte! Sie ist zu charakteristisch: ich habe sie erst ganz vor kurzem gelesen. Sie datiert aus der Zeit der strengsten Leibeigenschaft noch zu Anfang des Jahrhunderts. Damals lebte ein General mit guten Verbindungen, ein steinreicher Gutsbesitzer, einer von jenen Menschen, die allerdings auch schon damals selten geworden waren, die, wenn sie sich aus dem Dienst zurückzogen, fest überzeugt waren, sich das Recht über Leben und Tod ihrer Leibeigenen verdient zu haben. Also dieser General lebt auf seinem Gute mit etwa zweitausend leibeigenen Seelen, führt natürlich ein üppiges Leben und behandelt seine ärmeren Gutsnachbarn wie seine Freitischler und Hofnarren. Seine Meute besteht aus Hunderten von Hunden, und die Zahl der Rüdenknechte ist nicht viel kleiner, alle sind uniformiert und beritten. Eines Tages verletzt ein kleiner, kaum achtjähriger Junge beim Spielen den Fuß des Lieblingshundes seiner Exzellenz. ‚Warum lahmt auf einmal mein Lieblingshund?‘, erkundigt sich der General. Es wird ihm berichtet: Dieser Knabe habe den Hund mit einem Stein am Fuße getroffen. ‚Also der ist es‘, sagt der General mit einem entsprechenden Blick auf den Knaben. ‚Nehmt ihn.‘ Man nahm ihn der Mutter fort und steckte ihn in die Arrestkammer. Am nächsten Morgen ritt er zur Jagd, um ihn waren alle Gäste, Rüdenwärter und Piköre, Jägermeister, alle beritten und in Livree, und die Hunde gekoppelt. Das ganze Hofgesinde war versammelt, und vorn vor allen steht die Mutter des schuldigen Knaben. Da wird der Knabe aus der Arrestkammer gebracht. Es ist ein trüber, kalter, nebliger Herbsttag, wie geschaffen zur Jagd. Der General befiehlt, den Knaben zu entkleiden: der Kleine wird bis auf die Haut entkleidet; er zittert, ist fast bewusstlos vor Angst, wagt kaum zu atmen. ‚Hetz ihn!‘ kommandiert plötzlich der General, und ‚Lauf, lauf‘ schreien dem Kleinen die Piköre zu. Der Knabe läuft. ‚Packt ihn‘ brüllt der General und hetzt auf den kleinen laufenden Knaben seine ganze wilde Hundeschar. Vor den Augen der Mutter hetzt er das Kind zu Tode, und die Hunde zerreißen es in Stücke. Der General wurde, so glaube ich, unter Vormundschaft gestellt. Was hätte man anders mit ihm machen sollen? Zur Befriedigung des sittlichen Gefühls erschießen? Was meinst du. Aljoscha?“ „Ja. Erschießen!“ sagte Aljoscha mit gleichsam verzerrtem Lächeln und hob die Augen auf zum Bruder.

‚Bravo!‘ rief Iwan, als habe ihn die Antwort geradezu entzückt; ‚Wenn du es sagst, muss es richtig sein! Sieh einer, was für ein Teufel in deinem Herzen sitzt: Aljoscha Karamasow!‘

‚Ich habe eine Dummheit gesagt, aber ...‘

‚Aber‘, fiel ihm Iwan lebhaft ins Wort. ‚Weißt du auch, Knäbchen, dass die Dummheiten auf Erden nur allzu nötig sind? Auf Unsinn beruht die Welt: ohne ihn würde vielleicht nichts auf ihr geschehen. Ich weiß, was ich weiß!‘ ‚Was weißt du?‘

‚Ich begreife nichts‘, fuhr Iwan wie im Fieber fort, ‚und ich will auch jetzt nichts begreifen. Bei der Tatsache will ich bleiben. Schon längst habe ich beschlossen, nichts begreifen zu wollen. Sobald ich etwas begreifen will, entstelle ich sofort die Tatsachen, jetzt aber will ich bei der Tatsache bleiben.‘

‚Warum quälst du mich so?‘ stieß klagend Aljoscha hervor. ‚Willst du es mir nicht endlich sagen?‘

‚Natürlich will ich es dir sagen. Deswegen habe ich dir alles erzählt, um es dir sagen zu können. Ich habe dich lieb, Alexei, gönne dich niemandem, kämpfe um dich (...).‘

Iwan schwieg eine Zeitlang und sein Gesicht wurde über die Maßen traurig.

‚Ich habe nur die kleineren Kinder der größeren Deutlichkeit halber herangezogen. Von den übrigen Tränen der Menschheit, mit denen die Erde von ihrer Rinde bis zum Mittelpunkt der Achse durchtränkt ist, will ich kein Wort reden; ich habe das Thema absichtlich beschränkt. Ich bin, sagen wir, eine Fliege und gestehe mit meiner ganzen Geringwertigkeit ein, dass ich nicht begreifen kann, wozu alles so eingerichtet ist. Ich will nicht gelitten haben, um mit meinem Verbrechen und Leiden für irgendeinen anderen die künftige Harmonie zu düngen. Mit meinen Augen will ich sehen, wie das Reh arglos neben dem Löwen ruht und wie der Ermordete aufsteht und seinen Mörder umarmt. Ich will dabei sein, wenn alle erfahren, warum und wozu alles so gewesen ist. Auf diesem Wunsch beruhen alle Religionen der Erde. Ich aber glaube. Doch was soll ich mit den kleinen Kindern anfangen? Es bleibt unbegreiflich, warum auch sie leiden müssen, und warum auch sie durch Leiden die Harmonie erkaufen sollen. Warum bilden auch sie den Stoff, um für irgendjemanden die zukünftige Harmonie zu düngen? Die Gemeinsamkeit der Menschen in der Sünde begreife ich sehr wohl, ich begreife auch die Gemeinsamkeit in der Vergeltung – aber nicht bei kleinen Kindern. Der kleine Knabe wurde schon im achten Lebensjahre von Hunden zerrissen. Ich will nicht lästern, Aljoscha. Wie sehr muss es das Weltall erschüttern, wenn alles im Himmel, auf der Erde und unter der Erde in einen Lobgesang zusammenfließt, wenn alles, was lebt und gelebt hat, ausruft: ‚Gerecht bist du, o Herr; denn offenbar sind jetzt deine Wege!' Wenn selbst die Mutter den Peiniger, der ihren Sohn von Hunden hat zerreißen lassen, umarmt und alle drei mit Tränen singen: ‚Gerecht bist du, o Herr!' Dann ist die Krone allen Wissens und Erkennen erworben, dann wird alles seine Erklärung finden. Hier sitzt aber für mich der Haken: denn gerade das kann ich nicht annehmen. Daher beeile ich mich, solange ich auf Erden bin, meine Maßregeln zu ergreifen. Denn vielleicht werde auch ich, Aljoscha, wenn ich diesen Augenblick erlebe oder von den Toten auferweckt werde, um das alles zu sehen, beim Anblick der Mutter, die den Peiniger umarmt, zusammen mit allen anderen ausrufen: ‚Gerecht bist du, o Herr!'. Das will ich aber nicht. Darum danke ich im Vorhinein für jede höhere Harmonie. Sie ist keine einzige Träne jenes misshandelten Kindes wert; denn diese Kindertränen sind ungesühnt geblieben. Sie müssen aber gesühnt werden, sonst gibt es keine Harmonie. Womit kann es geschehen? Ist es überhaupt möglich? Was macht es schließlich, dass sie gesühnt werden? Was tue ich mit der Rache? Was nützen mir die Höllenqualen der Peiniger? Was kann die Hölle wieder gut machen, wenn das Kind zu Tode gequält ist? Wo bleibt die Harmonie, wenn es noch eine Hölle gibt? Ich will verzeihen und umarmen und will nicht, dass noch gelitten wird. Wenn die Leiden der Kinder zu jener Leidenssumme, die zum Kauf der Wahrheit erforderlich ist, hinzugerechnet werden müssen, erkläre ich im Voraus, dass die Wahrheit diesen Preis nicht wert ist. Ich will nicht, dass die Mutter den Peiniger ihres Sohnes umarmt. Wie darf sie wagen, ihm zu vergeben? Wenn sie will, mag sie für sich vergeben, mag sie ihm ihr unermessliches Mutterleid und alle ihre Schmerzen verzeihen. Doch die Leiden ihres von Hunden zerrissenen Sohnes darf sie nicht verzeihen; dazu hat sie kein Recht, selbst wenn ihr Kind dem Peiniger vergibt! Wenn man aber nicht verzeihen darf, wo ist dann die Harmonie? Gibt es in der ganzen Welt ein Wesen, das verzeihen könnte, das Recht zu verzeihen hätte? Aus Liebe zur Menschheit will ich keine Harmonie. Lieber bleibe ich bei meinen ungesühnten Leiden, in meinem heiligen, unstillbaren Zorn, selbst wenn ich nicht im Rechte wäre. Diese Harmonie ist gar zu teuer eingeschätzt. Mir erlaubt es mein Beutel nicht, soviel für den Eintritt zu zahlen. Darum aber will ich meine Eintrittskarte eilends zurücksenden. Nicht Gott lehne ich ab. Aljoscha, ich schicke ihm nur die Eintrittskarte ergebenst zurück.'

‚Das ist Empörung', sagte Aljoscha leise mit gesenktem Blick.

‚Empörung? Dieses Wort wünschte ich nicht von dir zu hören', sagte Iwan gedrückt mit ernstem Blick. ‚Kann man in der Empörung leben? Ich aber will leben. Gib mir eine offene, bestimmte Antwort. Angenommen, du selbst solltest das Gebäude des Menschenschicksals errichten mit dem Ziel, schließlich alle Menschen zu beglücken, ihnen endlich Ruhe und Frieden zu geben; doch müsstest du auch nur ein einziges kleines Wesen zu Tode quälen, sagen wir jenes Kindchen, das sich mit der kleinen Faust gegen die Brust schlug – auf seinen ungesühnten Tränen solltest du das Gebäude errichten, würdest du unter dieser Bedingung der Baumeister des großen Gebäudes sein wollen? Sage es mir und lüge nicht!'

‚Nein. ich möchte es nicht', erwiderte Aljoscha leise.

‚Und glaubst du, dass die Menschen, für die du baust, ihr Glück auf Grund des ungerecht vergossenen Blutes des zu Tode gehetzten Knaben empfangen wollen? Dass sie dann ewig glücklich sein können?'

‚Das glaube ich nicht. Du fragtest vorhin, Iwan'–, sagte Aljoscha mit aufleuchtenden Augen, ‚ob es in der ganzen großen Welt ein Wesen gibt, das verzeihen könnte, das Recht zu verzeihen hätte? Es gibt ein solches Wesen, und es kann alles vergeben, allen und für alles; denn es hat selbst sein unschuldiges Blut für alle und alles hingegeben. Ihn hast du vergessen, auf ihm aber wird sich das Gebäude errichten und ihm wird man zurufen: ‚Gerecht bist du, o Herr, denn deine Wege sind jetzt offenbar!'"

Q.: F. M. Dostojewski, zit. nach: FORUM-Religion 5, 126–28

4. *Herbert Vorgrimler:* **Sühne und Opfer**

(...) Es wurde darauf hingewiesen, dass Jesus in seiner Verkündigung – so der Stand der Forschung – nirgendwo von seinem Tod oder von seinem Kreuz als Vorbedingung für das Heil der Menschen gesprochen hat. Es wurde festgestellt, dass er das doch hätte tun müssen, wollte er seine Zuhörer nicht über die vollständigen Heilsbedingungen im Ungewissen lassen. In einem so wichtigen Text wie seinem Gleichnis von dem unbegrenzt barmherzigen Vater (Lk 15) fehlt zum Beispiel der Sühnegedanke vollständig. (...)

Wer versöhnt mit Gott?

(...) (*Die traditionelle Versöhnungslehre des Benediktinerabtes Anselm von Canterbury (†1109) kann so wiedergegeben werden:*) Die Ordnung der Welt ist eine Widerspiegelung Gottes und so ein Ausdruck seiner Ehre. Diese ist durch die von den Menschen angerichtete Unordnung geschändet worden und muss wieder zur Geltung gebracht werden. Die Genugtuung bemisst sich an dem ‚entehrten' Gott, sie muss also unendlich sein. Ein Mensch wäre mit einer derartigen Wiedergutmachungsleistung überfordert, daher wurde der Gott-Mensch Jesus Christus mit der Satisfaktion beauftragt, die er im blutigen Opfer am Kreuz leistete. (...) (Eine Lehre, die im Bereich der katholischen Theologie (heute) von kaum jemandem mehr vertreten wird...)

Sühnevorstellungen bei Jesus und im Christentum

In der Bibelwissenschaft herrscht Übereinstimmung darin, dass die historischen Zeugnisse über Jesus es uns nicht ermöglichen, eine Psychologie Jesu zu schreiben. Vermutungen sind ein unsicherer Boden. Es gibt indes genug Exegeten, die davon überzeugt sind, dass Jesus vom Herannahen seines gewaltsamen Todes nicht überrumpelt wurde, sondern dass er mit dieser Reaktion seiner Gegner von einem bestimmten Zeitpunkt an fest gerechnet und auch dazu Stellung genommen hat. Es ist keine Überstrapazierung der Phantasie, wenn man aus den überlieferten Zeugnissen die Folgerung zieht, dass Jesus im Angesicht seines Todes an drei Gruppen von Menschen dachte: an den Kreis der Getreuen, an das Israel, das ihm nicht gefolgt war, und an die Menschen aus den Heidenvölkern. Die Abendmahlstexte lassen in den unterschiedlichen Formulierungen die von Fürsorge bestimmten Zukunftsausblicke Jesu erkennen: Sie sprechen von der Gabe seiner (eucharistischen) Gegenwart, von der Erneuerung des Bundes für sein Volk und der Einbeziehung der ‚Vielen' aus den Völkern in diesen Bund. (...)

Es ist nun möglich, dass Jesus sich als ein leidender Gottesknecht im Sinne der Lieder des Propheten (Deutero-Jesaja) verstanden, sich vielleicht auch so bezeichnet hat. In diese Thematik gehört eine Sühnetheologie wesentlich hinein (...). Dieses Sühnedenken geht von der Versöhnungsbereitschaft beider Seiten aus, also nicht von einem Versöhnungsversuch an einem erbittert Zürnenden. Der überlegene Teil, Gott, verzichtet auf Bestrafung und Vergeltung, erwartet aber eine Gabe, nicht einen materiellen Wert, sondern eine Selbst-Gabe. Die entscheidende Selbstgabe eines Menschen geschieht im Sterben: in der Übereignung des von Gott geschenkten Lebens an ihn, an Gott. Der Gottesknecht versteht sich als solche Gabe anderen zuliebe; seine Selbst-Gabe oder Selbsthingabe soll anderen zugute kommen. Der Hintergrund ist die Überzeugung, dass ihm völlige Solidarität möglich ist.

Hat Gott an diesem Tod Wohlgefallen? Die Sühnevorstellungen des Neuen Testaments muten uns nicht den Glauben an einen Gott zu, der an der Qual des geliebten Kindes und an seiner blutigen Hinrichtung Gefallen gefunden hätte und sich dafür dann besänftigt zeigte. (...)

Das Kreuz darf nicht verharmlost werden. Es ist ein Zeichen zunächst des Widerspruchs der sündigen Menschheit gegen Gott und des Widerspruchs Gottes gegen die Sünde. Es ist im Licht der Ostererfahrung dann aber definitiv das Zeichen der in Jesus Mensch gewordenen Liebe Gottes. (...)

Das deutsche Wort ‚Sühne' führt fast immer die Gefahr von Missverständnissen mit sich. An solchem Sühnen kann nur das sinnvoll sein, was beide Komponenten in sich enthält, einübenden Mitvollzug des Sterbens Jesu und praktizierte Solidarität mit anderen.

Opfertheologie

Jesus hatte sich unmissverständlich die Kult- und Opferkritik der Propheten Israels zu Eigen gemacht, deren Inbegriff bei Hosea zu finden ist: „Denn nicht Schlachtopfer will ich, sondern Liebe, nicht Brandopfer, sondern Gotteserkenntnis" (6,6). Der Evangelist Markus lässt einen jüdischen Theologen ausgerechnet auf dem Tempelplatz, also an der Stätte der Opfer, zu Jesus sagen: „Trefflich, Lehrer, der Wahrheit entsprechend hast du gesagt: Einer ist er, und es gibt keinen anderen außer ihm. Und ihn lieben aus ganzem Herzen und aus ganzer Erkenntnis und aus ganzer Kraft und den Nächsten lieben wie sich selbst, ist weit mehr als alle Brand- und Schlachtopfer" (Mk 12,32f.). (...)

Q.: zit. H. Vorgrimler (em. Prof. für systematische Theologie, Kath. Theologische. Fakultät, Universität Münster), Auf dem Weg zum göttlichen Geheimnis, Meditationen und theologische Besinnungen, Kevelaer 2000, 86–93,Auszüge

Anregungen zur Bearbeitung (M 4.1):

Die Reihenfolge muss keine Vorentscheidung für die Präsentation Ihrer Erträge sein! Zu möglichen Präsentationsformen, *vgl. M 4*!

- Informieren Sie kurz über Person und Werk Dostojewskis!
- Was macht Iwan Karamasow Gott zum Vorwurf? Wie tut er das? Warum ist seine Empörung so eindrucksvoll?
- Nach den Erfahrungen des 20. Jhdts. können wir die Anfragen noch erweitern! (vgl. auch K., 20ff.)
- Wie reagiert Aljoscha auf die Frage Iwans? Und worauf stützt er seinen Glauben?
- Zeigen Sie unter Bezug auf M 4.1 (4), welche theologische Fragen sich heute im Kontext der abschließenden Antwort Aljoschas auf die Frage Iwans stellen!
- Erläutern Sie unter Bezug auf R. Neuhäuser (M 4.1. (2)) und Kessler (hier 21f.) die These Dostojewskis „Falls es keinen Gott gibt, ist alles erlaubt"!
- Stellen Sie sich vor, Iwan könnte heute ein theologisches Gespräch mit Hans Kessler führen!

M 4.2

1. „Wenn guten Menschen Böses widerfährt"

Im Jahre 1981 erschien in den USA ein Buch mit dem Titel „When Bad Things Happen to Good People". Sein Autor war weder ein renommierter Schriftsteller noch ein anerkannter Wissenschaftler, sondern ein bis dahin völlig unbekannter Rabbi namens Harold Kushner. Rabbi Kushner leitete eine jüdische Gemeinde bei Boston. Völlig unerwartet wurde sein Buch zu einem internationalen Bestseller. In 13 Sprachen übersetzt, wurden davon über 3 Millionen Exemplare verkauft. Eine deutsche Übersetzung erschien 1983 unter dem Titel „Wenn guten Menschen Böses widerfährt".

Der Entstehung des Buches liegt das tragische Schicksal von Aaron, Kushners Sohn, zugrunde. Als Aaron acht Monate alt war, zeigten sich Wachstumsstörungen. Die besorgten Eltern suchten mehrere Ärzte auf, die sie zunächst beruhigten. Die Mediziner versicherten, Aaron werde zwar nicht sehr groß werden, sich ansonsten aber völlig normal entwickeln. Nachdem Kushners von New York nach Boston umgezogen waren, konsultierten sie einen dort ansässigen Spezialisten (...). Dieser Arzt diagnostizierte eine seltene Krankheit, die Progerie heißt. Sie führt dazu, dass die Betroffenen im Kindesalter zu wachsen aufhören, stattdessen zu altern beginnen und als Kinder wie alte Menschen aussehen. Die Eltern erfuhren auch, dass die Lebenserwartung bei dieser Krankheit nicht mehr als zehn bis zwölf Jahre beträgt.

Natürlich hatte Rabbi Kushner schon vor dieser niederschmetternden Diagnose von ähnlichen Tragödien gehört. Andere Familien hatte das Schicksal ähnlich hart getroffen. Kinder waren tödlich verunglückt, lebensgefährlich erkrankt oder behindert geboren. Bislang hatte Kushner jedoch noch nie ernsthaft an Gottes Gerechtigkeit gezweifelt. In seinem Bewusstsein war die Überzeugung fest verankert, dass derartige Schicksalsschläge nur jene treffen, die sie auch verdient haben. Diese

Vorstellung (...) findet sich an vielen Stellen des Alten Testaments. Auch Kushner war von der Wahrheit dieser Vorstellung überzeugt gewesen – bis zu jenem Tag, an dem er zum ersten Mal das Wort „Progerie" gehört hatte. Die Diagnose veränderte seine bisherige Einstellung. Wie Hiob war sich Kushner in einem sicher: Weder sein Sohn Aaron noch seine Familie hatten ein solches Schicksal verdient. Den Tod seines Sohnes vor Augen, beginnt Kushner sich intensiv mit dem Leidproblem auseinander zu setzen. Zu diesem Zeitpunkt wird ihm klar, dass er eines Tages dieses Buch schreiben muss. Er will es für sich selbst schreiben, um seine Erfahrungen zu verarbeiten, aber auch für andere Menschen, um ihnen zu helfen, mit einem ähnlichen Schicksal fertig zu werden. Er will es für alle schreiben, die weiterhin an Gott glauben wollen, denen dies aber schwer fällt, vor allem aber auch für jene, die sich wegen ihres Schicksals Vorwürfe machen und sich einreden, ihr Leid verdient zu haben. Wenige Tage nach seinem vierzehnten Geburtstag starb Aaron Kushner.

In der Auseinandersetzung mit dem Schicksal seines Sohnes ringt sich Rabbi Kushner zu einem neuen Gottesverständnis durch. Entschieden lehnt er jetzt die Vorstellung ab, dass Gott die Menschen mit Schicksalsschlägen heimsucht, um sie für ihre Sünden zu bestrafen oder ihre Glaubenstreue zu prüfen. Gott lässt Menschen nicht an Krebs erkranken. Er lässt auch nicht die Erde beben oder Flugzeuge abstürzen. Die einschneidendste Erkenntnis Kushners lautet, dass Gott derartige Ereignisse nicht einmal verhindern kann. *Gott vermag viel, aber nicht alles.* Vor allem kann er Menschen Trost und Kraft spenden, um mit ihrem Schicksal fertig zu werden. Ihr Schicksal selbst kann er aber nicht bestimmen. So ringt sich Kushner zu der Einsicht durch: „Gott will nicht, dass jemand jetzt oder später leiden muss, aber Er ist machtlos dagegen." Wozu sollte man dann aber noch an Gott glauben? Kushners Antwort: „Gott verhilft uns zu Tapferkeit in Krankheit und im Leid; Er gibt uns die Gewissheit, dass wir mit unseren Ängsten und Schmerzen nicht allein gelassen werden."

Q.: zit. A. Kreiner, Gott und das Leid, 4. Aufl., Paderborn 1999, 74–75, Auszüge; der Autor ist Prof. f. Fundamentaltheologie an der Kath. Theologischen Fakultät der Universität Mainz

2. *Jürgen Werbick:* Der Glaube an den allmächtigen Gott und die Krise des Bittgebetes
1. Abschied vom allmächtigen Gott?

Die Glaubensrede vom allmächtigen Gott ist in der Krise. Und auch die scharfsinnigsten theologischen Erläuterungen werden daran wenig ändern. Wie sollte ein Gott allmächtig genannt werden dürfen, der die schlimmsten Katastrophen und die ruchlosesten Verbrechen der Menschheitsgeschichte einfach geschehen lässt? Wie sollte ein Schöpfer allmächtig sein, dessen schöpferische Fürsorge es nicht verhindert, dass Schicksal oder politische Rücksichtslosigkeit Völker und ganze Erdteile um eine menschenwürdige Zukunft bringen? Wäre es Menschen von „normalem" Empathievermögen. wenn sie denn in Gottes Lage wären, etwa zuzutrauen, dass sie nur ungerührt zuschauen? „Ware ich allmächtig" – sagt Georg Büchners Lenz – „sehen Sie, wenn ich so wäre, ich könnte das Leiden nicht ertragen, ich würde retten, retten." Der Allmächtige wäre in so vielen und dramatischen Fällen der unterlassenen Hilfeleistung anzuklagen, dass nach dem katastrophalen Verlauf der letzten zwei Jahrhunderte vielen die berühmte Sentenz ... Stendhals aus der Seele gesprochen ist: „Die einzige Entschuldigung Gottes ist, dass er nicht existiert."

Der „Abschied vom allmächtigen Gott" scheint erzwungen von der Auswegslosigkeit der Theodizeefrage, die gewiss nicht erst seit Auschwitz einen im überlieferten Sinn „allmächtigen" Gott unmöglich gemacht hat, aber seit Auschwitz gebieterisch nach theologischer Rechenschaft in der Allmachtsfrage verlangt. Worum könnte es bei dieser Rechenschaft denn noch gehen, wenn nicht um Abschied? Um Abschied nicht nur vom Allmächtigen, vom Bittgebet, vom Geschichtsgott, sondern von Gott überhaupt? Hat Günther Anders nicht Recht mit seiner Feststellung, „die Tatsache, dass Auschwitz geschehen ist", beweise, „dass es Gott überhaupt nicht gibt" (...).

Aber kompliziert man die Probleme um Allmacht und Theodizee nicht zusätzlich, wenn man sie im Kontext des Betens aufsucht, zumal des Bittgebets, der Klage, aber auch des Lobpreises, der Doxologie? (...) Der Gebetssinn der (Rede von der Allmacht Gottes; *B. Weber*) lässt sich anhand zweier Fragerichtungen andeuten:

- Das Beten fragt Gott danach, wo er sei, wann er endlich eingreife, wie lange er sein Volk – seine Gerechten – noch im Stich lassen wolle; und es lobt ihn, wenn sein heilbringendes Eingreifen erfahrbar wurde, wenn er den fragend-klagenden Gebetsruf mit seiner machtvollen Präsenz beantwortet hat.
- Das Beten fragt aber auch nach dem Warum. Das ist die Hiob-Frage, die von Gott Rechenschaft fordert und in die Auseinandersetzung mit denen hineinzieht, die auf die Warum-Fragen ihre Antworten geben oder die offenkundige Antwortlosigkeit zum ‚Argument' machen, sich von einem „ungerechtfertigten" Gotteszutrauen abzuwenden. (...)

2. Das Geschichtshandeln des Allmächtigen

Die Überzeugung, JHWH habe mit überlegener Macht für sein Volk Partei ergriffen und ihm durch sein Eingreifen die Freiheit errungen, ist für die Bibel der Juden (u. Christen, *B. Weber*) von elementarer Bedeutung. Sie motiviert Beterinnen und Beter, auf sein rettendes Eingreifen auch hier und jetzt ihre Hoffnung zu setzen; und sie provoziert zu Klage und Anklage, wenn die Rettung ausbleibt. (...) *„Wo ist dein leidenschaftlicher Eifer und deine Macht, dein großes Mitleid und dein Erbarmen? Halte dich nicht von uns fern!... uns geht es, als wärest du nie unser Herrscher gewesen, als wären wir nicht nach deinem Namen benannt. Reiß doch die Himmel auf und komm herab, so dass die Berge zittern vor dir."* (Jes 63,15.19)

Die *europäische Aufklärung* des 17. Und 18. Jhdts. hat es gründlich unplausibel werden lassen, dass Gott *eingreift*, so in natürliche oder geschichtliche Abläufe hineingreift, dass solches Eingreifen als ablaufsverändernde Kausalität angesprochen werden könnte. (...)

Es ist bezeichnenderweise das Judentum gewesen, das die Atrophie des Glaubens an Gottes rettendes Eingreifen nicht länger hinnahm. Die Shoah konnte ... als geschichtliche Falsifikation der Bundeszusage JWHS's an sein Volk verstanden werden ... Wenn Gott eingreifen konnte und es in dieser Katastrophe seines Volkes nicht getan hat, so konnte der Glaube an seine Geschichtsmächtigkeit und Bundestreue nur noch unter Protest aufrechterhalten werden. *Hans Jonas (Der Gottesbegriff nach Auschwitz, Eine jüdische Stimme, FfM 1987, B. Weber)* schien es bekanntlich stringenter, den Glauben an die Fähigkeit Gottes, seinem guten Willen gegen die Gewalt-Dynamik der Geschichte Geltung zu verleihen, aufzugeben. Will man – so Jonas – „vom Gottesbegriff nicht einfach lassen", so wird man den „'Herrn der Geschichte' ... wohl fahren lassen müssen." Für den Gott des in Auschwitz bis in den Tod gedemütigten Bundesvolkes würde das bedeuten: er griff nicht ein, „nicht weil er nicht wollte, sondern weil er nicht konnte". (...)

Wer diesen Schritt nicht mit vollzieht, der wird zumindest ansatzweise erläutern müssen, was er unter dem Eingreifen Gottes versteht, auf das er nach wie vor seine Gebetshoffnung setzt. (...)

Für die christlichen Traditionen wird man zumindest so viel sagen – und erhoffen – dürfen: Gott *will* in seinem Geist über die Menschen Macht gewinnen; er will sie dafür gewinnen, dass sein Heilswille geschieht und das Angesicht dieser Erde verwandelt; er will sie dafür gewinnen, dass sie den Mächten und der Ungerechtigkeit und Gewalttat widerstehen; dafür, dass Gottes Herrschaft in dieser Welt Macht gewinnt und lebensbestimmend wird. Aber sein Wille geschieht – in der Geschichte und den Geschichten *dieser* Welt – durch Menschen, die sich von seinem Geist ergreifen und so seinen Willen geschehen lassen. Und daraus folgt für unsere Fragestellung: Gott handelt, wo sein Wille geschieht, wo Gottes Geist Menschen bewegt, dem Geschehen des guten Gotteswillens zu dienen. (...)

Darf (dann, *B. Weber*) noch von Macht – gar von Allmacht – gesprochen werden, wenn der All-Mächtige bei der Durchsetzung seines Willens an der fehlenden Bereitschaft anderer, sich dem Geschehen seines Willens zur Verfügung zu stellen, scheitern kann? Wie würde man hier noch um Gottes rettendes Eingreifen *beten* können? (...)

3. Der zur Rechenschaft gezogene Allmächtige

(...) Im Frage-Horizont der Aufklärung, die alle Geltungsansprüche vor das Forum der Vernunft zitiert, wird aus der vom Beten provozierten und mit ihm verbundenen Rückfrage an den Allmächtigen die Forderung, argumentativ nachzuweisen, dass Gottes Allmacht, Güte und Allwissenheit mit den unabweisbaren Erfahrungen des Leidens und des Bösen ‚zusammengedacht' werden können. Sollte diese Forderung nicht einlösbar sein, so erwiese sich die Behauptung, es existiere ein allmächtiger, gütiger und allwissender Gott, mit dem der Mensch betend kommunizieren könne, als haltlos oder gar ... als ‚falsifiziert'.

(...) Man kann deshalb mit guten theologischen wie philosophischen Gründen unterstellen, die Theodizee ... sei theologisch legitim nur „als Rückfrage an Gott zu formulieren" und erfordere „den Begriff einer zeitlich gespannten Erwartung auszuarbeiten", die sich angesichts der menschlichen Leidensgeschichte darauf richte, „dass, wenn überhaupt, Gott selbst sich an seinem Tag ... rechtfertige."(J. B. Metz)

(In einem argumentativen Diskurs kann es nur darum gehen, die Theodizeefrage oder Theodizeeklage, *B. Weber*) argumentativ offen zu halten, also hinreichend gute Gründe dafür ins Feld zu führen, dass die Argumente gegen die Vereinbarkeit von Gottesglauben und geschichtlicher Leiderfahrung nicht zwingend sind ...

Was ist nun – bei Abwägung aller relevanten Argumente – erreichbar? Erreichbar scheint in den Bahnen der ‚free will defense' (theologische Ansätze aus dem englischsprachigen Raum, z.B. Swinburne, Hick u.a., in Dtschld. bes. A. Kreiner, *B. Weber*) der Nachweis, dass der Glaube an einen gutwillig-allmächtigen Schöpfergott, der weiß was er tut und die Folgen seines Tuns abschätzen kann, nicht notwendigerweise unvereinbar ist mit der Existenz von leidverursachendem Übel in seiner Schöpfung. Gute Gründe sprechen – nach der free will defense – dafür, dass einerseits die Möglichkeit moralischer Verfehlungen nicht ausgeschlossen sein konnte, wenn der Schöpfer ‚Mitliebende' ... schaffen wollte, Menschen, die ihn frei anerkennen und in Freiheit auf seinen guten Willen eingehen. Gute Gründe sprechen andererseits auch dafür, dass eine Welt mit weniger ‚Naturübeln' zwar theoretisch vorstellbar wäre, aber mit Blick auf die vielfältige Vernetzung der Bedingungen, die diese Welt und die in ihr mögliche Glaubensexistenz...bedingen, kaum dargetan werden kann, dass der gute Gott bei der Verwirklichung seiner Schöpferintention eine ‚bessere Welt' hätte realisieren können. (Dieses Argument besagt konkret: Naturgesetze ermöglichen Evolution und nur in diesem Prozess ist ein Mensch mit Willensfreiheit und Verantwortung möglich, der frei ja bzw. nein zu Gott sagen kann. *B. Weber*)

(Dies bedeutet jedoch nicht, das Leiden zu rechtfertigen oder konkretes Leiden als sinnvoll, einem guten Zweck dienend usw. bestimmen zu können. *B. Weber*) Erreichbar und theologisch verantwortbar ist nur, menschliche Denkmöglichkeiten so weit zu explizieren, dass die Theodizee-gestützte Inkonsistenzbehauptung der Religionskritik erschüttert werden kann. (...)

Der Hinweis darauf, dass allein Gott selbst Antwort geben könnte, ist theologisch triftig; nicht aber die Unterstellung, man müsse und dürfe bis zum Eschaton auf den Versuch verzichten, die von der Religionskritik bestrittene Möglichkeit argumentativ offen zu halten, die Vereinbarkeit von Welterfahrung und Gottesglauben zu denken. (...)

4. Die Unmöglichkeit einer ‚doktrinalen Theodizee'[3]

(...) Es bleibt der Versuch, Argumente zu formulieren, die es theologisch möglich erscheinen lassen, dass das von Menschen zu verantwortende wie das physische Übel und die daraus folgenden Leiden auch von einem allmächtig-allgütigen Schöpfergott nicht auszuschließen waren (...): Argumente für eine mögliche Unvermeidlichkeit, nicht eigentlich für einen positiven Wert des Leidens an sich, schon gar nicht dafür, dass ein bestimmtes Leiden deshalb sein müsste, weil es zu einem gottgesetzten guten Zweck beizutragen hätte. (...) *Es wird vielmehr nur versucht, dem religionskritischen Generalverdacht gegen den allmächtigen Gott durch Präzisierungen in den Begriffen Allmacht und Güte (Gottes) das argumentative Feld streitig zu machen. (...)*

---

[3] D.h.: Es gibt keinen konsistenten theol. Zusammenhang, der die kritischen Anfragen an den Gottesglauben angesichts des Leidens völlig aufheben würde.

5. Freiheit-Allmacht-Liebe

(...) Sollte es Gottes Schöpfungsziel sein, dass die Menschen seine Liebe frei erwidern und so an ihr partizipieren, so ‚musste' sich der Allmächtige für eine Realisierung seines Willens entscheiden, die den zur Freiheit und zur Liebe fähigen Menschen hervorbringen konnte; so musste er aber auch zulassen, dass die Freiheit von den Menschen zur Entscheidung gegen seinen Heilswillen aktualisiert wurde. (...)

Gott ist darin frei, dass er nicht daran gehindert ist, dem Guten, das er in sich ist – der Liebe –, Geltung zu verschaffen, auf den Wegen, die der Liebe entsprechen, also durch Ermöglichung von Mit- und Gegen-Liebe. (...) Mit den *begrifflichen* Präzisierungen ist aber zunächst nur – wie denn auch anders! – die Möglichkeit eruiert, von Gottes Allmacht so zu sprechen, dass die Vereinbarkeit des Glaubens an einen allmächtigen und gütigen Gott mit der Leiderfahrung der Menschen nicht von vornherein ausgeschlossen werden müsste. (...)

(Im Blick auf das Beten weiß die Theologie die Antwort nicht – *B. Weber*) ... Warum (der Geist Gottes) so wenig vermag, den Zynismus der Rücksichtslosen zu durchdringen, damit sie davon ablassen, Opfer auf Opfer zu häufen; warum der in Jesus Christus Erschienene in der Welt nicht endlich so gegenwärtig wird, dass seine Herrschaft erscheint. (...) Das Gebet richtet sich an den Allmächtigen, weil und solange es ihm das Vermögen zutraut, 'das Abgeschlossene' (das Leid) zu einem Unabgeschlossenen (zu) machen'(*Walter Benjamin*). Es beruft sich darauf, dass, weil Gott ist und weil er allmächtig ist und weil er deshalb die Macht hat, zu verändern, was ist, das, was ist, nicht alles und nicht das Letzte ist. Es ist der in Gottes Zusage sich festmachende ‚Einspruch gegen den Augenschein, dem zufolge nicht Gott, sondern das Leiden und der Tod die Macht in der Welt haben'. Wer seine Gebetshoffnung auf den Allmächtigen setzt, der setzt darauf, dass die ‚Mächte dieser Welt' sich nicht auf ewig behaupten werden, weil der sich als mächtig erweisen wird, der die Toten lebendig macht und ins Dasein ruft, was nicht ist'. (Röm 4,17)

(...) Die Theodizeefrage ‚Warum' führt zur ungeduldigen Frage ‚Wie lange noch' zurück. Und wo diese ernst gemeint ist, da mündet sie in das christliche Urgebet ‚Maranatha' (*aramäisch: 'Herr, komm!'*) – womöglich in das Erschrecken darüber, was sich alles von Grund auf verändern würde und wie es sich abgründig verändern müsste, wenn der Herr käme. So provoziert sie zu dem Wagnis, im Vertrauen auf die eschatologisch siegreiche Allmacht der göttlichen Liebe ‚sein eigenes Leben in einem großen Experiment des Daseins nicht nur für sich selbst, sondern genauso für andere einzusetzen und den Aufstand der Güte gegen Unrecht, Gewalt, Elend, Verzweiflung zu riskieren' (*H. Kessler, 130*).

Q.: Jürgen Werbick (Prof. f. Fundamentaltheologie an der Kath. Theolog. Fakultät der Univ. Münster), in: Berliner Theologische Zeitschrift, 18, 2001, H.1, 40–59, Auszüge unter Verzicht auf die Anmerkungen

Anregungen zur Bearbeitung (M 4.2):
Die Reihenfolge muss keine Vorentscheidung für die Präsentation Ihrer Erträge sein! Zu möglichen Präsentationsformcn vgl. M 4!

- Zur historisch-politischen Dimension: Theodizeefrage ‚nach Auschwitz' (vgl. K. 27f. u. Werbick)
- Zur individuellen Dimension – Die Anfragen Kushners (Anlass seines Buches)
- Erweiterung der Anfragen nach Werbick
- Abschied vom allmächtigen Gott – die Antworten von Hans Jonas (‚Gottesbegriff nach Auschwitz') (vgl. K. 28ff)
- Die Antwort von H. Kushner
- Kritische Rückfragen an Jonas und Kushner (vgl. K. 29f.)
- Vergleich der Antworten von Jonas und Kushner mit den Antworten von Kessler (30–32) und Werbick
- Welchen Sinn hat Beten angesichts der Leiderfahrungen (nach Kushner und Werbick)

M 4.3

1. *Perry Schmidt-Leukel:* Gläubiger Verzicht auf eine Lösung

Theologen, die diesen Ansatz vertreten, darunter beispielsweise *HANS KÜNG* und *WOLFHART PANNENBERG*, negieren weder den theoretischen Ernst des Problems, noch sind sie bereit, es durch die Preisgabe eines der Attribute Gottes aufzuheben. Sie akzeptieren das Problem und betrachten es zugleich als unlösbar. Genauer gesagt gehen sie zumeist davon aus, dass zwar eine Lösung besteht, dass diese jedoch nur Gott bekannt, uns hingegen unerreichbar verborgen ist. Es bleibt allein die Hoffnung, dass wir im eschatologischen Heilszustand erkennen werden, warum Gott Leid und Übel zugelassen hat. Wie bei einem handgeknüpften Teppich sehen wir bisher nur die Rückseite mit ihrem scheinbar unentwirrbaren Chaos von Fäden. Doch wenn wir einst die Vorderseite erblicken, dann werden wir auch das bisher verborgene Muster erkennen.

Dieser Ansatz hat eine lange theologische Tradition. Er deckt sich gut mit dem Charakter des Glaubens als einem Gott geschenkten Vertrauen. Aber wie steht es um die Rationalität der damit verbundenen Haltung? Hier fällt nun massiv die veränderte Einschätzung der Gottesbeweise ins Gewicht. In der Tradition konnte man mit dem Theodizee-Problem deshalb so gut auf diese Weise umgehen, weil man die Existenz Gottes für sicher bewiesen hielt. Das Theodizee-Problem schien daher nicht die Existenz Gottes in Frage zu stellen, sondern verdunkelte quasi nur Gottes Pläne. Vertrauen war dann die angemessene Reaktion. Wenn man jedoch – wie nahezu alle zeitgenössischen Theologen – einräumt, dass es keine zwingenden Beweise für die Existenz Gottes gibt, dann lautet die Frage nicht mehr nur, ob es trotz der Existenz von Leid und Übel berechtigt ist, auf Gott zu vertrauen. Vielmehr lautet die Frage dann, ob es trotz der scheinbaren Widerlegung der Existenz Gottes noch länger rational ist, an seine Existenz zu glauben.

Nun vertreten die Befürworter dieses Ansatzes freilich keinen Glauben gegen die Vernunft, kein ‚credo quia absurdum' („Ich glaube, weil es absurd ist"). Sie gehen davon aus, dass der logische Widerspruch, der das Theodizee-Problem konstituiert, nur von scheinbarer Natur ist, dass also Gründe für die göttliche Zulassung des Leids bestehen, nur dass uns diese eben verborgen sind. Immerhin ist diese Möglichkeit nicht auszuschließen. So mag dieser Ansatz als eine – wenn auch sehr schwache – Minimalrechtfertigung des Glaubens gelten. Die rationale Rechtfertigung würde jedoch deutlich überzeugender ausfallen, wenn sich solche Gründe, die Gott für die Zulassung des Leids haben könnte, wenigstens spekulativ benennen und in ihrem Zusammenhang mit der Realität von Leid und Übel verdeutlichen ließen.

Q. zit. P.Schmidt-Leukel, Grundkurs Fundamentaltheologie, Eine Einführung in die Grundfragen des christlichen Glaubens, München 1999, 116f. zum Zeitpunkt dieser Veröffentlichung war der Autor Privatdozent für kath. Theologie an der Univ. München

Anregungen zur Bearbeitung (M 4.3):

Die Reihenfolge muss keine Vorentscheidung für die Präsentation Ihrer Erträge sein! Zu möglichen Präsentationsformen vgl. M 4!

▪ Abschied von der Güte Gottes? Wie kommt der jüdische Theologe Blumenthal zu dieser Sichtweise? (K. 32ff.)

▪ „Schrei der Empörung gegen Gott" (K. 35) – Erläutern Sie dessen biblische Bedeutung! (K. 34f.)

▪ Die Antwort der mittelalterlichen Theologie (Thomas von Aquin) (K.35f.)

▪ Die Antwort des Volksschriftstellers Joseph Wittig *(✝ 1949)* (K. 36f.)

▪ Rückzug auf die Unbegreiflichkeit Gottes – theologisch legitim, aber irrational? – eine ‚Immunisierungsstrategie' des Glaubens? (K. 37ff. u. P. Schmidt-Leukel, M 4.3 (1))

M 4.4

Perry Schmidt-Leukel: **Lösung der Probleme durch eine moderne Version der Verteidigung Gottes mit Hilfe der Willensfreiheit? Naturübel und Böses – unvermeidlich um der menschlichen Freiheit willen?**[4]

1. Grundlegend ist dabei der Gedanke, dass echte, sittlich relevante Willensfreiheit mit logischer Notwendigkeit die Möglichkeit des *moralischen Übels* einschließt. Wenn Gott freie Wesen erschafft, dann muss er in Kauf nehmen, dass diese sich freiwillig zu sittlich bösen Handlungen entscheiden. Wollte Gott eine Entscheidung zum Bösen jedes Mal verhindern – was er aufgrund seiner Allmacht natürlich könnte –, dann wäre die Freiheit des Menschen erheblich eingeschränkt, ja als sittlich relevante Freiheit aufgehoben. Denn wenn nur Wahlfreiheit zwischen verschiedenen guten Handlungen bestünde, könnten diese kaum noch in einem moralischen Sinn als „gut" bezeichnet werden: Es wäre nicht mehr „gut", sondern lediglich zwangsläufig, auf diese Art zu handeln.

2. Es wird somit vorausgesetzt, dass Gott in der Tat *allmächtig* ist, aber dadurch nicht die Regeln der Logik außer Kraft gesetzt sind. „Allmacht" heißt, dass jeder Sachverhalt herbeigeführt werden kann, der nicht in sich widersprüchlich ist. Oder anders gesagt, dass es in sich widersprüchliche Sachverhalte überhaupt nicht geben kann.

3. Vermag das Argument der Willensfreiheit aber auch die *natürlichen Übel* zu erklären, ohne hierfür auf den Gedanken der biblischen Straflogik zurückzugreifen? Diesbezüglich haben moderne Theodizee-Versuche folgende Antworten formuliert: Erstens ist eine naturgesetzliche Regelmäßigkeit die notwendige Voraussetzung für eine verantwortliche Freiheit. Zweitens darf die naturgesetzliche Regelmäßigkeit nicht völlig harmlos sein, wenn sie eine sittlich relevante Freiheit ermöglichen soll. Das heißt, Willensfreiheit kann nur dann verantwortlich ausgeübt werden, wenn sich die Folgen der jeweiligen Entscheidung einigermaßen zuverlässig absehen lassen. Nur wenn ich weiß, was in diesem oder jenem Fall geschehen wird, kann ich eine Entscheidung treffen, die von den Folgen mitbestimmt ist. Genau dies ist aber nur in einer regelmäßig geordneten Welt möglich. In einer fiktiven Welt, in der sich alles völlig regellos verhalten würde, könnte nicht einmal im Kleinsten abgesehen werden, was aufgrund einer bestimmten Entscheidung geschieht. Damit wäre aber „Entscheidung" im Sinne einer Wahl zwischen verschiedenen Handlungs-alternativen unmöglich. Also sind naturgesetzliche Regelmäßigkeiten eine Bedingung für die Möglichkeit verantwortlicher Willensfreiheit. Wenn es aber eine naturgesetzlich geregelte Welt gibt, dann wirken diese Gesetze ohne Rücksicht auf die Folgen. Dieselben naturgesetzlichen Eigenschaften, die es ermöglichen, einem Dürstenden Wasser zu geben, ermöglichen es auch, im Wasser zu ertrinken oder jemanden zu ertränken. Hätte Gott dann nicht aber eine naturgesetzlich geregelte Welt erschaffen können, deren Regeln völlig harmlos sind, in denen also nie eine leidvolle Auswirkung auftritt? Vermutlich ja. Doch dies würde wiederum bedeuten, dass in einer solchen Welt auch die Möglichkeit zu einer sittlich bösen Entscheidung nicht mehr bestehen würde, das heißt die Entscheidung zu einer Handlung, als deren Folge der Schaden eines anderen Wesens gewollt ist. Dann aber gäbe es keine sittlich relevante Freiheit mehr und damit auch nicht mehr die Möglichkeit zu einer moralisch „guten" Tat. Die Existenz natürlicher Übel lässt sich somit keineswegs nur als göttliche Strafe für das moralische Übel erklären, sondern als Folge der Möglichkeitsbedingungen für die Existenz sittlich relevanter Willensfreiheit.

Q. zit. P. Schmidt-Leukel, Grundkurs Fundamentaltheologie, Eine Einführung in die Grundfragen des christlichen Glaubens, München 1999, 119ff.; zum Zeitpunkt dieser Veröffentlichung war der Autor Privatdozent für kath. Theologie an der Univ. München

---

[4] Überschrift von B. Weber

Anregungen zur Bearbeitung (M 4.4):
Die Reihenfolge muss keine Vorentscheidung für die Präsentation Ihrer Erträge sein! Zu möglichen Präsentationsformen vgl. M 4!

- Erläutern Sie diesen Ansatz (,Natural-law- u. free-will-defence')! (K. 42ff. u. M 4.4)
- Versuchen Sie eine Visualisierung – ausgehend von den theologischen bzw. empirischen Aussagen 1.–3. (M 4.4)
- Inwiefern bedeutet dieser Ansatz ein Offen- und Aushalten der Theodizeefrage? (K. 41 u. 45 u. M 4.4)
- Welche Zweifel und Fragen bleiben? (K. 45 u. 46f.)
- Nehmen Sie abschließend persönlich Stellung zur Überzeugungskraft und zu den Grenzen dieses Ansatzes!

M 4.5

Herbert Vorgrimler: **Gott als Mit-Leidender oder ,Leiden an Gott' und Klage?**
Ein anderer Erklärungsversuch des Schweigens Gottes angesichts der Schoa *(,Holocaust', B. Weber)* vereint manche jüdische und christliche Stimmen: Gott sei selber in der Situation des Mit-Leidenden, damals und heute. (...)
Die Göttlichkeit Gottes wird ... dadurch zu retten versucht, dass man seine Ohnmacht auf einen freiwilligen Machtverzicht zurückführt ... oder indem gesagt wird, Gott sei – ohnmächtig in das Leiden seiner Kreaturen verstrickt – selber der Erlösung bedürftig und werde erst „am Ende" dasjenige gewinnen, was man seine „Allmacht" nennt. Abgesehen davon, dass dieser Gott jedenfalls einmal so mächtig gewesen sein muss, seine Menschengeschöpfe mit Vernunft und Freiheit zu begaben und daher jeglichen Missbrauch und alle Perversionen von Vernunft und Freiheit in Kauf zu nehmen: Wie ließe sich wirkliche Ohnmacht Gottes damit vereinbaren, dass Gott in den biblischen Zeugnissen als Fels, sicherer Hort und feste Burg gepriesen und ihm die Rettung aus allen Gefahren zugetraut wird?

Einzelne christliche Schoa-Theologen gehen vom leidenden Gott aus und meinen, dieser sei in der Schoa als Leidender, in einer Art Selbsterniedrigung, gegenwärtig gewesen, um die Menschheit und in Sonderheit die Christen zu einer neuen Liebe zu den Juden aufzurütteln. Auschwitz als Mittel zum Zweck? Der Preis wäre in Wahrheit viel zu hoch. Die so vermeintlich gefundene Deutung betritt einen gefährlichen, geradewegs in Immunisierung und Apathie führenden Weg, weil sie der Schoa einen Sinn unterstellt. Einen Sinn der Schoa aber gibt es nicht.

Bei christlichen Theologinnen und Theologen ist schließlich, wo alle anderen Erklärungen versagen, die Zuflucht zu Jesus von Nazaret zu erwarten. Übergangen sei hier jeder Versuch, mit Vergleichen des schlechterdings Unvergleichbaren zu operieren, so wenn gesagt wird, Auschwitz sei das Golgatha unserer Zeit. Nein, weder Jesus noch in späterer Zeit den Christen ist ein Auschwitz widerfahren. In evangelischer Theologie besteht mehr noch als in anderen christlichen Theologien die Versuchung, Jesus einfachhin mit Gott identisch zu erklären. So kann dann im Blick auf Jesus die Rede vom „sühnenden Gott" aufkommen und behauptet werden, im grenzenlosen Leiden Gottes sei die Schuld auch der Schoa gesühnt *(Jürgen Moltmann)*. Welchen angebbaren Sinn könnte das Wort „Sühne" im Zusammenhang mit der Schoa haben? Es gibt keinen. Selbst wenn alle Planer, Täter und Täterinnen aufgespürt und aufgehängt worden wären – nichts wäre gesühnt. Oder sollte nach dieser Meinung Gott ein Selbstopfer dargebracht haben, um die Leiden der Juden aufzuwiegen? (...)

Die Schoa oder – nochmals mit dem Schlüssel- und Symbol-Wort gesagt – Auschwitz war der entsetzliche Anlass dafür, dass den christlichen Theologien alle Argumente einer „Theodizee", einer Rechtfertigung Gottes im Angesicht der Leiden seiner Kreaturen, abhanden gekommen sind *(Johann Baptist Metz* hat das eindringlich und erschütternd ausgesprochen, vor allem dort, wo er über das „*Leiden an Gott*" spricht). Und noch mehr: Es hat sich gezeigt, dass Fragen offen sind, denen gegenüber die unbeschwert positive Gottesrede, das Gottesbild, das ‚heile' Gottesverständnis der christlichen Tradition nicht bestehen können. Vermutlich wird sich der Glaube der Zukunft, um überhaupt weiter existieren zu können, viel mehr an seinen Hoffnungs- und Verheißungscharakter erinnern müssen, statt sich auf Macht- und Wundertaten Gottes in Vergangenheit und Gegenwart zu berufen. (...)

Das Gebet als Klage, die Klage als Gebet findet den prägnantesten Ausdruck in einem einzigen Wort, in dem an Gott gerichteten ‚Warum'? „Mein Gott, warum hast du mich verlassen?" heißt es in jenem Psalm 22, der im christlichen Verständnis die Klage Jesu am Kreuz wiedergibt. (...) In der Klage befragt der Mensch Gott. Gott hat sich vor dem Menschen zu rechtfertigen.

Das Gebet der Klage, ja sogar die Anklage, ist vielleicht die einzige Form, in der Menschen die Situation wirklich sinnlosen Leidens religiös und ehrenvoll bestehen können. Diese Gebetsform ist aus dem christlichen Bereich weitgehend entschwunden. Dabei ist die Klagerede gegen Gott keineswegs ehrfurchtslos. In Wirklichkeit ist ein Verhalten gegenüber Gott ehrfurchtslos, bei dem mit Gott als einer durchschauten Größe kalkuliert wird. In der Klage wird das Du ernst genommen, das einen eigenen, unbekannten und unerfassbaren Willen hat. Aber auch das Ich nimmt sich ernst, das sich mit den Grausamkeiten des Daseins nicht einfach abfinden, das sich nicht knechtisch unterwerfen kann und darf und dem als letztes Recht der Frage bleibt: ‚*Warum?* ' *(...).*

Wenn meine Traurigkeit unaufhebbar ist, möchte ich wenigstens in Wahrheit und Wahrhaftigkeit leben. Und die finde ich vor allem im Buch Kohelet. Es ist ein Wunder..., eines jener leicht überhörbaren Signale des verborgenen Gottes, dass dieses Buch im Kanon der biblischen Bücher geblieben ist und kein kirchlicher Zensor es ausgemerzt hat. „Windhauch, Windhauch, das ist alles Windhauch"(1,2) – unsere wahre, ungeschminkte Situation, unsere Trauer. „O sammle meine Tränen in deinem Krug"(Ps 56,9).

Q.: zit. H. Vorgrimler (em. Prof. für systematische Theologie, Kath. Theologische Fakultät Universität Münster), Auf dem Weg zum göttlichen Geheimnis, Meditationen und theologische Besinnungen, Kevelaer 2000, 109–123, Auszüge, Überschrift von mir, B. Weber.

Anregungen zur Bearbeitung (M 4.5):
Die Reihenfolge muss keine Vorentscheidung für die Präsentation Ihrer Erträge sein! Zu möglichen Präsentationsformen vgl. M 4!

- Bestimmen und erläutern Sie die biblische Rede vom ‚mitleidenden Gott' (K. 47–48, 49)
- Ergänzungen aus Theologie und jüdischer und christlicher Erfahrung (K. 49–50)
- Grenzen der Rede vom ‚mitleidenden Gott' (K. 50ff. u. Vorgrimler, M 4.5 (1)
- Bestimmen Sie in diesem Kontext die Bedeutung der ‚Ostererfahrung'! (K. 48f.)
- Wie kann diese christliche Grunderfahrung ‚nach Auschwitz' noch glaubwürdig bezeugt werden?
- Was bedeutet in diesem Zusammenhang ‚Leiden an Gott'? (vgl. Vorgrimler)
- Erläutern Sie: Gebet als Klage und Rückfrage an Gott (vgl. ebd.)
- *Einladung:* Versuchen Sie ein solches Gebet vor dem Hintergrund Ihrer Einsichten und Erkenntnisse zu formulieren!

M 4.6

Anregungen zur Bearbeitung:
Die Reihenfolge muss keine Vorentscheidung für die Präsentation Ihrer Erträge sein! Zu möglichen Präsentationsformen vgl. M 4!
Die folgenden Anregungen folgen, soweit nicht gesondert angegeben, Kessler, 53ff.
Zum Zusammenhang von christlichem Schöpfungsglauben, Freiheit des Menschen und Selbstbeschränkung Gottes – Führen diese philosophisch-theologischen Spekulationen zu einer Rechtfertigung von Leiden?

- „'Gott' – ein Wort des Protestes und der aktiven Hoffnung gegen das Leid" (K. 57; ebd. 57ff.)

- Was heißt: biblisch fundierte theologische Aussagen über Gottes Güte, Allmacht usw. tragen einen ‚Verheißungsvermerk'? (K. 58f.; vgl. auch M 4.3 (2) J. Werbick)

- Zur Legitimität von Klage und Anklage Gottes (vgl. dazu auch M 4.5 Vorgrimler)

- Glauben an den Gott der Bibel – Verweigerung des Einverständnisses mit der bestehenden Welt

- Menschliche Auflehnung gegen das Böse und das Leid – Verweis auf die Wirklichkeit Gottes? (K. 58ff.)

- Zur praktischen Dimension des Glaubens an den Gott der Bibel: Verantwortung übernehmen, „zumal für die Unterdrückten und Gequälten" (K. 59 u. 62f.)

Bernd Weber / Edith Verweyen-Hackmann

Evaluation: Schülerarbeiten und ein praktikables Modell

Allgemein definiert ist Evaluation „die systematische Sammlung, Analyse und Bewertung von Informationen über schulische Arbeit."(*MSWWF1999*) Im vorliegenden Zusammenhang geht es dabei um ein einfaches Verfahren zur schulinternen Evaluation, d.h. hier der Überprüfung der Qualität des Religionsunterrichts. Zu einer derartigen regelmäßigen Evaluationspraxis verpflichten auch die geltenden Richtlinien und Lehrpläne aller Unterrichtsfächer in der Sek II in NRW.

Voraussetzung jeder schulinterne Evaluation ist eine Zielklärung, um von hier Klarheit zu gewinnen, welche Informationen bzw. Daten über den Unterricht ermittelt werden sollen, um von hier begründete Erkenntnisse zu gewinnen, diese zu bewerten und Konsequenzen abzuleiten (*Mikroebene:* einzelne Klassen/Kurse, *Mesoebene:* ganze Schule o. Teilbereiche).

Der erste Handlungsschritt besteht in der Verständigung über Ziele und zentrale Fragestellungen des Evaluationsvorhabens. Welche Evaluationskriterien, d.h. welche Merkmale der Umsetzung von Leitzielen sollen im Hinblick auf die ausgewählte Fragestellung formuliert werden? Mit welchen Qualitätsindikatoren/Messgrößen kann die Zielerreichung (relativ) zuverlässig gemessen werden? Anschließend wird geklärt, mit welchen Instrumenten dies festgestellt werden kann; hier wird eine Evaluationszielscheibe vorgeschlagen, die einfach zu erstellen ist und die Datensammlung und –auswertung in einer Unterrichtsstunde ermöglicht, wenn die Schülerinnen und Schüler im Vorfeld über die geplante Evaluation des Unterrichts informiert worden sind. So können Schülerinnen und Schüler auch an der Festlegung der Indikatoren beteiligt werden. Nach der durch die Schülerinnen und Schüler vorzunehmenden Eintragung der jeweiligen Beurteilung des Unterrichts auf der Zielscheibe erfolgt abschließend ein Auswertungsgespräch und eine Vereinbarung von Konsequenzen für den weiteren Unterricht.

Bewusst sind hier der Evaluations-Zielscheibe zwei Beispiele von Schülerarbeiten vorangestellt, die einen Eindruck von der Qualität der Lektüre einer literarischen bzw. einer systematisch-theologischen Ganzschrift vermitteln.

1. Schülerarbeit zur literarischen Ganzschrift

Gegensatz: Der Arzt Rieux – Der Pater Paneloux

Position von Rieux:
- „Nein, Pater, ich habe eine andere Vorstellung von der Liebe. Und ich werde mich bis zum Tod weigern, diese Schöpfung zu lieben, in der Kinder gemartert werden."
- Rieux glaubt nicht an die Schöpfung (an den Schöpfer).
- Er sieht Welt als Ort voller Übel, kämpft aber gegen diese an (ist der erste, der die Pest bekämpft).
- Gegenfrage: Was ist dann der Sinn, wenn Rieux gegen die Pest ankämpft, wenn die Welt ein Ort voller Übel ist?
  Warum resigniert er nicht?

Position des Paters: analysiert anhand der beiden Predigten des Paters Paneloux (Kap. 2, 3 und 4; Kap. 4, 4 aus „Die Pest")

Struktur der 1. Predigt und kurze Inhaltsangabe:

1. Einleitung:
- Beschreibung der Situation
- Die Kirchenbehörden veranstalten eine Woche gemeinsamen Betens, in der der Pater Paneloux am Sonntag das Wort ergreifen soll (→ Rede 1)

	- Rieux: „Das kann jedenfalls nicht schaden." (Verweis auf das Beten) (108, Zeile 3)
	- Aus verschiedenen Gründen ist die Kirche brechend voll.
2. Predigt:	- „Thema" der Predigt: „Liebe Brüder, ihr seid im Unglück, liebe Brüder, ihr habt es verdient." (109, Zeilen 8–9)
	- „Die Gerechten brauchen sich nicht davor zu fürchten, aber die Bösen haben Grund zu zittern." (110 , Zeilen 6–8)
	- Aufzählung der Übel und Auslöser, z. B. auch Erwähnung des „Tages der Abrechnung" für die Ungläubigen.
	- Trotz der vielen Übel spendet er einige Worte Trost (sehr schwer in seiner Situation) (114, Zeile 6) und er rät dem Volk, nicht aufzugeben Gott zu lieben (114 letzte Zeile).
3. Reaktion der Zuhörer:	- Rieux: Paneloux' Ausführungen sind „absolut unwiderlegbar".
	- Andere fühlten sich verurteilt zu einer unvorstellbaren Gefangenschaft (115, Zeile 9).
	- In der Stadt verbreitete sich nach der Predigt eine allgemeine und so tiefe Angst (115, Zeile 28), und viele wurden sich der Situation bewusst.

Struktur der 2. Predigt und kurze Inhaltsangabe:

1. Einleitung:	- Rückblick auf das bisherige Geschehen (Paneloux wird zum Retter vieler, muss einem Kind beim Sterben zusehen → führt zur Änderung seiner Meinung)
	- Paneloux schreibt seine neue Meinung in einem Traktat nieder (249) kündigt eine Predigt an, in der er seine neue Meinung verkünden will.
	- Beschreibung des Irrglaubens der Einwohner an Prophezeiungen (250–252 oben).
2. Predigt:	- Neue Ansicht Paneloux': grausamste Prüfung als Gewinn für Christen.
	- Es gibt verschiedene Arten von Übeln (252–253 Mitte) → Es gibt Augenblicke, in denen man entweder alles glaubt oder Gott leugnet, da man keine Erklärung für das Übel findet und sonst Gott dafür anklagen müsste (253 Mitte–256 Mitte).
	- Gedämpfte Unruhe als Reaktion seiner Zuhörer (256 Mitte).
	- Paneloux führt Beispiele an, wie man sich als Christ nicht zu verhalten habe (256 unten–258).
	- Fazit: völlige Selbstaufgabe und Missachtung der eigenen Person führt in solchen Situationen zur Liebe Gottes (258–259 Mitte) → schließt sozial-karitatives Engagement ein.
3. Reaktion der Zuhörer:	- Andere Priester und Geistliche: Missbilligung (nehmen die Predigt nicht ernst, schieben sie auf eine angebliche Beunruhigung von Paneloux) (259–260).
	- Tarroux: Zustimmung und Zusammenfassung der zentralen Aussage der Predigt (260).
4. Tod des Paneloux:	- Umzug des Paters zu einer Bürgerin aufgrund der Pestbedrohung (260 unten–261).

- Erste Krankheitssymptome (Weigerung, einen Arzt rufen zu lassen) (261–263 unten).
- Pest bei ihm ausgebrochen (Verlegung ins Krankenhaus), immer noch kein Arzt (263 unten–265).
- Tod des Paneloux (265).

Zu den beiden Predigten:

Zentrale Aussage des Priesters: Im Angesichts des Todes gibt es als Christ nur die Möglichkeit, die Ungerechtigkeiten zu akzeptieren und im Vertrauen auf den Willen Gottes sich zu fügen. Wenn man dies nicht tut, leugnet man die Existenz Gottes (Umgang mit Übeln).

Veränderungen im Vergleich der Predigt:
Klare und deutliche Meinungsänderung: Pest nicht als Strafe Gottes, sondern als Gewinn für die Christen (Übel stärken den Glauben, der Glaube wird auf die Probe gestellt); Nähe zu den Einwohnern: Sagt „wir" statt wie in der ersten Predigt „ihr".

2. Schülerarbeit zur systematisch-theologischen Ganzschrift

Ein fiktives Interview

„Naturübel und Böses – wirklich unvermeidlich um der menschlichen Freiheit Willen?"

Basierend auf H. Kesslers „Gott und das Leid seiner Schöpfung"

Moderator: Sehr geehrter Herr Gott, ich freue mich, Sie heute hier begrüßen zu dürfen zur Frage „Naturübel und Böses – wirklich unvermeidlich um der menschlichen Freiheit Willen?" Sie geben uns heute dazu ein wenig Einsicht. Darf ich zunächst fragen: Sie sind doch allmächtig, oder?

Gott: Ja, in der Tat, das bin ich.

Moderator: Das hieße ja theoretisch, dass Sie alles Leid und Übel in der Welt mit einem Schlag beseitigen könnten?!

Gott: Theoretisch könnte ich das, aber ...

Moderator: Aber Sie wollen gar nicht???

Gott: Ja und Nein. Grundsätzlich wünsche ich mir ein friedliches Miteinanderleben der Menschen in dieser Welt ohne Leid und Übel – Aber jetzt stellen Sie sich doch einmal vor, ich würde jegliche moralische Übel ausschließen.

Moderator: Ja, und dann? Das wäre doch nur gut ...

Gott: Dann sehen Sie doch ein, dass die Menschen zwangsläufig nur noch Gutes, oder, nichts Schlechtes tun könnten. Das bedeutet, sie wären keine freien Menschen mehr, da sie nicht mehr frei entscheiden könnten, sittlich gut oder sittlich böse zu handeln. Solche Menschen, wenn man sie noch Menschen nennen darf, wären doch Roboter, die nach einem fest einprogrammierten Schema handeln. Wären Ihnen diese Menschen lieber als die Menschen, wie Sie sie kennen?

Moderator: Je mehr ich darüber nachdenke ...

Gott: Nicht wirklich! Und jetzt fragen Sie sich doch einmal, ob Menschen in einer Welt, in der sie nicht wahlfrei spontan und ungezwungen seien können, überhaupt so etwas wie Liebe spüren oder geben können. – Nein, können sie nicht. Denn wenn sie sich dazu nicht aus freien Stücken entschließen könnten und bewusst einen Menschen lieben wollen, dann ist dies keine Liebe, von der wir hier reden. Denn wahre Liebe muss aus Freiwilligkeit hervorgehen. Was wiederum die Freiheit des Menschen voraussetzt. Und deswegen, um diese Freiheit zu gewährleisten, muss ich auch das moralische Übel und seine Konsequenzen zulassen; so leid es mir tut. Schließlich will ich einen Menschen nicht zwingen, mich und andere Menschen zu lieben.

Moderator: So langsam verstehe ich. Nun geht es mir auch allmählich auf, warum es logischerweise auch das natürliche Übel geben muss.

Gott: Ob Sie das letztendlich verstehen, ist eine andere Sache. Aber Sie können ja mal andeuten, warum!

Moderator: Zunächst haben Sie die Welt so mit ihren physikalischen Eigenschaften geschaffen, dass sie ein System hat. Ein System, das für den Menschen überschaubar ist und in seinen Freiheiten immer mehr erschlossen wird. Alles verhält sich nach Regeln, deren Folgen absehbar sind. Und dadurch kann der Mensch abschätzen, was er durch seine Aktion veranlasst ...

Gott: Sie sind auf dem richtigen Weg.

Moderator: Also kann er wieder frei entscheiden, was er tut. Ob er Gutes vollbringt oder Böses verursacht, steht ihm zur Auswahl.

Gott: Eben. Denn gäbe es diese naturgesetzlichen Regelmäßigkeiten nicht, wären die Folgen seines Handelns für den Menschen nicht voraussehbar; er könnte nicht frei zwischen Alternativen wählen; seine Freiheit wäre ihm genommen. Deshalb muss es auch verschiedene Möglichkeiten in der Natur geben; Wasser muss den Menschen Leben spenden wie auch Leben nehmen können. So wie es den Durstleidenden hilft und den Ertrinkenden tötet. Mit natürlichen Übeln will ich also die Menschen nicht bestrafen, sondern sie sollen mögliche Folgen ihres Handelns sein, was zu ihrer eigenen Freiheit beiträgt.

Moderator: Das macht alles Sinn, doch wirklich ganz aufs Letzte durchschauen kann ich es nicht.

Gott: Das ist nicht schlimm. Hauptsache Sie setzen sich damit auseinander!

Moderator: Das versuche ich. Auch wenn ich es nicht ganz verstehe; ich bin mir sicher, eine Welt, in der es Übel und Leid, aber dafür auch Freude, Glück und Liebe gibt, ist immer noch besser als überhaupt keine. Ich danke Ihnen für das Gespräch.

Zielscheibenevaluation
Lektüre einer Ganzschrift im RU

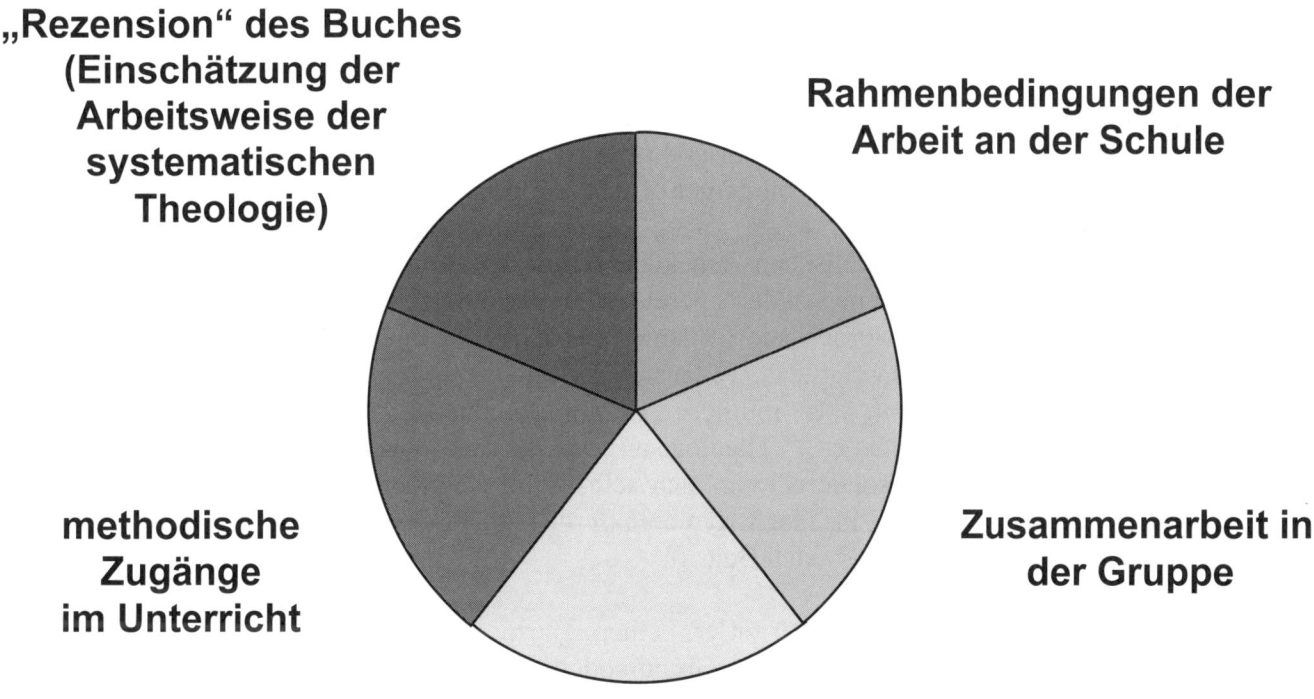

„Rezension" des Buches
(Einschätzung der
Arbeitsweise der
systematischen
Theologie)

Rahmenbedingungen der
Arbeit an der Schule

methodische
Zugänge
im Unterricht

Zusammenarbeit in
der Gruppe

Bedeutung für mich
persönlich

Jeder Schüler/Jede Schülerin macht in jedem Segment seinen Punkt, evtl. farbig im Sinne einer Rangskala. An der Häufung und Nähe der Punkte zum Zentrum lässt sich die Beurteilung zu der Unterrichtsreihe durch die Schüler ablesen.

Edith Verweyen-Hackmann

Der Glaube kommt vom Sehen – Zu den Bildern dieses Bandes

„Für religiöse Bildung ist der Zugang über das ästhetische Lernen von besonderer Bedeutung, da Religion ‚eine ästhetische Signatur' hat." (Peter Orth)[1]

1. Didaktische Hinweise

In unserem multimedialen Zeitalter spielen Bilder eine unübersehbare Rolle. Im Gegensatz zu der Bilderflut im Alltag geht es im Religionsunterricht vorrangig um eine Verlangsamung des Sehprozesses, um die Stärkung der Sehgeduld. Auch könnte sich der Schüler/die Schülerin – möglicherweise selbständig – strukturierte Wege der Bilderschließung aneignen.

Bei der Auswahl der Bilder für die Praxis des Religionsunterrichts ist zu bedenken: Inwieweit können durch die Bilder Lernprozesse initiiert werden, die die biografisch-lebensweltlichen Perspektiven und Kontexte der Schülerinnen und Schüler mit der Perspektive der gemeinschaftlichen Glaubensüberlieferung und (hier) der Kunst in einen Dialog bringen? Dabei greifen gerade bei Kunstwerken der modernen Kunst, die bedeutungsoffen sind und oftmals von einem „Bedeutungsüberschuss" leben, auch neuere religionspädagogische Ansätze der Korrelation mit folgenden didaktischen Aspekten: Neues aus Altem deuten, die Dialektik aus Kontinuität und Diskontinuität in Schüleräußerungen aufdecken, sich ihrer religionspädagogische Anschlussfähigkeit bewusst werden und im Unterricht einen Deutungsbedarf sichtbar machen. Dies meint, dass Schüler lernen, weiterzufragen und transzendierende Frageweisen zu entwickeln. „Kommunikation über religiöse Tradition heißt, diskursive Räume zu lebensweltlichen Bezügen zu erschließen."[2] Theologisch wird deutlich: Auch Tradition ist nicht etwas historisch Abgeschlossenes, sondern ist in sich selbst Kommunikation.[3] Bilder eignen sich in besonderer Weise, weil sich in ihnen symbolhaft das Geheimnis Gottes zeigen kann und lebendiger wird als in einem abstrakten Begriff.

Diese didaktischen Überlegungen erfordern einen ganzheitlichen methodischen Ansatz der Bilderschließung, wie er in Günter Langes Grundmodell[4] vorliegt und in der Literatur hinlänglich zugänglich und unterrichtspraktisch erweitert worden ist[5]. Dort finden sich zahlreiche Methoden, die im Sinne rezipientenorientierter Zugänge die subjektiven Vorstellungen der Schülerinnen und Schülern ernst nehmen und kreativ umsetzen (vgl. die Phasen 1, 3 und 5 im Modell von G. Lange). G. Hilger empfiehlt darüber hinaus drei weitere aufeinander bezogene Dimensionen

---

[1] Vgl. Peter Orth, Ästhetischer Religionsunterricht. In: KatBl 128 (2003), 249–254, hier: 252.

[2] Vgl. zu dem hier angedachten Konzept der „Abduktiven Korrelation" Hans–Georg Ziebertz, Stefan Heil, Neues aus Altem deuten. Abduktive Korrelation. In: Kirche und Schule, hrg. von der Hauptabteilung Schule und Erziehung im Bischöflichen Generalvikariat Münster, Nr. 126, Juni 2003, 3ff.

[3] Vgl. ebd., 14.

[4] Vgl. Günter Lange, Umgang mit Kunst. In: Gottfried Adam/Rainer Lachmann (Hrg.), Methodisches Kompendium für den Religionsunterricht, Göttingen 1993, 247–261. G. Lange empfiehlt fünf Schritte der Bilderschließung, die allerdings nicht schematisch angewandt werden sollen, in ihrer Abfolge aber sinnvoll sind: 1. Spontane Wahrnehmung – Was sehe ich? 2. Analyse der Form und der Sprache – Wie ist das Bild aufgebaut? 3. Innenkonzentration: Was löst das Bild in mir aus? 4. Analyse des Bildgehaltes – Was hat das Bild zu bedeuten? 5. Identifizierung mit dem Bild – Wo siedle ich mich auf dem Bild an? ebd. 259f.

[5] Vgl. Gerhard Röckel, Grundschritte der Erschließung von Bildern der Kunst. In: Edith Verweyen-Hackmann, Bernd Weber, Methodenkompetenz im Religionsunterricht (ruk Bd. 4), Kevelaer 2000, 90ff. oder Georg Bubolz, Ursula Tietz, Methodenhandbuch, Düsseldorf 1999, 21ff. oder Franz W. Niehl, Damit uns die Augen aufgehen. Bilder im Religionsunterricht. In: ders., Arthur Thömmes, Methoden für den Religionsunterricht, München 1998, 13–45.

ästhetischer Bildung: die wahrnehmend-rezeptive, die gestaltend-produktive und die urteilend-kommunikative Dimension.[6]

Die folgenden Informationen zu den Bildern der Umschlaginnenseiten dieses Buches für die Hand des Lehrers/der Lehrerin beziehen sich vor allem auf die Biografie und das Werk des entsprechenden Künstlers.
Dass sich hier auch Möglichkeiten fächerverbindenden Arbeitens – besonders bei dem Gegenstandsbereich „Theodizeefrage" – mit Kunst und Deutsch ergeben, kann Absprachen zwischen den betroffenen Fachkonferenzen initiieren.

2. Hannah Höch, Angst, 1936

Zur Künstlerin:
Hannah Höch, geboren 1889 in Gotha, studierte zunächst an der Kunstgewerbeschule in Berlin-Charlottenburg, dann an der Staatlichen Lehranstalt des Kunstgewerbemuseums Berlin. In kritischer Distanz zum 1. Weltkrieg erstellte sie politische und satirische Collagen und hatte in dieser Zeit (seit 1912) auch Kontakte u.a. zu George Grosz, Max Ernst. Das dadaistische Prinzip der Fotomontage, an dessen Entwicklung sie maßgeblich beteiligt war, benutzte sie zeitlebens als künstlerisches Gestaltungsmerkmal. Von 1933 bis 1935 hatte sie als sog. „entartete Künstlerin" Ausstellungsverbot in Deutschland. Nach dem Krieg konnte sie ihre Werke auf internationaler Ebene (London, Paris, Kyoto) ausstellen; 1965 wurde sie in die Akademie der Künste in Berlin berufen. Am 31.5.1978 starb sie in Berlin.

Zum Bild (Thema und Aufbau):
Der Blick des Betrachters fällt am unteren Rand in der Mitte des Bildes sofort auf den Kopf und die Hände einer menschlichen (vermutlich weiblichen) Gestalt. Ihr ovales Gesicht mit dem spitzen Kinn, von den Haaren glatt umrahmt, scheinen am Betrachter vorbeizulaufen. Die schmalen Schultern finden sich nur angedeutet, die dünnen Finger zeigen nach oben. Auf dem größten Teil des Bildes ist ein schmaler Weg zu sehen, an dessen Ränder sich hohe kahle Bäume befinden, die aufgrund der verkürzten Perspektive im Hintergrund eng aufeinander zulaufen. Die Äste ragen zum Teil tief und spitz von oben in den Weg hinein. Die Bäume wirken wie eine Mauer, sie erlauben an der rechten Seite kein Abweichen vom Weg. Gelbe Lichtstrahlen durch die Zwischenräume der Bäume an der linken Seite laufen in Spitzen aus und sind auf die Person und den weiteren Weg gerichtet. Die Farben sind überwiegend in dunklen und kalten Tönen gehalten. Ein Gefühl von Wärme vermittelt allenfalls das Blau, das sich am Himmel und als Widerschein an den Stämmen und am Boden zeigt. [7]
Der Weg verläuft im hinteren Teil des Bildes in einer Kurve.
- Hat die Person den Weg bereits zurückgelegt oder muss sie diesen Weg noch gehen?
- Wirkt das Bild bedrohlich aufgrund der Farbkomposition, der Kargheit der Natur, der Enge und Auswegsigkeit des Weges?
- Bedroht der Lichteinfall die Person von allen Seiten?
- Ist Flucht möglich oder aussichtslos?
- Was hat die Person zu ihrer Abwehrhaltung veranlasst? Was hat sie so erschreckt, dass sie niemanden und nichts an sich heranlassen möchte?
- Eine Identitätskrise?
- Wovor hat die Person (existentiell) Angst? Vor der Zukunft?
- Gibt es keine Anzeichen von Hoffnung?

---

[6] Vgl. Peter Orth, ebd., 252 und G. Hilger, Umgang mit Bildern der Kunst. In: ders., u.a. Religionsdidaktik. München 2001, 209ff.
[7] Vgl. hierzu Georg Hilger/Elisabeth Reil, Bilder der Kunst für den Religionsunterricht. 36 Folien zum Unterrichtswerk Reli 5–10 mit Begleitheft. München 2000, Folie 23.

- Gibt die Entstehungzeit des Bildes einen historischen Hinweis zur kontextuellen Deutung des Bildes? (September 1935: Nürnberger Gesetze)

3. Werner Knaupp, Christus, 1977

Zum Künstler:

Werner Knaupp, geboren 1936 in Nürnberg, studierte an der Akademie der Bildenden Künste in seiner Heimatstadt. Er war von 1970 bis 1971 Gastdozent in Karlsruhe und lehrt seit 1986 an der Akademie der Bildenden Künste in Nürnberg. Er lebt und arbeitet in Ernhofen bei Nürnberg.

„Die Kunst lebt nur von dem Zwang, den sie sich selbst auferlegt." Diese Einschätzung Camus' kennzeichnet das Lebenswerk Knaupps: Er hat immer wieder gesicherte Positionen aufgegeben, um sich ganz rückhaltlos existentiellen Erfahrungen, „Erfahrungen an den Grenzen des Seins" (F. J. van der Grinten) auszusetzen. Dieses Ziel verfolgt er unerbittlich, weil für ihn darin der Sinn des Lebens und seiner künstlerischen Aussage liegt. [8]

Zum Bild (Thema und Aufbau):

Der Betrachter wird bei diesem Bild in besonderer Weise mit einbezogen, da es Zustimmung oder Ablehnung, Identifikation oder Distanzierung, unmittelbar provoziert.

Der Künstler datiert dieses Bild am 15.10.77; zu diesem Zeitpunkt zeichnete er in der Nervenklinik Bayreuth. Er selber hat sich zu diesem Bild geäußert: „Ich habe dort eine Figur gezeichnet, die nicht richtig im Raum stand. Ich wollte sie wegwerfen. Aber dann habe ich sie zu retten versucht, indem ich sie auf der Fläche verspannt habe. Und plötzlich sah sie aus wie eine Kreuzigung. Da ist mir ganz heiß geworden, denn ich war der Meinung, dass man heute gar keine Kreuzigung mehr malen kann. Seit Grünewald nicht mehr. Ich habe den Körper gezeichnet wir einen Gegenstand, der 2000 Jahre benutzt wurde – ausgelaugt, ausgebrannt. Ich habe den Körper dann noch vermenschlicht und den Brustkörper besonders betont. Und dort, wo der Kopf, das Allerheiligste ist, habe ich ganz bewusst mit Feuer ein richtiges Loch hineingebrannt."[9]

Diese Perspektive hat Knaupp offensichtlich aufgrund seiner Porträtierung von Patienten der Heilanstalt Bayreuth gewonnen: dort, wo ein Antlitz war, ist ein „Brandloch"; der Körper selbst ist bis zur Unkenntlichkeit entstellt. Knaupp hat in der Auseinandersetzung mit dem Thema des behinderten, geistesgestörten, psychisch belasteten Patienten die Erkenntnis gewonnen, dass hier der gekreuzigte Christus erfahrbar wird.[10]

- Wird Christus hier zur Chiffre für das Leid der Menschen hinter den Mauern der Heilanstalt?
- Wird die Gesichtslosigkeit zum Symbol für leeres, sinnloses Leben?
- Wird der geschundene Körper eines Unbekannten zum Grundsymbol der Christusbotschaft?
- Verweist Knaupps „Christus" auf mehr als auf die Körperlichkeit und leidvolle Realitätserfahrung?

---

[8] Vgl. Manfred Fath, Ausstellungskatalog „Werner Knaupp – Feuer und Eisen. Skulpturen 1984–1986", Kunsthalle Mannheim 1986.

[9] Vgl. Siegfried Gruber, Christusbilder. Zwischen Provokation und Tradition. 63 Folien mit Begleitbuch. Hrg. vom religionspädagogischen Seminar Regensburg 1997.

[10] Vgl. zu diesen Ausführungen insgesamt ebd. und http://www.wernerknaupp.de.

Hans Kessler / Edith Verweyen-Hackmann / Bernd Weber
Ein guter Gott, der leiden lässt?
Erschließung von Ganzschriften zur Theodizeefrage im Religionsunterricht der Sek. II
religionsunterricht konkret

Hans Kessler

Gott und das Leid seiner Schöpfung
Nachdenkliches zur Theodizeefrage
– Schülerausgabe –

Inhalt

Einleitung   2

I. Hinführung: Dimensionen und Voraussetzungen der Problematik   3
  1. „Übel" und „Leiden": Notwendige Unterscheidungen   3
  2. Was ist „Theodizee"? Theodizeen und die davon zu unterscheidende Theodizee-Frage   4
  3. Unter welchen Voraussetzungen kommt die Theodizee-Problematik auf?   7

II. Klassische Theodizee-Versuche und ihr Ungenügen   9
  1. Der ordnungstheoretische Ansatz: Einordnung des Übels als funktionales Element
    in einer umgreifenden Ordnung   10
  2. Der privationstheoretische Ansatz: Das Übel und das Böse als bloßer Mangel an
    Gutem   13
  3. Der (erb-) sündentheoretische Ansatz: Die Übel als Straf-Folge von Adams
    Sündenfall bzw. des Engelfalls   14
  4. Kritik an den klassischen theoretischen Theodizee-Versuchen   16

III. Die moderne Problemverschärfung: Das Leiden der Kreatur – Argument gegen die
    Existenz Gottes?   18
  1. Protest-Atheismus, praktische Anthropodizee ohne Gott und das
    theoretisch unentscheidbare Grundproblem   18
  2. Ablehnung der zu teuer erkauften Harmonie und die Frage nach der
    Möglichkeit von Versöhnung und von solidarischer Ethik   20
  3. Zerstörung und Qualen in der Natur: Infragestellung der Schöpfung und des
    Schöpfers?   23

IV. „Nach Auschwitz": Verstummen der Gott-Rede oder Entschärfung der Theodizeefrage?   27
  1. Abschied vom allmächtigen Gott, oder: ist Gott ohnmächtig? Zur überfälligen
    Klärung des Begriffs Allmacht   28
  2. Abschied vom allgütigen Gott, oder: wirkt Gott Böses? Zum Problem der
    Letztverantwortung Gottes   32
  3. Abschied von der Verstehbarkeit? Unbegreiflichkeit Gottes, atheistische Kritik
    und der Sinn von Verstehensversuchen   37

V. Bruchstücke von Verstehen und auszuhaltende, offene Fragen   41

     1.   Naturübel und Böses – unvermeidlich um der menschlichen Freiheit und
         Liebe willen? (natural-law- und free-will-defense)   42

     2.   Pro und Contra Rede vom Leiden Gottes: Inwiefern hilft ein leidender Gott?   47

     3.   Schöpferische All-Macht der leidensfähigen Liebe Gottes?   53

     4.   „Gott" – ein Wort des Protestes und der aktiven Hoffnung gegen das Leid   57

Schlussbemerkungen:
     Leid-empfindlicher Gott-Glaube – ein Lebensexperiment   59

Glossar   63

Einleitung

Warum all die Übel, das Böse, das Leid in der Welt? Warum wird manchen Menschen so unsäglich viel und schweres Leid aufgebürdet, dass sie darunter zerbrechen? Warum müssen unschuldige Kinder, warum Gerechte, warum Tiere leiden? Wie kann Gott das zulassen? Wo bleibt er im Leid seiner gequälten Kreaturen? Hört er den Schrei der Leidenden nicht? Warum greift er nicht ein?

Die Fragen sind uralt. Doch in unserer Zeit wurden sie einerseits durch die maßlosen, von Menschen verursachten Leiden, für die der Name „Auschwitz" steht, und andererseits durch eine bewusstere Wahrnehmung naturbedingter, nicht von Menschen verursachter Leiden in der Schöpfung so gewaltig verschärft, dass heute am Leid- und am Theodizeeproblem vorbei kaum noch ein Sprechen von Gott möglich erscheint. Das Leiden in der Schöpfung scheint in einem unlösbaren Widerspruch zum Glauben an einen allmächtigen und liebenden Gott zu stehen. Wird das Festhalten an diesem Gott also widersprüchlich, irrational, unsinnig?

Kann ich vom Gott der Liebe und des Heils nur noch sprechen, wenn ich von der Realität des Leids in der Schöpfung absehe? Und wenn ich umgekehrt die Realität des Leidens nicht verdränge, vielmehr die leidenden Kreaturen achte und in ihrem Leid bei ihnen sein und womöglich helfen will, muss ich dann vom Gott der Liebe Abschied nehmen? Oder muss ich dann vielleicht gerade an diesem Gott festhalten? Haben nicht die Menschen der Bibel gerade mitten im eigenen Leid von diesem Gott gesprochen?

Jedenfalls erweist sich das Leid- und Theodizeeproblem heute zunehmend als „die erste und wahrscheinlich größte Schwierigkeit in der Gottesbeziehung überhaupt"[1]. Und es ist kein Zufall, dass gerade in der letzten Zeit philosophische und theologische Beiträge zu diesem Thema sich häufen. In der Tat, wenn Glaube und Theologie redlich sein und vor der Realität nicht die Augen verschließen wollen, können sie der Frage nach Gott angesichts der Leiden in einer Welt, die seine Schöpfung sein soll, nicht ausweichen. Statt aber vorschnelle, billige, beruhigende Antworten zu liefern, gilt es, sich der ganzen Härte der Frage zu stellen, die eigene Antwortlosigkeit auszuhalten, um glaubwürdige Perspektiven zu ringen, und sei es im Offenlassen von Fragen.

Im Folgenden möchten wir zunächst die Dimensionen der Problematik beleuchten (I.), in die wir dann tiefer einzudringen versuchen, indem wir (II.– IV.) die bisherigen Bemühungen um die Problematik in den wesentlichen Stationen und Ansätzen skizzieren und auf bedenkenswerte Aspekte hin durchprüfen. Dabei werden wir einerseits aussagekräftige Autoren – Gottsucher und Zweifler, Dichter, Denker und Beter – bewusst auch selbst zu Wort kommen lassen, also auf

---

[1]   So K. E. Nipkow, Erwachsenwerden ohne Gott? Gotteserfahrung im Lebenslauf, München [4]1992, 56.

Lebenszeugnisse hören, die zu denken geben. Andererseits werden wir manch nötige Differenzierung oder Perspektivenveränderung vornehmen (dies besonders in IV., wo es um das Verständnis von Allmacht, von Güte, von Unbegreiflichkeit Gottes geht). Auf diesem Hintergrund tasten wir uns schließlich (V.) – eher in Fragen denn in fertigen Antworten – an jenes bruchstückartige Verstehen heran, das Orientierung geben könnte für ein heutiges Leben und Handeln angesichts fremden Leids und im eigenen Leid.

I. Hinführung:
Dimensionen und Voraussetzungen der Problematik

Wer „das Licht der Welt erblickt", wird bald nicht nur Licht erblicken. Unsere Welt hat nicht nur Licht-, sie hat auch Schattenseiten und Dunkelheiten. Neben überwältigend Schönem und Gutem gibt es viele Übel, dicht neben Glück und Lust liegen Unglück und Leid. Gehören sie auch zu Gottes guter Schöpfung? Oder ist diese etwa gar nicht gut? Kann – und wie kann – sie je gut werden? Um solche Fragen auch nur einigermaßen angemessen bedenken zu können, sind einige Vorklärungen und Unterscheidungen nötig.

1. „Übel" und „Leiden": Notwendige Unterscheidungen

a) Augustinus (354– 430) definierte kurz und bündig: Als Übel wird von uns erfahren, was uns – vermeintlich oder wirklich – schadet.[2]
Schon früh differenzierte man zwischen verschiedenen Formen von Übeln, aber die gefundenen Unterscheidungen sind nicht eindeutig, die Aspekte überschneiden sich teilweise. Die mittelalterliche Scholastik unterschied (1) das malum *physicum*: das natürliche Übel (wie Fressen und Gefressenwerden, Naturkatastrophen, viele Krankheiten, Missbildungen usw.), das Übel also, das, dem Menschen schon vorgegeben, in der Natur allenthalben gegenwärtig ist; und (2) das malum *morale*: das moralische Übel, d.h. das vom Menschen schuldhaft gesetzte sittlich Schlechte oder das Böse (Unrecht, Kränkung, Gewalt, Grausamkeit, Krieg usw.). – Da sich aber das Übel nicht einfach auf das physische und das moralische Übel reduzieren lässt, sondern tiefere, ontologische (d.h. in der Struktur des endlichen Seins selbst gründende) Wurzeln hat, unterschied Leibniz später von beiden noch (3) das malum *metaphysicum*: das metaphysische Übel, d.h. die mit der Kreatürlichkeit selbst gegebene Endlichkeit und Beschränktheit, Irrtumsfähigkeit und Fehlbarkeit, Vergänglichkeit und Sterblichkeit.

Neuere politische und Befreiungstheologie thematisiert außerdem (4) das *strukturelle* Übel: das Übel, das durch (gesellschaftliche, rechtliche, politische, wirtschaftliche, ideologische) Strukturen bedingt ist, die von Menschen geschaffen sind, sich ihnen gegenüber aber verselbständigt haben. Auch ist nicht alles, womit Menschen anderen oder sich selbst Leid zufügen, Schuld im moralischen Sinne; viel Leid wird verursacht aus Unkenntnis, Hilflosigkeit oder aus psychopathischen Zwängen, und letztere sind häufig durch in der Kindheit erlittenes schweres Leid (Gewalt, Missbrauch) bedingt, haben also ihrerseits mit sozialen Strukturen und mit der Schuld anderer zu tun.

Mit den erwähnten Aspekten ist indes derjenige noch gar nicht genannt, der für biblische Menschen *das Übel schlechthin* darstellt: (5) das *theo-logische* Übel, nämlich das Abgeschnitten- und *Getrenntsein von Gott*, dem wahren Lebensgrund. Die anderen Übel, obgleich oft kaum zu ertragen, daher zu Klage und Bestürmen Gottes veranlassend (z.B. Ps 44 oder 77; Mt 6,13), werden demgegenüber relativ: „Mag Leib und Sinn mir schwinden, Gott ist ewig mein Fels und

---

[2] Augustinus, De moribus Manichaeorum (387/389) II 3,5: malum est id quod nocet (= ein Übel ist das, was schadet).

mein Teil" (Ps 73, 26); „Deine Güte ist besser als das Leben" (Ps 63,4). Die anderen Übel sind letztlich erst dann wirklich schlimm, wenn sie „von der Liebe Gottes zu scheiden vermögen" (Röm 8,38f).

b) Als Übel verstehen wir Menschen also zunächst all das, was uns Menschen schadet. Um aus solch *anthropozentrischer Verengung* auf menschliche Erfahrungen von Übeln herauszukommen und analoge Empfindungen anderer Lebewesen nicht von vornherein auszuklammern, ist es sinnvoll, den Begriff Übel von seinem leidvollen Charakter her zu definieren: Etwas ist deswegen ein Übel, weil es entweder *in sich leidvoll* ist (die Erfahrung von Qual) oder weil es *Leid verursacht* (die Ursache der Qual).

Der Begriff Übel ist nämlich erst dort sinnvoll, wo wir es mit irgendwie *empfindungs- und leidensfähigen Lebewesen* zu tun haben. In einem Universum, in dem keine solchen Wesen existierten, gäbe es keinerlei Übel. Die Explosion eines Sterns in einem *un*belebten Sonnensystem z.B. wäre kaum als Übel zu bezeichnen; anders jedoch ein Naturereignis (Erdbeben, Orkan, Flut, Dürre, Blitz), das irgendwelchen empfindungsfähigen Lebewesen Qualen oder Leiden zufügt. Übel (Leid) ist somit kein Sachverhalt der physikalischen Welt, sondern eine Empfindungs- oder Erfahrungsqualität und deshalb ein Sachverhalt erst der biologisch-sensitiven Welt. *Voraussetzung* für eine sinnvolle Verwendung des Ausdrucks Übel ist die *biologische Fähigkeit, leiden zu können.* (Bloße Schmerzempfindungen sind nicht durchgängig leidhaft, da sie oftmals nicht schaden, sondern Warnsignale zur Abwendung von Schaden und Mittel zum Lernen darstellen; Schmerz wird dann zum Leiden, wenn wir keinen Sinn darin finden können.)

Die Fähigkeit, leiden zu können, hat sich im Laufe der Evolution des Lebens und der Organismen entwickelt. Sie nimmt offenbar zu mit zunehmender Komplexität des zentralen Nervensystems, wobei die Übergänge fließend, weil nicht exakt bestimmbar sind. Viele Tiere können leiden und leiden wirklich, wie die lebensweltliche Erfahrung weiß, wenn sie im Sprichwort sagt: „Quäle nie ein Tier zum Scherz, denn es fühlt wie du den Schmerz." Beim Menschen und auch bei höheren Säugetieren umfasst das Spektrum der Leiderfahrungen nicht nur physische Schmerz- und Mangelempfindungen, sondern auch komplexere wie Angst, Panik, Trauer usw. Vermutlich nur vom Menschen erfahrbar sind Leiden wie Demütigung, Scham, Ekel, Verzweiflung, Sinnlosigkeit, moralischer Abscheu, Schuld (ein Tier kann zwar Angst vor Strafe haben, aber nicht schuldig sein) und wohl auch Furcht vor dem Tod.

2. Was ist „Theodizee"? – „Theodizeen" und die davon zu unterscheidende „Theodizeefrage"

a) Der Begriff „*Theodizee*" ist ein Einfall der Neuzeit. Leibniz hat ihn (1697) gebildet[3]. Das Kunstwort „Theo-dizee" bedeutet wörtlich übersetzt „Rechtfertigung Gottes" („Freispruch für Gott"), zu ergänzen ist: angesichts der Übel und Leiden in der Welt. Streng genommen ist eine Theodizee der Versuch, Gott in einer Art Gerichtsprozess vor den Richterstuhl der menschlichen Vernunft zu ziehen und ihn vor diesem Forum rational zu rechtfertigen gegen den Vorwurf, für die Übel in der Welt, seiner Schöpfung, verantwortlich zu sein. Dabei ist die Vernunft Anklägerin, Verteidigerin und Richterin zugleich, alles drei in einem. Es geht also um die sich autonom setzende menschliche Vernunft selber, um ihre eigene Selbstvergewisserung: Indem sie das größte der Welträtsel einer vernünftigen Einsicht zuzuführen unternimmt, sucht sie ihre eigene Macht und Reichweite zu erweisen.

In ihrem Verlangen, alles einheitlich zu begreifen und es so in den Griff zu bekommen, will die Vernunft die Dinge sozusagen ‚zusammenkriegen': alles, auch Gott und das Übel, Gott und das Böse. Die Vernunft ‚will es wissen'. (Und wenn sie die Dinge und das Böse nicht *mit* Gott

---

[3]   in seinem Werk „Essais de Théodicée", das 1697 zum ersten Mal erschien.

zusammenkriegt, dann macht sie es eben schließlich *ohne* Gott und begreift die Übel als funktional innerhalb des angeblich sich selbst genügenden Kosmos.[4])

Theoretische *Theodizee* in diesem strengen Sinne ist ein typisch neuzeitliches Unternehmen. Und ein Unternehmen aus der Distanz. Denn es erhebt sich zwar aus der Erfahrung von Leid, um aber diese Erfahrung dann sogleich hinter sich zu lassen, sich in einen logisch oder spekulativ zu lösenden *Gedanken*konflikt zu verwandeln und die Frage der *praktischen* Leid-Bewältigung auszublenden. Keine noch so schlüssige Erklärung der Weltübel, keine Theodizee hat es deshalb je vermocht, die konkrete Erfahrung von Leiden auch nur im Mindesten zu reduzieren. Ist also alle *rein theoretische* Theodizee ein Holzweg? Verfolgt sie eine Spur, die haarscharf am Eigentlichen vorbeigeht? Ist sie Aufkündigung der Solidarität mit den Leidenden und Opfern? Und weiter: Kann der Mensch mit seiner endlichen Vernunft überhaupt Gott angesichts der Übel der Welt rechtfertigen, im Zugriff auf etwas, worauf er gar keinen Zugriff hat, in vermeintlicher Erhebung auf einen – Welt und Gott übergeordneten – Meta-Standpunkt, den er gar nicht hat? Müsste nicht, wenn schon, dann eine „*praktische* Theodizee"[5] entworfen werden, gewiss nicht theorielos und blind, sondern mit einer ihr entsprechenden und ihr dienenden (also praxisbezogenen) Theorie solidarischer Praxis: eine praktische Theodizee als – eben durch solidarische Praxis selber geschehende – praktische „Behauptung der Wirklichkeit Gottes angesichts des Leids"[6]?

Das Theodizeeproblem ist natürlich viel älter als der Name. Lange vor der Neuzeit – und zu allen Zeiten – gibt es *theodizee-analoge* (-ähnliche) *Versuche*. Sie versuchen die Übel und Leiden zu erklären: moralisch (als Strafe für Schuld bzw. Sünde), pädagogisch (als Maßnahme der Prüfung, Züchtigung, Erziehung, Läuterung), ontologisch (als Mangel des Guten oder als unerlässlicher Teil der Gesamtordnung) usw. Wir werden später, im zweiten Teil, auf sie eingehen und sie exemplarisch an den diversen Versuchen des Augustinus erörtern.

b) Noch viel älter und ursprünglicher als Theodizeen und theodizee-ähnliche Versuche ist die existentielle Frage Leidender nach Gott und an Gott, die Theodizee-*Frage* (wie man sie kurz nennen kann). Sie bewegt sich auf einer anderen Ebene. Es ist die Ebene ureigener Erfahrung von großer Not und unbegreiflichem Leid, die sich *in Klage, Anklage, Protest* und im emotionsgeladenen Schrei ausdrückt: „Warum?"

Diese ursprüngliche, existentielle Theodizeefrage findet in Gebeten vieler Religionen, vor allem aber in vielen biblischen Psalmen bewegenden Ausdruck. Menschen, die an Gott als allmächtigen und gütigen Schöpfer glauben (oder glauben wollen), klagen ihm verzweifelt ihr Leid: Warum muss der Gerechte so viel leiden? (Ps 34,20) „Herr, warum bleibst du so fern, verbirgst dich in Zeiten der Not?" (Ps 10,1) „Wie lange noch vergisst du mich ganz, verbirgst dein Gesicht vor mir?" (Ps 13,2; vgl. 89,47) „Hat seine Güte für immer ein Ende? Hat Gott im Zorn sein Mitleid verschlossen?" (Ps 77,9f) „Mein Gott, warum hast du mich verlassen?" (Ps 22,2) „Warum hast du mich vergessen? Wie ein Fraß in meinen Gliedern ist mir der Hohn der Bedränger, die mir täglich zurufen: Wo ist nun dein Gott?" (Ps 42,10f; vgl. 79,10; 115,2) „Du hast es gesehen, Herr, so schweig doch nicht. Steh auf, wach auf, uns zu helfen, und erlöse uns!" (Ps 35,22f; 44,24–27) Leidende machen Gott bitterste Vorwürfe, machen ihn für ihr Elend verantwortlich (z.B. Klgl 3,1–18; Hi 9,17f; 10,8; Ps 44,10–23; 88,15–19: *Du* hast mich zu Boden getreten, *Du* hast mich

---

[4] Dabei ignoriert sie dann zum einen, dass der Mensch sich über das Funktionale, das man wissenschaftlich erklären kann, erheben kann, und zum andern, dass vieles gerade nicht begreifbar ist, sogar in der mathematisch-funktional so exakten Wissenschaft der heutigen Physik.

[5] So H.-G. Janßen, Das Theodizee-Problem der Neuzeit, Frankfurt/M. 1982; R. Ammicht-Quinn, Von Lissabon bis Auschwitz. Zum Paradigmenwechsel in der Theodizeefrage, Fribourg und Freiburg 1992.

[6] So Janßen, Theodizee-Problem 31f, mit aus H. Peukert, Wissenschaftstheorie, Handlungstheorie, Fundamentale Theologie. Analysen zu Ansatz und Status theologischer Theoriebildung, Düsseldorf 1976 (Frankfurt/M. ²1978), übernommenen Formulierungen.

vernichtet, *Du* hast mir den Freund entfremdet usw.), stellen ihn zur Rede. Im empörten Aufschrei des Protestes klagen sie ihn an, streiten und rechten mit ihm. Hiob verflucht den Tag seiner Geburt: „Dieser Tag werde Finsternis", schreit er auf (Hi 3,1ff.) und übt damit radikalen Widerspruch gegen Gottes Schöpferwort „Es werde Licht" (Gen 1,3); Gott soll die ganze Schöpfung rückgängig machen, die Hiob in seinem Schicksal fragwürdig geworden ist bis ins Bodenlose. Dieser Hiob geht so weit, Gott zum Prozess herauszufordern, in welchem er Gott dessen Fehler, ihn, Hiob, mit Leid zu schlagen, demonstrieren möchte; und er hat die feste Gewissheit, von Gott Recht zu bekommen (Hi 23,1–7 u.ö.). Wie andere jüdische Beter schreit der sterbende Jesus: „Mein Gott, warum hast du mich verlassen?" (Ps 22,2; Mk 15,34) und appelliert so nochmals an den Gott, von dessen Nähe er nichts mehr spürt. In unserer Zeit halten ihm manche auch das Leid der nichtmenschlichen Kreatur vor, ähnlich wie es der Alttestamentler Fridolin Stier tat:

„Es ist etwas in mir, das sich weigert, dich aus der Haftung der Kreatur zu entlassen, dich in erhabenen Begriffen in eine unendliche Ferne des Andersseins hinauszudenken. Nein, nein, Herr, ich glaube nicht, dass du mich mit der banalen Auskunft abwimmelst, das sei eben die Ordnung (manche sagen: die autonome Mechanik) der Natur – ja, aber wessen ist diese Ordnung, wenn du der Schöpfer bist? Ich frage dich, DICH frage ich."[7]

Die existentielle Theodizeefrage gibt es auch dort, wo Menschen skeptisch-zweifelnd oder in rebellischer Auflehnung Gott und Gottes Existenz selber in Frage stellen, ohne freilich einfach mit ihm ‚fertig' zu sein und ihn definitiv für nicht existent zu halten. Heinrich Heine (1797–1856), seit 1848 wegen eines Rückenmarkleidens an seine „Matratzengruft" gefesselt, spricht rebellische Gebete und formt 1853 die Verse „Zum Lazarus"[8]:

„Laß die heilgen Parabolen,
Laß die frommen Hypothesen –
Suche die verdammten Fragen
Ohne Umschweif uns zu lösen.

Warum schleppt sich blutend, elend,
Unter Kreuzlast der Gerechte,
Während glücklich als ein Sieger
Trabt auf hohem Roß der Schlechte?

Woran liegt die Schuld? Ist etwa
Unser Herr nicht ganz allmächtig?
Oder treibt er selbst den Unfug?
Ach, das wäre niederträchtig.

Also fragen wir beständig
Bis man uns mit einer Handvoll
Erde endlich stopft die Mäuler –
Aber ist das eine Antwort?

So der rebellisch aufbegehrende Heinrich Heine. Immer wieder reflektierte er über den Sinn jener Schöpfung, in welcher Lebenslust und Fröhlichkeit von so viel Elend und Qualen konterkariert werden. Im Übermaß eigener Schmerzen weint und zweifelt er sich aus, nennt er Gott den „großen Tierquäler" (und ironisch-hadernd den „lieben Gott"), spricht von der „großen Gottesironie", von der „großen Ironie des Weltbühnendichters", und fragt sich, ob angesichts der unsäglichen Weltübel Gott nicht vielleicht bleich vor Schreck geworden ist und ihn am Ende gar „der Wahnsinn der Verzweiflung" packen könnte[9]. In seinen schweren letzten Lebensjahren ist Gott sein ständiger Adressat, dessen „schauerlich grausamen Spass" er „einer ehrfurchtsvollen Kritik" unterwirft[10] und den er in verzweifeltem Nicht-Begreifen, unter Protest, mit der bösen Frage bedrängt: Warum? Heine streicht Gott nicht aus seinem Leben, er hält an ihm fest und hält die Spannung aus, bis zuletzt.

Die Theodizee*frage* ist eine Frage vor Gott und an Gott: Sie schiebt die ganze ungelöste Not ihm hin. Sie rechtfertigt Gott nicht, sondern rechtet mit ihm, so, dass die Beziehung zu Gott selbst auf dem Spiel steht und verhandelt wird. Sie spricht Gott nicht frei, sondern behaftet ihn beim Leid seiner Schöpfung. Nicht wir können Gott vernünftig rechtfertigen; wenn schon, dann muss er sich

---

[7] F. Stier, Vielleicht ist irgendwo Tag. Aufzeichnungen, Freiburg 1981 (²1993), 9. – Zu Hiob vgl. bes. den aufschlussreichen Kommentar von J. Ebach, Streiten mit Gott. Hiob, 2 Bände, Neukirchen-Vluyn 1996.
[8] H. Heine, Sämtliche Schriften in 12 Bänden, hg. von K. Briegleb, München-Wien 1976, Bd.11, 201f.
[9] Ebd. 625.
[10] Ebd. 499.

selbst rechtfertigen. So verstanden geht es bei der Theodizeefrage – um J. B. Metz zu zitieren – „*nicht*, wie das Wort und die Wortgeschichte insinuieren mögen, um den *Versuch einer verspäteten*, einer gewissermaßen trotzigen ‚*Rechtfertigung Gottes'* durch die Theologie angesichts der Übel, der Leiden und des Bösen in der Welt. Es geht *vielmehr* – und zwar ausschließlich – um die *Frage, wie denn überhaupt von Gott zu reden sei angesichts der abgründigen Leidensgeschichte der Welt, ‚seiner' Welt.*"[11] Genau das ist unsere Frage in den folgenden Kapiteln, insbesondere in Kapitel IV und V. Zunächst sind indes erst noch die Voraussetzungen zu bedenken, die überhaupt erst die Theodizeeproblematik auslösen.

3. Unter welchen Voraussetzungen kommt die Theodizeeproblematik auf?

Die Realität des Leidens und Sterbens erzeugt nämlich nicht notwendig jenen Aufschrei oder jene Auflehnung, die dann in die Theodizeefrage oder analoge Fragen münden. Diese Art zu fragen ist vielmehr von bestimmten gesellschaftlichen und mentalen Bedingungen *abhängig*, v. a. auch *von Vorverständnissen der Wirklichkeit* insgesamt (also von transzendentalen Erfahrungshorizonten), die sich geschichtlich verändern.

a) So hat z.B. die große Pest, die in den Jahren 1347–1352 etwa 30–50% der Bevölkerung Europas dahinraffte, auch nicht ansatzweise zu jener Revolte gegen die Schöpfung und ihren Schöpfer geführt, die dann 1947 in Albert Camus' Roman "Die Pest" begegnet. Und eine ähnliche Konfrontation mit dem „schwarzen Tod" hätte in Indien, im Hinduismus, Jainismus und Buddhismus, nur die Überzeugung verstärkt, wie sehr die empirisch fassbare Welt nur vergänglicher Schein und Illusion ist, dass deshalb Erlösung für den Menschen nur im Aufgeben jeglichen Anhaftens an das Empirische, Vergängliche bestehen kann, in der Auflösung ins brahman bzw. ins nirvana, im Verlöschen.

Im *Hinduismus* und *Buddhismus* gibt es keine theodizee-ähnlichen Fragen, weil alles Leiden Auswirkung (karma) von Schuld der Leidenden selbst und von diesen auch selbst auszubaden, auszuleiden ist. Auch im *Islam* gibt es keine Theodizeefrage: Allah ist die höchste, unberechenbare Schicksalsmacht, der man sich nur unterwerfen kann; was geschieht, ist Allahs Wille, und der ist unbefragbar, in ihn muss man sich fügen; Allah anzuklagen und Rechtfertigung zu fordern, wäre Blasphemie. Eine Theodizeefrage gibt es nicht im *Dualismus* (Zarathustras, der Gnosis, Marcions oder Manis), weil hier das Problem dadurch eliminiert wird, dass für alle Übel und Leiden ein zweites Prinzip, ein böser Gegengott oder ein von Gott abgespaltenes Böses, ursächlich ist. Eine Theodizeefrage gibt es auch nicht im *Pantheismus*, weil hier das Göttliche willenlos ohnmächtig mit der Welt verwoben ist, entweder identisch mit der Weltwirklichkeit selber oder nur der zur Welt gehörige (ihr gegenüber nicht freie) Tiefengrund der bestehenden Welt; in beiden Fällen umfasst und enthält das Göttliche in sich selber beides, Gutes wie Böses, trägt und bestätigt und ist es alles, wie es ohnehin ist und läuft; ein derart Göttliches nach dem Warum des Unheils fragen zu wollen, wäre sinnlos. Und es gibt ‚natürlich' kein Theodizeeproblem im *Naturalismus*, der den Menschen der blinden Faktizität eines als sinn- und ziellos empfundenen Weltgeschehens ausliefert, unter Preisgabe der Subjektivität und Freiheit des Menschen. –
Eine uns Menschen wirklich befriedigende Antwort auf die Frage „Warum das Übel und die so maßlosen und qualvollen Leiden?" haben diese Weltanschauungen, die kein Theodizeeproblem kennen, alle nicht, so wenig wie irgendeine andere.[12]

b) Wann und wo kommt dann aber das Theodizeeproblem überhaupt auf? Es kommt nur dort auf, wo drei Dinge zusammen gegeben sind: wo (1) Übel und Leiden als bedrückende Realität in der Welt wahrgenommen und nicht verharmlost werden, wo (2) ein einziger, absoluter Gott angenommen wird, der von der Welt – als ihr für sie verantwortlicher Schöpfer – unterschieden ist und der zugleich vollkommen mächtig und gütig (heilswillig) ist, und wo außerdem (3) dem Menschen die Würde der Freiheit (und damit des Fragens und Protestierens), auch Gott gegenüber, zuerkannt wird.

---

[11] J. B. Metz, Theodizee-empfindliche Gottesrede, in: ders. (Hg.), 'Landschaft aus Schreien'. Zur Dramatik der Theodizeefrage, Mainz 1995, 81–102, hier 82.
[12] Vgl. A. T. Khoury/P. Hünermann, Warum leiden? Die Antwort der Religionen, Freiburg 1987.

Erst unter diesen Voraussetzungen stellt sich das *Problem* der Theodizee, und zwar als Widerspruchsproblem: nämlich als vom Menschen geäußerter Widerspruch zwischen der Erfahrung von Übeln in der Schöpfung einerseits und dem Bekenntnis zu diesem all-mächtigen und vollkommen sittlich guten Gott andererseits.

c) Diesen Widerspruch suchen die theodizee-ähnlichen Versuche seit der Antike und die theoretischen Theodizeen der Neuzeit durch rationale Erklärungen aufzulösen. Dabei machen sie eine weitere Voraussetzung: Sie unterstellen die *Harmonie* der *vorhandenen* Welteinrichtung, so dass das scheinbar Zweckwidrige sich rational auflösen und sinnvoll ins Ganze einordnen lässt. Der Widerspruch scheint zu verschwinden, indem das Übel/Leiden auf ein übergeordnetes Ziel hin instrumentalisiert wird zu einem letztlich Guten, indem es ontologisch (= bezüglich seines Seinswerts) zu ,beinahe nichts' depotenziert oder zum notwendigen Kontrastmittel des Guten ästhetisiert wird, indem es zum Mittel der Züchtigung und Reifung pädagogisiert wird (,durch Leiden lernen') oder zur Strafe für Verfehlung moralisiert wird (s.u. II.).

Gewiss, manches Übel und Leid, das *mich* trifft, kann ich vielleicht so deuten und daraus Konsequenzen für mein Verhalten ziehen. Aber ich kann nicht dem Leid *anderer* Menschen solche Deutung ansinnen, und erst recht nicht den grauenhaften Leiden in den Konzentrationslagern und Gulags; was dort geschehen ist, *darf* keinen verständlichen Sinn[13] haben, weil jeglicher Sinn – woher er auch stammen würde, und sei's von Gott – einerseits auf eine Rechtfertigung der Täter und ihrer Taten, andererseits auf eine Instrumentalisierung der Opfer hinausliefe.

Noch ein anderer Gesichtspunkt, den wir schon angedeutet haben, ist hier in Erinnerung zu rufen. Den *eigentlichen Theodizeen der Neuzeit* liegt der Anspruch der Vernunft zugrunde, das Ganze der Wirklichkeit erfassen zu können. Sie setzen (in einer letztlich rationalistischen Metaphysik) die rationale Durchschaubarkeit der Welt, mehr noch: die Überschaubarkeit von Welt *und* Gott zusammen, voraus, beanspruchen also so etwas wie einen (absoluten) Standpunkt über allen uns möglichen Standpunkten, oder – in einem anschaulicheren Bild gesprochen – die Vogelperspektive, während wir doch immer nur diverse Froschperspektiven einzunehmen vermögen. Die Antworten und Lösungen dieser Theodizeen bleiben deswegen, wie sich zeigen wird, zutiefst problematisch und unglaubwürdig. Sie suchen den – als Schluss-Stein zu unserer Welt passenden – Gott der Metaphysik zu retten, nicht aber den – von der Welt unterschiedenen (aber nicht getrennten) – Gott der Bibel wahrzunehmen; und sie spiegeln ein Denken, das die innere Eigenlogik religiöser Erfahrung und Praxis verkennt.

d) Anders ist es bei der Theodizee*frage*. Sie kommt nicht aus der Vogelschau und nicht aus der kühl-distanzierten Außenperspektive, sondern aus der Innensicht des Betroffenseins; sie entspringt religiöser Erfahrung und Praxis selbst. Wer die Theodizeefrage festhält, versucht den Widerspruch der Übel gegen Gott – und Gottes gegen die Übel – nicht zu beseitigen, sondern aus- und offen zu halten: in Zweifel, Frage, Klage, Anklage, Protest, in Appell an Gott und in existentieller Inanspruchnahme Gottes, in Solidarität mit den Leidenden und womöglich in solidarischer Praxis der Leidminderung. Wenn es einen Sinn der Schöpfung und des Lebens geben sollte, dann kann er nicht in bloßer Einordnung der Übel und Leiden in das Ganze bestehen, sondern letztlich nur aus einer Veränderung und Verwandlung der Welt, ihrer Leiden und des Lebens in ihr hervorgehen.

---

[13] Zum Sinnbegriff vgl. G. Sauter, Was heißt: nach Sinnfragen? Eine theologisch-philosophische Orientierung, München 1982, der einen funktional-zweckhaften und einen bedeutungvoll-semantischen Sinnbegriff unterscheidet, sowie O. Marquard, Zur Diätetik der Sinnerwartung, in: ders., Apologie des Zufälligen, Stuttgart 1986, 33–53, der einen sinnlichkeitsbezogenen, einen verständlichkeitsbezogenen und einen emphatischen oder glücksbezogenen Sinnbegriff unterscheidet. Die Bestimmungen beider Autoren sind wohl je für sich nicht zureichend und müssten zusammen- und weitergedacht werden.

II. Klassische Theodizee-Versuche und ihr Ungenügen

Etwa zur selben Zeit, als in Judäa im Hiob-Buch dialogisch-existentiell mit Gott gerungen wurde, formulierte in Athen Epikur (341–270 v.Chr.) kühl distanziert das klassische Dilemma:

„Entweder will Gott die Übel beseitigen und kann es nicht (dann ist er schwach, nicht allmächtig), oder er kann es und will es nicht (dann ist er missgünstig, nicht gut), oder er kann es nicht und will es nicht (dann ist er schwach und missgünstig zugleich), oder er kann es und will es – woher kommen dann die Übel und warum nimmt er sie nicht weg?"[14]

(Die klassischen Theodizee- oder theodizeeanalogen Versuche wollen dieses Dilemma lösen, also Gottes Güte und Allmacht mit den Übeln der Welt in Einklang bringen und sie auf diese Weise retten.)

Es ist aufschlussreich zu sehen, warum Epikur dieses Dilemma formuliert. Er formuliert es aus der Distanz und zum Zweck der Widerlegung des Gottesglaubens. Er will nämlich alle übernatürlichen Kräfte aus der Welterklärung ausscheiden, weil sie, wie er meint, dem Menschen nur die angezielte Lust (hedoné), das erstrebte Glück (eudaimonía) rauben, das Glück der ungestörten Gemütsruhe (ataraxía). Deshalb ist sein Ziel, die Menschen von Furcht (vor Gott, vor dem Tod, vor großem Schmerz, vor Unerfüllbarkeit der Wünsche) zu befreien und ihnen so das Glück gelassener Gemütsruhe zu ermöglichen.

Der christliche Schriftsteller Laktanz (ca. 250–317 n.Chr.), der freilich nur peripher ins Christliche hineingewachsen ist, zitiert den Epikur-Text und lässt sich auf dessen Fragestellung ein, tut sich aber mit der Widerlegung schwer. Ganz im Gegensatz zu Epikur, nicht weniger aber auch im Gegensatz zu Jesus von Nazareth und dem eigentlich Christlichen, operiert er gerade mit der Furcht der Menschen. Sein Gedanke: Gott ist nicht bloß Güte, sondern auch strafende Gerechtigkeit; Furcht vor Strafe ist notwendig, denn ohne Furcht würden die Menschen wie Bestien leben.[15]

Auch sonst kommt man gern auf die uralten Erklärungsmuster für Übel und Leid zurück, nach denen Menschen quer durch die Kulturen immer zuerst greifen und die auch Hiobs Freunde vorgebracht hatten: Übel bzw. Leid ist Folge von Schuld bzw. von Gott gerecht verhängte *Strafe* für Schuld, oder es ist von Gott geschickte *Prüfung* und Bewährung, es ist Mittel der Erziehung und Reifung[16]. Doch solche Räsonnements helfen einem schwer und ungerecht leidenden Menschen meist nicht viel. Schon für Hiob, dessen Freunde ihn mit solchen Erklärungen traktieren, waren sie nur eine zusätzliche, unerträgliche Qual: „Wie lange noch quält ihr meine Seele, zermalmt mich mit diesen Worten? Wie tröstet ihr mit Schwindel mich, eure Antworten bleiben Betrug!" (Hi 19,2; 21,34).[17]

Nicht erst bei Augustinus (354–430), aber bei ihm gebündelt und weiterentwickelt, finden wir dann *die drei klassischen Versuche*, Gott (als den Inbegriff des Guten) vom Vorwurf zu entlasten, für die Übel in seiner Schöpfung verantwortlich zu sein: den ordnungstheoretischen, den privationstheoretischen und den (erb-) sündentheoretischen Ansatz. Ich bringe die drei Ansätze, welche die gesamte abendländische Tradition prägen sollten, in der Reihenfolge ihres zeitlichen

---

[14] Epikur, Von der Überwindung der Furcht, eingeleitet und übersetzt von W. Gigon, Zürich 1949, 80 (die von mir in Klammern eingefügten Bemerkungen werden bei Epikur im Anschluss an den zitierten Satz ausgeführt).

[15] Laktanz, De ira Dei 13,19–22.

[16] So auch noch die soul-making-theodicy bei J. Hick, Evil and the God of Love, London ³1985 (s.u. Anm. 157), oder bei A. Kreiner, Gott und das Leid, Paderborn 1994, und ders., Gott im Leid, Freiburg 1997, 268–272.

[17] Hier liegt übrigens auch eine der Grenzen der heute so beliebten Reinkarnationslehren: Wer wird etwa einem behindert geborenen Menschen im Ernst sagen wollen, seine Behinderung sei Karma, sei Schuld-Folge seiner früheren Existenz? Das wäre menschlich nicht akzeptabel und sachlich völlig unglaubhaft.

Auftauchens bei Augustinus und füge jeweils markante ähnliche Versuche der Neuzeit bzw. der Gegenwart an.

(Für die Leserin und den Leser, welche daran interessiert sind, die Entwicklung bei Augustinus selbst zu verfolgen[18], empfiehlt es sich, bei den folgenden Teilen 1–3 jeweils zuerst die Abschnitte a) – und bei Teil 3 auch b) – zu lesen und sich dann erst den jeweils angefügten weiteren Abschnitten zur Neuzeit und zur Gegenwart zuzuwenden.)

1. Der ordnungstheoretische Ansatz:
Einordnung des Übels als funktionales Element in einer umgreifenden Ordnung

a) Die spätantike Philosophie (Stoa, Neuplatonismus) geht von einem geordneten Kosmos, einer rationalen Ordnung der Welt, aus. Der Gang der Dinge ist miteinander verkoppelt, es gibt Rhythmen, Maß, Gesetze. Kein Zufall formt die Gliedmaßen eines Insekts, kein Baum wächst grundlos. Leben und Tod, Körperlichkeit und Krankheit, Vielfalt und Schlechtes gehören zusammen. Die Vielfalt macht das Übel erst möglich. Der Neuplatoniker Plotin (205–270) nennt Unglück, Leid, Fressen und Gefressenwerden in der Natur, Unrecht, Armut und Krankheit: Da „waltet Gesetz" und „Maß"[19]. Und stoische Philosophie mit ihrem Ideal der Apathie (Unempfindlichkeit, Teilnahmslosigkeit) entschärft das Leiden.

Der junge Augustin, der sich 383 (mit 29 Jahren) enttäuscht vom dualistischen Manichäismus, dem er seit 374 verfallen war, abgewandt hatte und nach einer skeptischen Zwischenphase von den Predigten des Ambrosius in Mailand fasziniert, dort in christlich-neuplatonisches Milieu geraten war und Plotin studierte, begann nun – wie die Jugendschrift „De ordine" von 386 zeigt – seinerseits in die Ordnung und Schönheit des Ganzen zu vertrauen, in der – ganz gegen seinen früheren Manichäismus – eben auch das Übel seinen Platz habe. Man dürfe es nicht machen wie ein Mensch, „der auf einem Mosaikboden steht und dessen kurzer Blick nicht über den Umriß eines einzelnen Steinchens hinausreicht"[20]. Da „Ordnung das ist, wodurch Gott alles lenkt", ergibt sich, dass auch das Böse diese Ordnung nicht durchbrechen kann, im Gegenteil: „Die Herrlichkeit der Weltordnung strahlt noch glänzender hervor, wenn auch das Böse in ihr sich vorfindet und dem Guten dienen muss". Jede Unordnung ist also auf höherer Ebene Teil einer umfassenderen Ordnung.

Diese Ordnungsphilosophie führt zu einer *ästhetischen* Betrachtungsweise; auch Augustins moralische Verachtung des Bösen kann dessen ästhetische Rechtfertigung nicht verhindern.
Ostern 387 unterzieht der 33-jährige Augustin sich der Taufe. In einer Schrift desselben Jahres hält er fest, dass Gott nicht das Übel liebt. Wenn es aber dennoch ist, muss es in dieser Ordnung aufgehoben sein. Das Üble geschieht nicht aufgrund der Ordnung Gottes; „erst nachdem es entstanden war, ist es in die Ordnung eingeschlossen." Gott hat alle Naturen gemacht, „auch diejenigen, die sündigen werden: Nicht damit sie sündigen, sondern damit sie das Universum schmücken, gleich ob sie sündigen oder nicht sündigen".[21]

Worin liegt der Vorteil dieser ordnungstheoretischen Sicht? Sie ist – auch heute noch – eine erste Möglichkeit, ungezählte Widrigkeiten, die schmerzhaft oder zerstörend wirken, im Rahmen umfassenderer Funktionssysteme als unausweichlich, nützlich, lebensnotwendig zu erkennen und womöglich produktiv zu verarbeiten: Schmerzen sind Signale, Entbehrungen können zu größerer Reife führen, ohne Aggression gibt es kein Überleben, ohne Fressen und Tod kein Leben und keine Evolution usw. Der Verweis auf die Natur als Anschauungsmodell ist – trotz oder gerade

---

[18] Dazu H. Häring, Die Macht des Bösen. Das Erbe Augustins, Zürich 1979; J. Lösl, „Ein überaus heilsames Übel" – Augustinus über den Schmerz, in: Wissenschaft und Weisheit 62 (1999) 3–25.
[19] Plotin, Enneade I 8,26.
[20] Augustinus, De ordine I 2,3. Die folgenden beiden Zitate ebd. I 10,28 und I 7,18.
[21] Augustinus, De libero arbitrio III 11,32.

wegen ihrer Zweideutigkeit – von archaischer Überzeugungskraft. Aber die Sicht hat auch ihre Grenze: So sehr der Hinweis auf Funktionszusammenhänge hilft, manches im Ablauf des Lebens zu verstehen, – dem von Qualen, Grauen und Vernichtung Betroffenen bietet er nicht das angemessene Instrumentarium, sondern wirkt wie blanker Zynismus.

Augustinus hat die skizzierte Sicht bis zuletzt beibehalten, mit einer gewissen Trauer: „Wenn hienieden ... das eine vergeht, das andere entsteht, das Schwächere dem Stärkeren unterliegt, das Überwundene vom Siegreichen aufgezehrt wird, so ist das nun einmal die Ordnung des Vergänglichen"[22]. Aber diese Sicht hat ihn nicht zufrieden gestellt, und deshalb hat er das Problem weiter vorangetrieben und die beiden unter 2 und 3 folgenden Ansätze zusätzlich hinzugezogen.

b) Der Ordnungsgedanke wird zur Grundlage der neuzeitlichen theoretischen Theodizeen.
G.W. Leibniz (1646–1716) hat in seiner 1710 überarbeitet erschienenen Schrift „Essais de théodicée sur la bonté de Dieu, de la liberté de l´homme et l´origine du mal" die klassischen Argumente von einer Harmonie und Ordnung der Welt, in der das Übel – als Komplement des Guten, als Mangel an Gutem (s.u. 2.), als Folge von Schuld (s.u. 3.) – seine Funktion hat, erneuert und rational in großem Stil untermauert. Im Gespräch mit der ihm befreundeten preußischen Königin Sophie Charlotte, also vom erhöhten Standpunkt seiner geordneten Welt aus, hat er – Gottes Existenz, Weisheit und Güte (aus vermeintlich offenbarungsunabhängiger Einsicht) voraussetzend und in dem apriorischen Optimismus, dass alles gut sei – die passende Interpretation des Übels entwickelt und von einer „prästabilierten Harmonie" gesprochen. Zwar bleibt für Leibniz die von Gott geschaffene Welt durchaus doppelbödig: keine rundum herrliche Welt (wie er gegen Lord Shaftesbury betont), doch die beste („optimale") aller möglichen Welten, nämlich die beste der im Rahmen der Endlichkeit (also des metaphysischen Übels) möglichen Welten. Gott musste eben bei der Erschaffung der Welt die Sachzwänge der zu vereinbarenden Momente respektieren; es gebe „keinen besseren Plan, sonst hätte Gott ihn vorgezogen", er musste das Übel hinnehmen. Die Dinge erweisen, so wie sie sind, die Vollkommenheit der Welt, es komme auf den Blick für das Ganze an, das Übel müsse nur richtig betrachtet werden[23].
So entsteht eine heitere Gesamtschau, in der die Übel – aus der Distanz des relativ unbetroffenen Betrachters – ihre Schrecken verlieren, zugleich aber Gott von allem erschreckend unberührt erscheint. Leibniz´ Sicht ist durchzogen von neuzeitlichem Vernunftoptimismus: Der Mensch kann mit seiner Vernunft Gott erfassen und angesichts der Weltübel die Gerechtigkeit Gottes vernünftig erweisen.

Noch entschiedener geht G.W.F. Hegel (1770–1831) davon aus, dass alles Sein sich der begreifenden Vernunft zu fügen hat. In der geoffenbarten Religion sei Gott ganz offenbar geworden, daher sei nichts Geheimes mehr an Gott. Gott könne begriffen und gewusst werden als die Offenbarkeit des (absoluten) Geistes, der in der Weltgeschichte notwendig fortschreitet, sich selbst verwirklicht und – versöhnt ist. Noch das äußerste Negative sei bloß ein Moment dieser fortschreitenden Entwicklung und Selbstverwirklichung des (absoluten) Geistes. So wird für Hegel die Weltgeschichte – in ihrem die Gegensätze dialektisch vermittelnden Prozess – zum Ort des sich selbst entfaltenden absoluten Geistes und damit selber zur Theodizee: „Dass die Weltgeschichte dieser Entwicklungsgang und das wirkliche Werden der Geschichte ist, unter dem wechselnden Schauspiele ihrer Geschichten – dies ist die wahre Theodizee, die Rechtfertigung Gottes in der Geschichte. Nur *die* Einsicht kann den Geist mit der Weltgeschichte und der Wirklichkeit versöhnen, dass das, was geschehen ist und alle Tage geschieht, nicht nur nicht ohne Gott, sondern das Werk seiner selbst ist."[24] – Die Frage nach den Opfern der Geschichte bleibt hier unbeantwortet. Ein nicht einzuordnendes, sinnloses Leiden, mit dem versöhnt zu sein sich verbietet, gibt es nicht. In der Weltgeschichte sei es vernünftig zugegangen, das Bestehende (Wirkliche) sei das grundsätzlich Gute (Vernünftige) oder doch aus guten Gründen Zugelassene. –

---

[22] Augustinus, De civitate Dei XII 4.
[23] So G. W. Leibniz, Die Theodizee von der Güte Gottes, der Freiheit des Menschen und dem Ursprung des Übels (1710), Darmstadt 1985, besonders I § 8.
[24] So lauten die abschließenden Sätze von G. W. F. Hegel, Vorlesungen über die Philosophie der Geschichte (von 1822; 1828; 1830), in: Werke in 20 Bänden, Bd.12, Frankfurt/M. 1970, 540.

Spätestens „nach Auschwitz" vergeht einem solche Sicht: „Geschichte! *Die* Theodizee – wirklich?" – so fragt Rolf Hochhuth in seinem Theaterstück „Der Stellvertreter" von 1963[25]. Doch schon Heinrich Heine, der in Hegels Vorlesungen saß, bemerkte, sein schmerzender Rücken sage ihm, dass das nicht stimmen könne. Die Herabdeutung des konkret-realen Leidens auf seinen bloß gedanklichen Begriff empörte ihn. Auch andere reagierten gegen diese vorschnelle Versöhnung Gottes mit dem Elend, die bloß im Gedanken (im Kopf, in der Projektion) erfolge und der Wirklichkeit nicht standhalte.

Es zeigt sich: Die neuzeitlichen Theodizee-Systeme werden gegenüber dem realen Leiden abstrakt und inhuman; deshalb sind sie für uns heute nicht mehr vollziehbar.

c) Pierre Teilhard de Chardin (1881–1955) wendet die Problematik evolutionstheoretisch. In einem statischen Weltverständnis mit entsprechend statischem Gottesbild sei es sehr schwierig, wenn nicht unmöglich, vor der Vernunft das Vorhandensein der Schmerzen und Sünden in der Welt zu rechtfertigen und mit der Existenz eines zugleich guten und allmächtigen Gottes zusammenzudenken. Anders in einem evolutiven Weltverständnis, weil dort das Theodizeeproblem, intellektuell (nicht affektiv) gesehen, nicht nur lösbar wird, sondern sich auch nicht mehr stellt. Denn in einem „tastenden System" sei es aus statistischen Gründen absolut unvermeidlich, dass jedes Voranschreiten in Richtung Ordnung und Einheit mit Entordnung und Zersetzung, jeder evolutive Erfolg „mit einem gewissen Anteil von Abfällen bezahlt" wird: mit „Disharmonie oder physischem Zerfall im Vor-Lebendigen, Leiden beim Lebendigen, Sünde im Bereich der Freiheit". Sogar der Allmacht Gottes wäre es nicht möglich, die universale Evolution zu wollen und zugleich diese Kehrseite auszuschließen. Das Übel: ein Sekundäreffekt, ein unvermeidliches Nebenprodukt eines in Evolution befindlichen Universums[26]. Das Theodizeeproblem scheint ausgeräumt: „Das berühmte Problem existiert nicht mehr". – Doch bedeutet dies nicht eine Verharmlosung der konkreten Leiden?

Dennoch hat Teilhard sich nicht der Illusion hingegeben, dass ein intellektuell voll erklärbares Leid auch leicht zu tragen sei. Um es produktiv zu bewältigen, sei vielmehr „die transformierende Kraft" einer „Super-Caritas" nötig[27]. Liebe ist für Teilhard die Urkraft des Kosmos[28]. In allem „Sein" sei eine Bewegung der „Vereinigung"; Sein wird als (aktives) Vereinen und (passives) Vereintwerden interpretiert. Das vollkommene Erste Sein, Gott, „existiert nur, indem er sich vereinigt", also trinitarisch[29]. Den Schöpferakt versteht Teilhard als Akt des Vereinens: „als Frucht, in gewisser Weise, einer Reflexion Gottes nicht mehr in sich selbst, sondern außerhalb seiner selbst", also in die Endlichkeit und Vielheit gewendet; Gott schafft, um sich mit uns zu vereinigen; und dazu muss er sich in das Viele eintauchen, also auch in den Kampf mit dem Übel und Bösen eintreten, sich in Solidarität mit den Geschöpfen entäußern bis in den Kreuzestod Jesu.[30] Ziel ist die Vollendung der Schöpfung in der liebenden Vereinigung alles Geschaffenen in und mit Gott. Das Übel und das Böse wird als Widerstreben des noch nicht vereinten Vielen gegen das Vereintwerden, gegen Gottes Anziehung „von vorn", gedeutet. „Erschaffen ist also für den Allmächtigen keine Kleinigkeit, keine Vergnügungsreise. Es ist ein Abenteuer, ein Risiko, eine Schlacht, in die Er sich ganz und gar einlässt."[31] Der evolutive Prozess der Schöpfung ist das große Drama des göttlich-menschlichen Erleidens und Erlösens des Kosmos. –

---

[25] In all seinen Stücken handelt der Schriftsteller Rolf Hochhuth (geb. 1931) von der moralischen Verantwortung einzelner Personen in der realen politischen Geschichte, hier im „Stellvertreter" von der Verantwortung Pius' XII., dem er mangelnden Protest gegen die nazistische Judenverfolgung vorwirft.

[26] P. Teilhard de Chardin, Mein Weltbild (1948), Olten-Freiburg 1975, 59f; das Zitat im nächsten Satz ebd. 59.

[27] Ebd. 85, Anm. 35.

[28] Vgl. dazu M. Trennert-Hellwig, Die Urkraft des Kosmos. Dimensionen der Liebe im Werk Pierre Teilhards de Chardin, Freiburg 1993. Außerdem die Beiträge von H. Riedlinger und G. Schiwy in: S. Daecke/C. Bresch (Hg.), Gut und Böse in der Evolution, Stuttgart 1995.

[29] Vgl. Teilhard de Chardin, Mein Weltbild, 56.

[30] Ebd. 57f.

[31] P. Teilhard de Chardin, Mein Glaube (ebenfalls 1948), Olten 1972, 103.

Doch trotz dieser theologischen Überformung und Synthese, es bleibt ein tiefes Unbehagen: Kann es befriedigen, die unbegriffenen Leiden eines von anderen gemarterten Kindes oder einer von andern gequälten Kreatur als die „vitale Wahrnehmung unseres Minder-Seins" zu verstehen, herrührend von der „ungenügend reduzierten Vielheit, die wir in uns tragen"[32]?

2. Der privationstheoretische Ansatz:
Das Übel und das Böse als bloßer Mangel an Gutem

a) Schon Platon (427–347) hatte erklärt: „Vom Schlechten muss man irgendwelche andere Ursachen aufsuchen, nicht aber die Gottheit"[33]. Seine Lösung: Die Gottheit formte die Welt aus einer schon vorausgesetzten Materie, die, weil mangelhaft, nur eine unvollkommene Gestalt der Welt zuließ. Für den Neuplatoniker Plotin (205–270) war dann die Materie der Inbegriff des Schlechten und Bösen. Dem musste der christliche Augustinus widersprechen. Nun hatte Plotin aber, in Spannung zu seiner erwähnten Sicht, das Böse zugleich als bloße Privation (= Beraubung, Mangel) bezeichnet. Hier konnte Augustinus anknüpfen und das Übel ontologisch depotenzieren:
Was ist, ist insoweit auch gut. Das Malum, und zwar das physisch Schlechte wie das moralisch Böse, ist nichts Substantielles, denn sonst wäre es ja gut. Es ist vielmehr „nur ein Mangel an Gutem (privatio boni), bis dahin, dass es überhaupt nicht ist"[34]. Es hat keine eigene Substanz, ist nur die durch Gutes im Dasein gehaltene Nichtigkeit. Und je schlechter und böser es wird, desto mehr wird es selber zum Nichts. Demnach wäre das Malum nicht nur etwas, das nicht sein *soll*, sondern etwas, das wesenhaft nicht *ist*: „beinahe nichts" (prope nihil). Oder in etwas anderer Lesart: Wo ein Übel erfahren wird, muss es stets an etwas Positivem mangeln, muss es ums Fehlen von etwas Positivem gehen.

Diese Sicht bedeutet Gewinn und Verlust zugleich. Der Gewinn: Das Übel als Fehlen von Gutem, von Positivem, zu sehen, wehrt der Faszination durch das Böse (etwa in Gestalt des manichäischen Dualismus); es hilft, den Blick nicht aufs Übel zu fixieren, sich von seiner Macht nicht übermäßig einschüchtern und beherrschen zu lassen, vielmehr alle Kraft auf das Gute, das Positive, das Lebensdienliche zu richten, um dieses zu erreichen und für dieses zu kämpfen. Aber dieser Gewinn hat doch einen hohen Preis: Die ontologische (= seinsmäßige) Depotenzierung des Bösen und des Übels führt zu dessen Entschärfung bzw. Verharmlosung; seine unbestreitbare Realität, seine Härte und Abgründigkeit drohen ignoriert zu werden (und gerade so könnte es unmerklich Macht gewinnen).

Eines hat Augustinus mit der Formel vom Übel als privatio boni erreicht: Das Übel als bloßes Fehlen des Guten zu verstehen, entlastet den Schöpfer und ermöglicht den ontologischen Einklang mit der biblischen Aussage, dass alles gut ist. (Diese biblische Aussage ist freilich anders zu verstehen: ihr geht es darum, wie die Schöpfung von Gott her gemeint ist, nicht wie sie faktisch ist.)

b) Wie diese Erklärung des Übels als privatio boni statt zur Nivellierung des Problems auch zu einem positiven Impuls für den Umgang mit dem Leid werden kann, zeigt die neuplatonisch geprägte Einheitsmetaphysik und -mystik Meister Eckharts (1260–1328).[35] Für diesen ist Gott das absolute Sein in Fülle, das Geschaffene hat Sein nur in Teilhabe an dieser Seinsfülle Gottes. Aufgrund der Trennung von seinem Schöpfer (= Mangel an Sein, privatio boni) aber tendiert das

---

[32] Ebd. 261.

[33] Platon, Politeia 379C; vgl. 617D.

[34] Augustinus, Confessiones III 7,12.

[35] Vgl. dazu den Beitrag von Christine Büchner, Die Interpretation von Bösem und Leiden im deutschen und lateinischen Werk Meister Eckharts, in: H. Kessler (Hg.), Leben durch Zerstörung? Über das Leiden in der Schöpfung. Ein Gespräch der Wissenschaften, Würzburg 2000.

Geschaffene zum Nichts, welches das Wesen des Übels bildet; und zugleich strebt das Geschaffene zu Gott als seinem innersten Ursprung, Wesen und Ziel zurück. Der Mensch nun als das mit Bewusstsein begabte Geschöpf kann beides, das Getrenntsein vom vollen Sein und die ursprunghafte Einheit mit ihm, erkennen. Und so wird es ihm zur Aufgabe, aktiv auf die Überwindung des Abstandes und damit der Übel hinzuarbeiten, in dem Vertrauen darauf, dass nicht alles ins Nichts abgleiten kann, sondern das Sein sich letztlich durchsetzt.

3. Der (erb-) sündentheoretische Ansatz: Die Übel als Straf-Folge von Adams Sündenfall

a) Mit diesem Ansatz will Augustinus nicht mehr eine philosophische, sondern eine spezifisch bibeltheologische Erklärung der Übel und Leiden geben. Nach der damals üblichen, naiv historisierenden Auslegung der Paradieserzählung (Gen 2–3) ist die Schöpfung, auch die belebte Schöpfung der Tierwelt, ursprünglich leidlos gewesen; erst die Ursünde – der Missbrauch des gott-gegebenen freien Willens durch „Adam" – habe den Verlust des leidfreien paradiesischen Urstands bewirkt, und zwar nicht nur für den Täter Adam, sondern für seine gesamte Nachkommenschaft. So sieht es die ziemlich allgemeine altkirchliche Lehre, die Augustin aufgreift und seit 396 in die von ihm erfundene Idee einer durch Zeugung und Vererbung weitergegebenen Erbsünde und Erbschuld transformiert hat, die dann in modifizierter Form in den lateinischen Westkirchen Aufnahme fand. (Nicht zuletzt das Leiden der Kinder hatte Augustinus zum Erbsündentheorem geführt; seines Erachtens würden die Ängste und Leiden der Kinder – wären sie ohne Sünde – beweisen, dass es keinen gerechten und allmächtigen Gott gebe.)

Der altkirchliche und augustinische Gedanke reicht aber noch weiter, er bezieht auch die außermenschliche Schöpfung ein. In Röm 8,20 las man nämlich: „der Vergeblichkeit wurde die Schöpfung unterworfen, nicht freiwillig, sondern durch den, der sie unterwarf". Unter dem Eindruck dieser unklaren Stelle nahm man an, dass durch die Ursünde Adams auch die Leiden der Tiere verursacht seien. Das war plausibel, solange man die Schöpfungstexte Gen 1–3 historisierend las (d.h. als reale Anfangsgeschichte mit Adam als Individuum[36]), solange man also von einer fertigen Schöpfung und der Konstanz der Arten ausging und einen paradiesisch leidfreien Urstand annahm. Solange konnte man sich – mit gewissen Schwierigkeiten[37] – auch das Leiden der Tiere (Gequält- und Gefressenwerden) als Folge von Adams Fall erklären, eine Erklärung, die in einer evolutiven Weltsicht nicht mehr haltbar ist.

Während Hiob es gewagt hatte, sein Leid Gott anzulasten, wird nun mit dieser (erb-) sündentheoretischen Leid-Erklärung der Schöpfer entlastet zu Lasten des – doch eigentlich gut geschaffenen – Menschen: Adam ist an allem schuld.[38] Eine moralistische Engführung: Der Mensch allein ist die Quelle und Ursache des moralischen Übels, des Bösen, und durch dieses ist er auch die Ursache für die anderen Übel in der Schöpfung, also auch für die Grausamkeiten und

---

[36] Die alttestamentliche Forschung hat schon lange erkannt, dass der Text der jahwistischen Paradieserzählung Gen 2–3 (wohl um 900/800 v.Chr.) ursprünglich nicht Auskunft über die zeitlichen Anfänge der Welt und des Menschen geben, sondern etwas sagen wollte, was zu jeder Zeit gilt (dass die Welt in jedem ihrer Zustände durch Gott als einzigen letzten Urgrund begründet ist; wie der Mensch von Gott eigentlich gemeint und wie er stattdessen faktisch ist, usw.). „Adam" ist nicht männlicher Individualname (dazu wurde er erst später), sondern Gattungsbezeichnung/-name; „Adam" heißt der „Erdling", der von der „Adamáh" (= der roten Acker-Erde) genommene (vgl. Gen 2,7) und bezeichnet den Menschen beiderlei Geschlechts: „Als Mann und Frau schuf er sie; und er segnete sie und gab *ihnen* den Namen *Adam*" (so noch die priesterschriftliche Stelle Gen 5,2 um 500 v.Chr.).

[37] Etwa: Warum sollen schuldunfähige Lebewesen für die Schuld anderer bezahlen? Solche Fragen kamen freilich kaum auf.

[38] Sirach 25,24 (um 180 v.Chr.) schiebt die Schuld dann auf Eva: „Von einer Frau nahm die Sünde ihren Anfang, ihretwegen müssen wir alle sterben."

Qualen in der außermenschlichen Natur.[39] Nicht Gott, sondern einzig der sündig gewordene Mensch allein trägt die Verantwortung für eine vom Leid zerrissene Schöpfung.

(Nach Augustinus darf Gott selbst in diese Frage nicht hineingezogen werden. Dabei bedenkt Augustinus das folgende nicht: „Da die Freiheit des Menschen als geschöpfliche Freiheit von Gott ermöglicht ... und aus ihm empfangen ist, kann sie für die Leidensgeschichte der Welt nicht letztverantwortlich sein", fällt die Frage vielmehr erneut auf Gott zurück. „Warum also die Freiheit mit ihrer Sünde? ... Warum – o Gott – überhaupt die Schuld?"[40])

b) Eine gewisse Entlastung für den Menschen und eine volkstümliche Antwort auf die Frage nach der Herkunft des Bösen – also warum denn das Böse im Herzen des gut geschaffenen Menschen aufkommen konnte – ergab sich dadurch, dass man auf den Mythos vom Fall und anschließenden Sturz bestimmter Engel, vor allem des Satan, zurückgriff. Dieser Mythos findet sich in einigen außerbiblischen jüdischen Schriften kurz vor und nach der Zeitenwende (Henochbuch, Jubiläenbuch, Testament Rubem, Vita des Adam u.a.)[41]. Als Ursache des Engelfalls werden dort genannt: (1) sexuelle Verfallenheit der Engel an Menschenfrauen, mit denen sie Riesen zeugen[42]; (2) ferner der Neid der Engel auf die Menschen wegen ihrer Gottebenbildlichkeit; (3) schließlich die Rebellion Satans (und anderer Engel) gegen Gott, weil er Gott gleich werden wollte, woraufhin er mit seinen Scharen aus dem Himmel gestürzt und auf die Erde verstoßen wurde, wo er sich an den Menschen zu rächen und sie zu Fall bringen versucht. – Im Zusammenhang solcher Ideen wird jetzt, jetzt erstmals (!), die Schlange von Gen 3 mit Satan identifiziert (z.B. Weish 2,24)[43]. –

Diesem Mythos konnten in denselben Schriften weitere Mythen angeschlossen werden: Die Bastarde der Engel erschlugen sich gegenseitig, aus ihren Leichen fahren böse Geister aus, die auf der Erde ihr Unwesen treiben. So konnte für das Volk anschaulich und plausibel erklärt werden, wie das Böse auf die Erde gekommen ist (durch gefallene Engel, durch deren Bastarde, verführende Dämonen, durch von ihnen gelehrte Zauberkünste, nämlich Astrologie, Herstellung von Waffen und Kosmetik, die ausdrücklich genannt werden) und warum dieses Böse im Menschen weiterwirkt. Das Volk gab sich damit meist zufrieden.

Aber es ergeben sich zwei Probleme: (1) Die Übertragung des Motivs vom *Missbrauch* der – gut geschaffenen – Freiheit von Adam auf die *Engel* bedeutet nur eine Problemverschiebung. Denn hat man die Frage, warum das Böse im Herzen des gut geschaffenen Menschen aufkommen und ihn zu Fall bringen konnte, durch die gefallenen und auf Erden ihr Unwesen treibenden Engel erklärt, so stellt sich erneut die Frage: Warum kommt das Böse in Engeln auf, warum hat Gott sie so geschaffen, dass das geschehen kann? Die Frage nach dem Ursprung des Bösen, die man

---

[39] Eine spätere Kritik lautet: Gott ist zwar nicht schuld am Freiheitsmissbrauch des Menschen, aber er trägt doch auch Verantwortung dafür, dass er den Menschen mit diesem gefährlichen Vermögen der Freiheit ausgestattet (und den Missbrauch nicht verhindert) hat; evolutiv gewendet: Gott ist auch zuständig dafür, dass im Schöpfungsprozess die Möglichkeit der Freiheit und damit des Bösen begründet ist.

[40] J. B. Metz, Theodizee-empfindliche Gottesrede (s. o. Anm. 11), 90.

[41] Zum folgenden vgl. K. E. Grözinger, Engel III. Judentum, in: Theologische Realenzyklopädie Bd.9 (Berlin/N.Y. 1982) 586–596, hier 591f.

[42] nach dem mythischen Motiv in Gen 6,1–4, das dort jedoch die begrenzte Funktion hat, vor Entstellung des Menschlichen durch Grenzüberschreitung zum Übermenschen hin zu warnen.

[43] Die Figur des Satan taucht in der Bibel erst um 500 v.Chr. auf (in Sach 3,1f, und zwar in einer ganz positiven Funktion: himmlischer Anwalt des Gottesrechts), sie wird um 400 v.Chr. in der Rahmenerzählung des Hiobbuches (1,6–2,7) bereits zu einer schrägen Figur (die Hiobs Glauben böse auf die Probe stellt), wird um 300 v.Chr. (in 1 Chr 21,1) der Anstifter zum Bösen, und macht von diesem Augenblick an als – Gott freilich untergeordneter – Gegenspieler Gottes religionsgeschichtliche Karriere. Mit dieser Figur hat die Schlange in Gen 3 (9./8.Jh.) ursprünglich – und auch in der Auslegung jahrhundertelang – nichts zu tun; die Schlange ist vielmehr assoziationsreiches Symbol (des vom Bauern erlebten überraschend Gefährlichen, der Chaosschlange in Ägypten, der das Lebenskraut raubenden Schlange im Gilgamesch-Epos, der orgiastischen Fruchtbarkeitskulte Syrien-Kanaans usw.).

beantwortet zu haben meinte, kehrt wieder oder wird verschleiernd umgangen. (2) Ein zweites Problem: Die Tendenz zur Personifizierung des Bösen und zu seiner Autonomie gegenüber dem Menschen bedeutet eine Abschiebung der Verantwortlichkeit: Das Böse ist eben mächtiger als wir, wir können im Grunde nichts ändern; die Erbsünde, der Teufel, ist's (später: die Strukturen sind's).

c) Im 20. Jh. haben der englische Schriftsteller Cline Staples Lewis (1898–1963)[44] und der deutsche Philosoph Ludger Oeing-Hanhoff die mythische Vorstellung vom Engelfall mit evolutivem Denken zu verbinden versucht. Beide nehmen die Einwirkung reiner Geister (Engel bzw. Dämonen) auf die Evolution an, die den göttlichen Schöpfungsplan entweder befördern oder durchkreuzen.

Oeing-Hanhoff[45] schreibt u.a., auf ein Kriegserlebnis anspielend: „In dem Haus, in das wir einquartiert wurden, wimmelte es so von Flöhen, dass ich keinen Quadratzentimeter Haut mehr hatte, den sie mit Stichen verschont hätten. Läuse und Flöhe zu erschaffen hätte Gott doch lieber sein lassen sollen, dachte ich; und da fiel mir Goethes ‚Faust' ein, in dem Mephisto, der Teufel, als ‚Herr der Ratten und der Mäuse, der Fliegen, Flöhe, Wanzen, Läuse' vorgestellt wird. Soll der Teufel bei der Erzeugung des Ungeziefers und der Krankheitserreger seine Hand im Spiel haben?" Ausdrücklich weist dann Oeing-Hanhoff, ähnlich wie C. S. Lewis, die Verantwortung für unvollkommene Wege der Evolution, für natürliche Plagegeister, besonders aber für das Leiden von Tieren und von Kindern, die nicht in der Lage sind, ihrem Leiden einen Sinn zu geben, gefallenen reinen Geistern (bösen Engeln, Dämonen bzw. Satan) zu und erklärt, Gott sei von der Anklage, für die naturbedingten Übel verantwortlich zu sein, wegen Mangels an Beweisen freizusprechen.

Auch die Konzepte von Lewis und Oeing-Hanhoff werden von der bereits erwähnten Kritik getroffen (Problemverlagerung, Abschiebung der moralischen Verantwortung). Darüber hinaus haben sie den Mangel, dass sie alte mythische Texte unkritisch positivistisch und prä-hermeneutisch lesen und dabei das Böse erneut hypostasieren.[46]

Nur nebenbei sei bemerkt, dass auch die heute vielen plausible Idee des Karma und der Reinkarnation eine an der Wirklichkeit vorbeigehende Problemverlagerung darstellt: Das vom einzelnen Erdenwesen erfahrene Leid sei allein Folge seiner früheren Erdenexistenz, das von Geburt an verkrüppelte oder das danach missbrauchte und erwürgte Kind wäre dann selbst schuld an seinem Elend. Hier werden alle physischen, sozialen usw. Ursachenverflechtungen und überindividuelle Schuldverstrickung schlichtweg ignoriert.

4. Kritik an den klassischen theoretischen Theodizee-Versuchen

Die folgende Kritik richtet sich insbesondere gegen die philosophischen Theodizeen, die ordnungstheoretisch demonstrieren wollen, Gott und die Übel (Leiden) widersprächen sich nicht, ließen sich vielmehr vereinbaren, da das Übel (Leid) noch einmal in einem höheren, einsichtig zu machenden Sinnzusammenhang stehe[47].

a) Der Optimismus eines Leibniz (1646–1716) und noch des frühen Voltaire (1694–1778) zerbrach 1755 im Schock des Erdbebens von Lissabon mit seinen 30000 Toten. Durch ein Naturübel kam hier eine Erfahrung ungerechten, maßlosen Leides zum Durchbruch, welche jede Funktionalisierung des Übels für das Gute und für einen übergeordneten Sinn als hohle Phrase

---

[44] C. S. Lewis, Über den Schmerz (1954), Freiburg 1966, 135–145.

[45] L. Oeing-Hanhoff, Das Böse im Weltlauf, in: W. Böhme (Hg.), Das Übel in der Evolution und die Güte Gottes, Karlsruhe 1983, 15. Ähnlich ders., Thesen zum Theodizeeproblem, in W. Oelmüller (Hg.), Leiden, Paderborn 1986, 218–228, bes. 227f.

[46] Dazu C. F. Geyer, Der Böse oder das Böse? Die Theodizee-Frage, in: F. Hermanni, V. Stenblock (Hg.), Philosophische Orientierung, München 1995, 267–280; ferner A. Kreiner, Gott im Leid (s. o. Anm. 16), 382ff.

[47] Zum Sinnbegriff vgl. oben Anm. 13.

erscheinen ließ. Viele begannen nicht nur am Sinn des Leidens, sondern am Sinn der Schöpfung überhaupt zu zweifeln.

Schon im folgenden Jahr (1756) erschien Voltaires „Gedicht über das Unglück von Lissabon oder Prüfung des Axioms: Alles ist gut". Darin heißt es: „Ihr schreit: Alles ist gut, mit einer jämmerlichen Stimme; das Universum straft euch Lügen, und euer eigenes Herz hat den Irrtum eures Geistes hundertmal widerlegt. ... Eines Tages wird alles gut sein: das ist unsere Hoffnung. Heute ist alles gut: das ist die Illusion." Die hier noch anklingende Hoffnung wird Voltaire bald fahren lassen. Vier Jahre später (1759) gießt er in seinem Roman „Candide oder der Optimismus" über allen Optimismus seinen Spott aus und lässt der Resignation das Feld: „Arbeiten wir ohne nachzudenken: dies ist das einzige Mittel, um das Leben erträglich zu machen". (Wenn man arbeiten um konsumieren und erleben erweitert, ist man bei heute aktuellen Stimmungslagen.)

b) Voltaires Kritik an den Theodizeen blieb an der Oberfläche. Immanuel Kant (1724–1804) ging tiefer. In seiner Schrift „Über das *Misslingen aller philosophischen Versuche in der Theodicee*" (1791)[48] hat er das notwendige Scheitern aller philosophischen Theodizee aufgezeigt. Dort heißt es: „Unter einer Theodizee versteht man die Verteidigung der höchsten Weisheit des Welturhebers gegen die Anklage, welche die Vernunft aus dem Zweckwidrigen in der Welt gegen jene (Weisheit des Welturhebers) erhebt." Und genau das ist „die Sache unserer anmaßenden, hierbei aber ihre Schranken verkennenden, Vernunft" (A 194f). „Der Ausgang dieses Rechtshandels vor dem Gerichtshofe der Philosophie ist nun: dass alle bisherige Theodizee das nicht leiste, was sie verspricht", und auch in Zukunft prinzipiell keine tüchtigere Theodizee zu erwarten sei, weil nämlich gezeigt werden kann, „dass unsere Vernunft zur Einsicht des Verhältnisses, in welchem eine Welt, so wie wir sie durch Erfahrung immer kennen mögen, zu der höchsten Weisheit stehe, schlechterdings unvermögend sei" (A 209f). Deswegen gelte es diesen von einer hybriden Vernunft betriebenen, aber gescheiterten Prozess einer „vernünftelnden" oder „doktrinalen Theodizee" „für immer zu endigen" (A 211f).

Kant selbst lässt nur gelten, was er eine „authentische Theodizee" nennt: den Spruch der praktischen Vernunft, „wodurch wir uns den Begriff von Gott als einem moralischen und weisen Wesen notwendig und vor aller Erfahrung machen" (A 212). Dies findet er im Buche Hiob „allegorisch ausgedrückt": Hiobs „Redlichkeit, seine Zweifel unverhohlen zu gestehen", sein Eingeständnis, unweise über Dinge gesprochen zu haben, „die ihm zu hoch sind, und die er nicht versteht" (vgl. Hiob 42,3) und sein trotzdem „guter Lebenswandel" (seine Moralität) stehen für eine *negative Weisheit* bezüglich des Wissens von Gott und für die Aussagen unserer „*praktischen* Vernunft", die „als die unmittelbare Erklärung und Stimme Gottes angesehen werden kann, durch die er dem Buchstaben seiner Schöpfung einen Sinn gibt" (A 213–217). – Im Übrigen bietet Kant in seiner Lehre vom radikal Bösen eine Transformation des Erbsündentheorems unter Preisgabe der augustinischen Vererbungsthese.[49]

c) Die traditionellen „Theodizeen" haben das Übel und Böse entweder als notwendiges Moment in einen umfassenden Sinnzusammenhang eingespannt und damit zum Werkzeug des Guten gemacht, so dass es eigentlich gar kein Übel/Böses mehr ist, oder sie haben es zur bloßen Privation und damit zu etwas erklärt, was es eigentlich gar nicht gibt, oder sie haben es auf das moralische Übel, auf die Schuld des mit freiem Willen begabten Menschen, reduziert. Alle diese Deutungen werden dem Phänomen des Übels, des Bösen und des Leids in der Welt letztlich nicht gerecht.

Theoretische „Rechtfertigungen Gottes" tendieren zur *Rechtfertigung der bestehenden Leid- und Unrechtsverhältnisse*, da sie diese mit dem Gedanken eines (was für eines?) Gottes in Einklang

---

[48] I. Kant, Über das Misslingen aller philosophischen Versuche in der Theodicee (Königsberg 1791), in: Werke in 10 Bänden, hg. v. W. Weischedel, Darmstadt 1968, Bd.9, 105–124.

[49] Dazu C. Schulte, Radikal Böse. Die Karriere des Bösen von Kant bis Nietzsche, München 1988, 100f.

zu bringen versuchen und auf diese Weise stabilisieren. Alles hat dann so, wie es ist und läuft, im Prinzip seine Richtigkeit. Man will die Widersprüche zwischen der Existenz von Qualen in der Schöpfung einerseits und der Existenz eines zugleich guten und allmächtigen Schöpfergottes andererseits vernünftelnd-spekulativ (weg-) erklären, um so in einem umfassenden Gesamtsystem der Vernunft den Gottesglauben mit einer leidvollen Welt rational zusammendenken zu können. Solche harmonisierende Verabredung mit einem allmächtigen Gott hinter dem Rücken der unschuldig leidenden Kreaturen führt einerseits zur beschwichtigend-zynischen Verharmlosung konkreten Leidens, andererseits zu grotesken Vorstellungen von Gott, der günstigstenfalls zum wenig fürsorglichen Vater, schlechtestenfalls zum sadistischen Monster degeneriert.

Dagegen erhebt sich nun die Empörung, in Worte gefasst zunächst vor allem von einfühlsamen Dichtern. (Schon der biblische Hiob hatte freilich klar gemacht, dass die Frage nach dem Warum des Leidens zutiefst existentiell gemeint ist, eine theoretische, Allgemeingültigkeit suggerierende Antwort sie deshalb gar nicht lösen kann.)

III. Die moderne Problemverschärfung:
Das Leiden der Kreatur – Argument gegen die Existenz Gottes?

1. Protest-Atheismus, praktische Anthropodizee ohne Gott und das theoretisch unentscheidbare Grundproblem

a) Vierzig Jahre nach Kants Kritik ist dann, in einem Klima der Gewalt von oben und der Revolution von unten, bei dem jungen – wenig später mit 23 Jahren vom Typhus dahingerafften – Georg Büchner (1813–1837) die von Kant bewusst offen gehaltene Frage und *Spannung einseitig aufgelöst in einen Protest-Atheismus.* In Büchners Drama „Dantons Tod" heißt es: „Es gibt keinen Gott ... Schafft das Unvollkommene weg, dann allein könnt ihr Gott demonstrieren; Spinoza hat es versucht. Man kann das Böse leugnen, aber nicht den Schmerz; nur der Verstand kann Gott beweisen, das Gefühl empört sich dagegen. Merke dir es, Anaxagoras: warum leide ich? Das ist der Fels des Atheismus. Das leiseste Zucken des Schmerzes, und rege es sich nur in einem Atom, macht einen Riß in der Schöpfung von oben bis unten."
Dieser – hier mit seismographischer Sensibilität empfundene – Riß macht es vielen fortan unmöglich, im Weltgeschehen das Walten eines guten Schöpfers zu erkennen. Den Pantheismus Spinozas aber, der „Gott in allem" sieht, macht Büchner mit der Bemerkung lächerlich, „dass es gerade nicht viel um die himmlische Majestät ist, wenn der liebe Herrgott in jedem von uns Zahnweh kriegen, den Tripper haben, lebendig begraben werden oder wenigstens die sehr unangenehme Vorstellung davon haben kann."[50] Im Novellenfragment „Lenz" rebelliert der wahnsinnskranke Lenz gegen Gott, weil dieser ein unschuldiges Kind sterben lässt; er schaut (gegen Ende) den Pfarrer Oberlin „mit einem Ausdruck unendlichen Leidens an und sagt(e) endlich: ‚Aber ich, wär ich allmächtig, sehen Sie, wenn ich so wäre, ich könnte das Leiden nicht ertragen, ich würde retten, retten'".[51]

Es ist auffällig, wie sehr Büchners Protest gegen das Leid und gegen den vom Leid unberührten Gott der Metaphysik sich aus biblischen Haltungen speist und in biblischen Worten artikuliert. Der Gott der Metaphysik stirbt daran, dass er nicht hilft; ein moralischer Gott müsste einschreiten und helfen. Das Leiden der unschuldigen Kreatur ist zum moralischen Argument gegen die Existenz Gottes geworden, am schärfsten formuliert im oft zitierten Diktum des nach eigener Aussage moralfreien „Egoisten" Stendhal (1783–1842): „Die einzige Entschuldigung für Gott besteht darin, dass er nicht existiert."

---

50 Beide Zitate aus G. Büchner, Dantons Tod: 3. Akt, 1. Szene; siehe G. Büchner, Sämtliche Werke, Gütersloh 1963, 81 und 80.
51 Ebd. 135.

Dass das Leiden der Fels des Atheismus sei, stimmte indes nur dann, wenn die Frage „warum leide ich?" keine andere – gleich starke oder gar stärkere – Antwort als den Atheismus zuließe. Kann nicht das Festhalten an Gott im Aushalten der Spannungen, in Frage, Klage, Protest und solidarischer Praxis eine zutiefst redliche und starke Antwort sein?[52] Außerdem beantwortet die Leugnung Gottes ja nicht die Frage, warum es so unsägliches Leid in der Welt gibt, und sie behebt das Leid auch nicht. Anders als Büchner hat, wie wir sahen, Heinrich Heine (1797–1856) in seinen Schmerzen an Gott festgehalten und ihn bis zuletzt mit Lästerungen und Warum-Fragen bestürmt.

b) Neuzeitlicher Atheismus verwandelt das Theodizeeproblem in *praktische Anthropodizee ohne Gott*. Angesichts der irdischen Übel will er den Menschen (statt Gott) in sein Recht einsetzen – durch Destruktion des projizierten Himmels und Etablierung des Diesseits, d.h. durch Aufdeckung der realen Ursachen der Leiden und deren Abschaffung aus eigener Kraft. So liegt nun, da Gott als bloßer Schein entlarvt scheint, alle Verantwortung auf dem Menschen allein. Angesichts des Leids in der Welt wird er selbst zum Angeklagten und zum Ankläger: Rechtfertigung des Menschen, Anthropo-dizee, wird nötig.

Doch schon in Büchners „Leonce und Lena" artikuliert Lena das Erschrecken nach dem Verlust Gottes, den „Leere-Schrecken" (Martin Walser), mit den paradoxen Worten: „Mein Gott, mein Gott, ist es denn wahr, dass wir uns selbst erlösen müssen mit unserem Schmerz?"[53] Das Jenseits scheint destruiert, doch die Leiden des Diesseits sind geblieben, ja z.T. sind sie sogar verschärft, die Leiden von Menschen und von Tieren (Massenmorde, Massentierquälerei usw.). Wer soll nun die Verantwortung für all diese Leiden übernehmen? Die Natur-Evolution? Der Mensch? Da der überfordert ist, entwickelt er Entschuldigungsmechanismen und Schuldzuweisungen an die jeweils anderen. Auch greift Verdrängung fremden und eigenen Leids um sich (mit Verlust an Lebens- und Liebesintensität als Folge), und Vergessen der Vergangenen. Was ist mit den nicht wieder gut gemachten Leiden der Vergangenen, was mit dem von uns nicht wieder gut machbaren Unrecht an den jetzt Toten? Heutige und künftige soziale humane Praxis erreicht *sie* nicht mehr. Und was ist mit den Nachkommenden, denen der um sich greifende asoziale Lebensstil gerade Leid-Hypotheken wie nie zuvor auflädt?

Die praktische Anthropodizee ohne Gott scheitert und endet als Anklage gegen den Menschen: Homo homini lupus, der Mensch dem Menschen (und anderen Lebewesen) ein Wolf! Die alte Frage kehrt wieder: Warum ist der Mensch und die Welt so? Muss das im Prinzip so sein, oder hätte die Welt auch anders eingerichtet sein können? Und wie soll je aus der schlechten Gegenwart das Bessere, gar Erlösung und Versöhnung der Entzweiten hervorgehen? Wie das richtige Leben möglich sein im falschen? Die Frage Epikurs bedarf also der Erweiterung nach der andern Seite hin: „Wenn Gott ist, woher dann das Übel? *Wenn er nicht ist, woher dann das Gute?*" So der wegen seines Eintretens für einen angeklagten Freund eingekerkerte – und später hingerichtete – Boethius (480–524) 524 in seiner Schrift „Über den Trost der Philosophie"[54]. Der französische Politiker und Schriftsteller André Malraux (1901–1976) verdeutlicht: „Wie es wahr ist, dass für einen religiösen Menschen die Lager wie der Martertod eines unschuldigen Kindes aus der Hand eines Unholds das oberste der Rätsel aufgeben, so ist auch wahr, dass für einen

---

[52] Eine andere Antwort gab auch eine sehr ernsthafte Frau, die mir erzählte, sie sei über 10 Jahre in Indien gewesen, auf der Suche nach dem Sinn des Lebens. Sie habe alle indischen Sinnangebote durchprobiert, den Sinn aber nicht gefunden. Schließlich habe sie gedacht: Vielleicht ist es das tibetische Totenbuch. Sie habe sich also einer Karawane durch den Himalaya angeschlossen. Mit dieser Karawane, von dieser Karawane, habe sie Schlimmes erfahren müssen. Und da, mitten in ihrem Leiden, habe sie etwas entdeckt, was Indien ihr nicht zeigen konnte: dass Leiden Ort von Gotteserfahrung sein könne, Ort der Erfahrung göttlicher Nähe. So habe sie ihr Christentum wiederentdeckt. (Vgl. im Übrigen unten in V.2.)

[53] G. Büchner, Leonce und Lena I 4; in: Sämtliche Werke 154.

[54] Boethius, De consolatione philosophiae I 4.

Agnostiker mit der ersten Tat des Erbarmens ... oder der Liebe dasselbe Rätsel aus der Tiefe steigt."[55] Zehrt nicht alles tätige Erbarmen, alle praktische Liebe, von einem guten Urgrund, den sie – und sei´s ohne es zu bemerken – voraussetzen muss? Da aber alle humane, solidarische Praxis immer defizitär – und vergänglich – bleibt, ist die Theodizeefrage mit ihr gerade nicht erledigt.

c) Der Mathematiker, Physiker und Philosoph Blaise Pascal (1623–1662) hat – nach seiner Bekehrungserfahrung und Entscheidung für Gott – den Freigeistern gegenüber das *theoretisch unentscheidbare* Grundproblem folgendermaßen beschrieben: „Die Natur bietet mir nichts, das nicht Anlaß zu Zweifeln und Beunruhigung wäre. Wenn ich nichts in ihr sähe, das auf einen Gott hinweist, würde ich mich für eine Leugnung (Gottes) entscheiden. Wenn ich überall nur die Spuren des Schöpfers sähe, würde ich freudig im Glauben ruhen. Da ich aber zu viel sehe, um zu leugnen, und zu wenig, um sicher zu sein, bin ich in einem beklagenswerten Zustand, und hundertmal wünschte ich, dass, wenn ein Gott die Natur erhält, sie es unzweideutig zeigen möge, oder dass, wenn die Zeichen, die sie von ihm gibt, Trug sind, sie diese völlig vernichten möge."[56]

Das ist in der Tat die Situation vieler – suchender, glauben wollender – Menschen heute. Pascal meinte, dass diese theoretische Unentscheidbarkeit nur durch eine existentielle Entscheidung, durch eine Lebens-Option (oder Lebens-„Wette" mit Einsatz des eigenen Lebens), aufgelöst werden könne. Er selbst hatte, bewegt durch eine ihn erschütternde Gotteserfahrung und orientiert an Jesus von Nazareth, auf den Gott Jesu und Abrahams gesetzt.

2.   Ablehnung der zu teuer erkauften Harmonie und die Frage nach der Möglichkeit von Versöhnung und von solidarischer Ethik

Wie sehr die Theodizeefrage von geschichtlich sich wandelnden Bedingungen abhängt, zeigt sich auch daran, dass seit dem ausgehenden 19. Jh. das *Leiden eines einzigen unschuldigen Kindes* zur Anklage gegen die Schöpfung insgesamt führen kann. Erst jetzt kann das einzelne leidende Kind zum Grund des Aufschrei werden, während zuvor, da die Kindersterblichkeit in den ersten Lebensjahren bis zu 40% betrug, der Tod eines Kindes bei einer hohen Geburtenquote als der von vornherein einkalkulierte Regelfall galt[57], mit relativer Gefasstheit erlebt wurde und nicht zur Revolte gegen die ganze Schöpfung führte, zumal ja noch genug andere Kinder darauf warteten, versorgt zu werden, so dass ein konsequentes Nein zur gesamten Schöpfung auch den Überlebenden die Basis entzogen hätte. Ob angesichts der empirischen Leiden die Theodizeefrage laut wird, hängt also auch von den gesellschaftlichen Bedingungen ab und – von der subjektiven Sensibilität des sittlichen Bewusstseins.[58]

a) In Fjodor Dostojewskijs (1821–1881) großem Roman „Die Brüder Karamasow" gibt es ein „Empörung" überschriebenes Kapitel (5,4), in dem Iwan Karamasow seinem geistlichen Bruder Aljoscha fruchtbare Ereignisse der damaligen Zeit vorhält, darunter den Bericht über den kleinen Jungen einer russischen Leibeigenen, der einen der Bluthunde des Großgrundbesitzers mit einem Stein getroffen hatte, woraufhin der brutale Großgrundbesitzer vor den Augen der Mutter das Kind zum Auskleiden und Losrennen zwingt, um seine Bluthunde auf es zu hetzen, die es fürchterlich zu Tode zerfleischen.

---

[55]   A.Malraux, Anti-Memoiren, Frankfurt/M. 1967, 524f.

[56]   B. Pascal, Über die Religion und über einige andere Gegenstände (Pensées; 1654ff.), übers. von E. Wasmuth, Heidelberg 1963, Fragment 229; vgl. ferner die Fragmente 242f; 430; 441; 556f; 580.

[57]   Dazu Philippe Aries, Geschichte der Kindheit, Paris 1960.

[58]   Dies arbeitet gut heraus G. Neuhaus, Theodizee und Glaubensgeschichte. Zur Kontingenz einer Fragestellung, in: H. Wagner (Hg.), Mit Gott streiten. Neue Zugänge zum Theodizee-Problem, Freiburg 1998, 11–47. Vgl. zum folgenden auch G. Neuhaus, Theodizee – Abbruch oder Anstoß des Glaubens? Eine Annäherung von ausgewählten Beispielen der Literatur her, in: J. B. Metz (Hg.), 'Landschaft aus Schreien'. Zur Dramatik der Theodizeefrage, Mainz 1995, 9–55.

Für Iwan Karamasow werden die Tränen eines einzigen unschuldigen Kindes zur „Erschütterung des Weltalls". Iwan leugnet Gott nicht, aber er *weigert sich*, das Leiden *zu begreifen und* „die Tränchen, sei es auch nur eines einzigen gemarterten Kindchens", *hinzunehmen* um einer künftigen „ewigen Harmonie" willen; diese wäre zu teuer erkauft. „Ich will gar keine Harmonie, aus Liebe zur Menschheit will ich sie nicht. Ich will lieber verharren bei ungesühntem Leiden!" Die Mutter des gemarterten Kindchens darf dem Täter nicht einfach vergeben, und Gott darf es auch nicht, denn beides hieße, das Opfer nochmals zum Opfer zu machen, wenn die Versöhnung und Harmonie über seinen Kopf hinweg, *ohne* seine freie Zustimmung, verwirklicht würde. Sein in Ewigkeit *un*gesühntes (weder irgendwie gutgemachtes noch von ihm selbst akzeptiertes) Leid wäre dann der Preis dafür, dass Gott auf die schließliche All-Versöhnung und ewige Harmonie nicht verzichten wollte. Aber auch eine Hölle für den Täter wäre keine Lösung: Die bloße Vergeltung und Rache für die Leiden des Kindes würde dem Kind keine wirkliche Wiedergutmachung bringen und im Übrigen die Versöhnung gerade vereiteln.

Iwans Fragen haben nochmals eine äußerste Verschärfung erfahren durch das Ungeheuerliche, das in „Auschwitz" geschehen ist. So notiert der holländische Schriftsteller Harry Mulisch in seinem Roman „Die Entdeckung des Himmels"[59]: „Alles war offenbar bis in alle Ewigkeit verpfuscht." Ein Genuß himmlischer Seligkeit gehe überhaupt nur noch bei einem „verbrecherischen Gedächtnisschwund". Wer noch an Gott glaube, „sollte vor Gericht gestellt werden – an die schwarz geteerte Hinrichtungswand neben Block 11" von Auschwitz. Eine unerbittliche Schlussfolgerung. Aber ist sie konsequent? Oder vielleicht doch sehr kurzschlüssig?

Was wäre denn, wenn kein Gott ist, wenn kein Gott schließlich mehr versöhnt, wenn keinem Gott mehr zuzutrauen wäre, dass er eine Verwandlung – der Opfer *und* der Täter – herbeiführt, die es auch den Opfern möglich macht, ihren (gewandelten) Tätern zu vergeben? Denn die Opfer müssten in der Lage sein können, ihren Tätern frei zu vergeben (und sie so aus dem Gefangensein im eigenen Unrecht zu entlassen, statt sie auf ihr begangenes Unrecht für immer festzunageln).[60] Wenn aber solche Verwandlung der Täter und der Opfer nicht möglich wäre, dann wäre zwingend zu folgern, dass in der Tat alles bis in alle Ewigkeit verpfuscht ist, weil dann alles eines Tages unwiderruflich, als im letzten unerledigt und sinnlos, beiseite gelegt sein wird. –
Können wir Menschen, wenn wir das Schlimme nicht verdrängen und die Konsequenz des angedeuteten Gedankens nicht abbiegen, überhaupt redlich leben – und solidarisch leben –, ohne die bange Frage offen zu halten, *ob ein Gott ist, dem solche Versöhnung noch zuzutrauen ist?*[61] Muss der Mensch, der sich weigert, das Gedächtnis an die toten Opfer einfach auszulöschen, der vielmehr die Forderung nach Gerechtigkeit aufrechterhält, ohne die Annahme einer übermenschlichen, rettenden Instanz nicht streng genommen in Verzweiflung verfallen und, wenn Verzweiflung nicht tötet, in untröstliche Trauer?[62] Stellt sich hier nicht unabweisbar die Frage nach einer absoluten, unbedingt rettenden Wirklichkeit?[63]

Der Streit darüber, ob „die Hoffnung der Elenden ewig verloren ist" oder nicht (Ps 9,19), ist ein Streit um Gott, ein Streit um die Wirklichkeit Gottes. Vermögen wir an einen Gott zu glauben, der so anders ist als alles, was diese Welt zu bieten hat, und der zugleich so wirklich

---

[59] H. Mulisch, Die Entdeckung des Himmels, München-Wien 1993, 128.

[60] In diesem Sinne M. Striet, Versuch über die Auflehnung. Philosophisch-theologische Überlegungen zur Theodizeefrage, in: H. Wagner (Hg.), Mit Gott streiten, 48–89, hier 68–71.

[61] So mit Recht und guter Begründung Th. Pröpper, Fragende und Gefragte zugleich. Notizen zur Theodizee, in: T. R. Peters u.a. (Hg.), Erinnern und Erkennen, Düsseldorf 1993, 61–72, hier 71.

[62] Diese Konsequenz und Alternative hat überzeugend H. Peukert, Wissenschaftstheorie, Handlungstheorie, Fundamentale Theologie (s. o. Anm. 6) herausgcarbeitet: vgl. bes. ebd. 282; dazu auch H. Kessler, Sucht den Lebenden nicht bei den Toten. Die Auferstehung Jesu Christi in biblischer, fundamentaltheologischer und systematischer Sicht, erweiterte Neuausgabe Würzburg 1995 (Topos-plus-Taschenbuch 2002), 38.

[63] M. Striet, Versuch über die Auflehnung (s. o. Anm. 60), bes. 64–73, zeigt schlüssig auf, dass wir als endliche Freiheit hier in eine Antinomie geraten, die den Gottesgedanken unausweichlich macht.

(wirkmächtig) ist, dass er diese Rettung, Verwandlung, Gutmachung und Versöhnung herbeiführen kann? Ein solcher Gott müsste selber die leidensbereite und zugleich allmächtige Liebe sein (s.u. V.).

b) Während das Leid des von Hunden des Großgrundbesitzers zu Tode gehetzten und zerfleischten Kindes bei Dostojewskij noch die Antwort erlaubt, hier sei primär nicht Gott, sondern der Mensch im perversen Gebrauch seiner Freiheit verantwortlich zu machen, geht das Kind in Albert Camus´ (1913–1960) 1947 erschienenem Roman „Die Pest" nicht an den Folgen menschlichen Freiheitsmissbrauchs zugrunde, sondern an der Pest, an dem in die Schöpfung eingebauten *Natur-Übel*. Dass die Welt, die *Natur*, gut sei, wird zweifelhaft, ja unglaubhaft: Warum ist sie so grausam eingerichtet?

Die Theodizeefrage bekommt so eine nochmalige Verschärfung. Und die menschliche Freiheit kommt in ihrer ganzen Ohnmacht und ihrem Scheitern in den Blick, aus dem sie sich bei Camus in einem absurden ethischen Dennoch immer wieder erhebt: „Da die Weltordnung durch den Tod bestimmt ist, ist es vielleicht besser für Gott, wenn man nicht an ihn glaubt und dafür mit aller Kraft gegen den Tod ankämpft, ohne die Augen zu dem Himmel zu erheben, wo er schweigt."[64] Der Pest-Arzt Dr. Rieux weigert sich „bis in den Tod hinein, die Schöpfung zu lieben, in der Kinder gemartert werden"[65].

Freilich muss nun bei dem bis ins letzte ehrlichen Camus gerade dieser Dr. Rieux zweierlei Erfahrungen machen, mit denen er nicht fertig wird: (1) Die Erfahrung, dass es eine Grenze gibt, wo der Anblick des Leidens schlicht nicht mehr zu ertragen ist; als nämlich der Todeskampf des vergeblich gegen die Pest ankämpfenden Kindes kein Ende nehmen will, hält er es nicht mehr aus: „Ich muss fort... Ich kann es nicht mehr ertragen"[66]. (2) Schlimmer noch, er muss an sich selbst und an seinen Freunden beobachten, dass, je mehr Pesttod und Mord massenhaft und zum Normalfall werden, umso mehr die sittliche Auflehnung gegen den Pesttod der Gewöhnung verfällt und einer wachsenden Gleichgültigkeit weicht: „Wer den Krieg mitgemacht hat, weiß kaum noch, was ein Toter ist"[67]. Auch der mit aller Kraft gegen Krankheit und Tod ankämpfende Dr. Rieux resigniert zuletzt. Gibt es überhaupt etwas, das die Abstumpfung und Resignation aufhalten kann, das die moralische Auflehnung in mir selbst aufrecht erhalten kann? Braucht es dazu nicht das – vielleicht unbewusste – *Vertrauen* auf das Gute (auf eine gute Macht), oder wenigstens das bange *hoffende Fragen* nach einer Wirklichkeit (Gott), die *gegen* Unrecht und Töten steht und bestehen kann?
Der Mensch, der das Absurde, das Sinnlose, erleidet, kann seine eigene Identität als moralisch sich empörendes und sich engagierendes Wesen letztlich nur aufrecht erhalten, wenn er sich der *Möglichkeit* jenes anderen öffnet, dessen Wirklichkeit – philosophisch gesehen – gleichwohl strittig bleibt.[68]

Woher bezieht denn Dr. Rieux (oder Sisyphos in Camus´ „Der Mythos des Sisyphos") seine Kraft, um gegen Elend, Leiden und Tod dieser Welt anzukämpfen, wenn er doch selber Teil eben dieser empirischen Welt ist, der sein Veto und Widerspruch gilt? Könnte es nicht sein, dass Camus´ Ethik des Unbedingten im Horizont der Absurdität noch von einer Geschichte zehrt, in der die Hoffnung lebendig war, die Hoffnung auf einen Sinn, der über die Endlichkeit menschlichen Daseins hinausreicht und der auch noch für die Erschlagenen gilt?[69]

---

[64] A. Camus, Die Pest (1947), Reinbek bei Hamburg 1995, 104.
[65] Ebd. 177.
[66] Ebd. 175.
[67] Ebd. 33.
[68] Dazu G. Neuhaus, Theodizee – Abbruch oder Anstoß des Glaubens? (s. o. Anm. 58), 33–55.
[69] So etwa fragt M. Striet, Versuch über die Auflehnung (s. o. Anm. 60), 85.

Camus´ Vortrag vor Christen 1948 scheint diese Vermutung zu bestätigen. Dort sagte er: „Wir können vielleicht nicht verhindern, dass in dieser Schöpfung Kinder gemartert werden. Aber wir können die Zahl der gemarterten Kinder verringern. Und wenn Sie uns dabei nicht helfen, wer wird uns dann wohl noch auf dieser Welt helfen können?" „Die heutige Welt verlangt von den Christen, dass sie Christen bleiben. ... Ich teile mit Ihnen das Grauen vor dem Bösen. Aber Ihre Hoffnung teile ich nicht und werde nie aufhören, gegen diese Welt zu kämpfen, in der Kinder leiden und sterben."[70]

Camus wäre zurückzufragen: Kann man gegen Verhältnisse, in denen Kinder leiden und sterben, wirklich kämpfen und nicht resigniert aufgeben, ohne ein letztes Setzen auf das Gute und ohne einen Funken Hoffnung? Könnte es nicht sein, dass, *wenn solche Hoffnung und Sinn-Option vollends schwindet, auch das Bewusstsein der Moralität und der Freiheit überhaupt verloren geht*, dass man sich dann mit den Banalitäten des alltäglichen Erlebens und mit der wachsenden Teilnahmslosigkeit abfindet, gegen Leiden und Unrecht sich nicht mehr auflehnt, es vielmehr bloß noch *hin*nimmt, anstatt es zu bekämpfen oder – wo es über unsere Kräfte geht – es *an*zunehmen?

3. Zerstörung und Qualen in der Natur: Infragestellung der Schöpfung und des Schöpfers?

Keine Frage: Was das Leid der Tiere betrifft, so werden die schlimmsten Exzesse nicht durch die Natur, sondern durch Menschen verursacht. Was tagtäglich an Tierquälerei (durch Legebatterien, Mastbetriebe, Viehtransporte, Laborversuche für Kosmetikzwecke usw.) in dieser Welt passiert, ist für den, der nicht jegliche Sensibilität verloren oder sie dem Gewinnstreben geopfert hat, erschreckend und schreit förmlich nach Abänderung, auch durch Änderung des eigenen Konsumverhaltens. Aber „die Natur stöhnt auch unter der Last ihrer eigenen Gesetze", schreibt der Biologe Stefan D. Peters. Und er fährt fort: „Hierin scheint mir für die Theodizee das viel schwierigere Problem zu liegen."[71]

a) Es geht nicht mehr nur um das Natur-Gesetz des Fressens und Gefressenwerdens, des Stirb und Werde, nicht mehr nur darum, dass das Schwächere dem Stärkeren unterliegt, das Überwundene vom Siegreichen aufgezehrt wird: „Das ist nun einmal die Ordnung des Vergänglichen", hatte Augustinus mit einiger Trauer gesagt, während Leibniz darin eine tiefe Zweckmäßigkeit gesehen hatte. Mancher, den diese Gesetzlichkeit dennoch verstört, sucht sich mit dem Gedanken zu trösten, dass Tiere ihre Beute wenigstens rasch und schmerzlos sterben lassen und, anders als der Mensch, wenigstens innerhalb ihrer eigenen Art nicht töten. Doch dieser Traum vom gutmütigen Tier und von der sanften Mutter Natur hat sich als Illusion erwiesen. Vielfältige Beobachtungen veranlassen uns, bewusster wahrzunehmen, dass auch Tiere – und zwar sowohl im Jäger-Beute-Verhältnis wie innerhalb ihrer Art – anderen Tieren, wie deren Stress-Symptome und oft verzweifelten Schreie zeigen, gnadenlose Pein zufügen und ein qualvolles Ende bereiten können.

Auch wenn Soziobiologen erklären, solches Verhalten habe stets eine biologische Funktion und sei insofern zweckmäßig,[72] bleibt die Verstörung und die ratlose Frage, welchen Sinn solches Leid haben soll[73]. Die Verstörung kann noch wachsen, wenn wir erfahren, dass bei 2–4% der

[70] A. Camus, Der Ungläubige und die Christen (1948), im: ders., Fragen der Zeit, Reinbek bei Hamburg 1960, 72–78, hier 77 und 74.

[71] S. D. Peters, Biologische Anmerkungen zur Frage nach dem Sinn des Leidens in der Natur, in: H. Kessler (Hg.), Leben durch Zerstörung? Über das Leiden in der Schöpfung. Ein Gespräch der Wissenschaften, Würzburg 2000, 27–37, hier 27. Zum Folgenden vgl. seinen Beitrag.

[72] So erklärte mir etwa der Soziobiologe Volker Sommer auf die Frage, warum z.B. Seelöwen nicht nur Seehunde töten, die sie zur Nahrung brauchen, sondern auch darüber hinaus viele Seehunde töten und von sich schleudern, wie in einer Art Gewalt- und Tötungsrausch: Das habe vermutlich den Zweck, den eigenen Nachwuchs das Töten zum Nahrungserwerb zu lehren.

[73] So stellt mit Recht S. D. Peters in seinem genannten Beitrag fest.

neugeborenen Menschenkinder angeborene Auffälligkeiten, teilweise bis hin zu schweren Fehlbildungen auftreten, darunter auch zunächst nicht bemerkbare erbliche Enzymdefekte, die im Lauf des Lebens zur Zerstörung lebenswichtiger Organe führen[74]; derart schwere Fehlbildungen bereiten den Betroffenen und oft mehr noch den Eltern und Familienangehörigen bedrückend großes Leid.

b) Die Tatsachen sind unbezweifelbar. Die rein biologischen Deutungen, die auf evolutive Unvermeidlichkeit und biologische Funktionalität verweisen: So zutreffend sie sind, sie befriedigen uns Menschen nicht, weil wir zum einen existentiell gegen Qual, Leid, Zerstörung aufbegehren und anzugehen versuchen, weil wir zum andern über die reine Funktionalität hinaus nach Sinn und Bedeutung für uns und damit nach eventueller Bejahbarkeit fragen, bei nicht erkennbarem Sinn aber in untröstliche Trauer fallen können.

Einen Reinhold Schneider (1903–1958), der im Laufe seines von Krankheit gezeichneten Lebens zum entschiedenen, aber gegen das geläufige Christentum rebellierenden Christen geworden war, stürzte das freundlich-grausige Doppelantlitz der Natur in tiefe Zweifel an Gott und an seiner Schöpfung. Diese Zweifel, die er früher nur seinem Tagebuch (1930–35) anvertraut hatte, äußerte er nach 1945, besonders aber in seinem letzten Buch „Winter in Wien" (1958) ganz offen. Er beschreibt besonders eklatante Fälle von Grausamkeit und Gnadenlosigkeit in der Natur und notiert: „Man gehe nur einmal durch das Naturhistorische Museum – und Gott ist ebenso nahe wie fern. Es ist unmöglich, ihn vor dieser unübersehbaren Gestaltenwelt, dieser entsetzlichen Fülle der Erfindungen zu leugnen... (Aber:) Der schönste Vogel hascht im Fluge den schönsten Schmetterling; er pflückt die Schwingen ab und lässt sie dahinwehen und verschlingt den zarten Leib, der sich für seine kurze Dauer mit ein wenig Nektar begnügte und schutzlos das Farbenspiel der Flügel, ein Blitz aus den Händen des Vaters, an die Welt verschenkte. ... Und das Antlitz des Vaters? Das ist ganz unfassbar."[75] „Die Bewunderung der Zweckmäßigkeit, mit der ein Tier zur Vernichtung des anderen ausgestattet ist, ... grenzt an Verzweiflung", schreibt er[76] und fügt hinzu: „Das Leben ist bereit, einen jeden seiner Werte der Sinnlosigkeit in den aufgesperrten Rachen zu werfen. ... Man muss aus diesen rotierenden Höllen aufblicken zum Vater der Liebe – und – wer schlägt nicht die Hände vors Gesicht?" Für Reinhold Schneider versinkt nicht nur die von Menschen gestaltete Geschichte, sondern der gesamte Kosmos in tragische Finsternis, in der er sich allein fühlt „mit dem Schmerz um die Kreatur und den verborgenen Gott", verlassen, wie „Christus verlassen worden ist"[77]: „des Vaters Antlitz hat sich ganz verdunkelt; es ist die schreckliche Maske des Zerschmeißenden, des Keltertreters, ich kann eigentlich nicht ‚Vater' sagen"[78]. Der Christ Schneider entlarvt alle beruhigenden Selbsttäuschungen und vollmundigen Sinnaffirmationen. Nur eins bleibt ihm im Blick auf Christus: „Aus einer unbegrenzbaren kosmischen Dunkelwolke schimmert schwach ein einziger Stern; das muss uns genug sein; mehr ist nicht offenbart. ... Der Zweifel ernährt den Glauben, der Glaube den Zweifel"[79].

Man wird Reinhold Schneiders Zweifel nicht allein auf die Depression des schmerzgeplagten Schwerkranken, die seine Wahrnehmung verdüsterte, zurückführen dürfen, genau so wenig wie übrigens das fast „angeborene" Gespür für die negative Seite des Lebens bei Emile Cioran (1911–1995), der „Die verfehlte Schöpfung" (1969) ablehnt und vom „Nachteil, geboren zu sein" (1973) spricht[80]. Beide, der zweifelnde Christ Schneider und der – nach eigenem Bekunden –

---

[74] Vgl. hierüber die Humangenetikerin U. Theile, Destruktivität durch angeborene Fehlbildungen und Defekte, in: H. Kessler (Hg.), Leben durch Zerstörung? (s. o. Anm. 71), 66–84.

[75] R. Schneider, Winter in Wien. Aus meinen Notizbüchern 1957/58, Freiburg 1958, 120f.

[76] Ebd. 162. Das folgende Zitat ebd. 155f.

[77] Ebd. 234.

[78] Ebd. 110.

[79] Ebd. 216f.

[80] So zwei der Buchtitel von E. Cioran. Zu Cioran vgl. H. R. Schlette, Mit der Aporie leben. Zur Grundlegung einer Philosophie der Religion, Frankfurt/M. 1997, 149–170.

„mit Wollust zweifelnde" Agnostiker Cioran, artikulieren ein Grundgefühl, dem Aktualität heute nicht abzusprechen ist. Und so sehr dieses Grundgefühl des Welt- und Schöpfungsmisstrauens, diese Faszination durch das Negative, dieser Geist der Schwermut und die Schwierigkeit, ja zu sagen, eine im zu Ende gegangenen 20. Jahrhundert und aller Erwartung nach auch im begonnenen 21. Jahrhundert immer wieder aufkommende – soziohistorisch bedingte – Grundstimmung sein mögen, so haben sie doch Anhalt an der unleugbaren Zweideutigkeit und Zwiegesichtigkeit der Natur. Diese macht sie als Schöpfung eines guten Schöpfers für viele fraglich.

c) Wegen dieser tiefen Zweideutigkeit der Natur nannte Martin Luther (1483–1546) die Kreaturen nicht so sehr Spuren Gottes als vielmehr „Larven" oder „Masken" Gottes. Mit solchen Metaphern schnitt er eine Erkenntnis Gottes aus der Natur rücksichtslos ab. Die Vernunft kann Gott in der Welt nicht finden, sie „spielt Blindekuh mit Gott und tut eitel Fehlgriffe und schlägt immer daneben, dass sie das Gott heißt, das nicht Gott ist, und wiederum nicht Gott heißt, das Gott ist"[81]. Sie bekommt im Naturablauf und Weltlauf höchstens „die Rückseite Gottes" zu Gesicht, den – in der Welt und im Leben – verborgenen, nackten Gott (und so bleiben viele Warum-Fragen), aber vom Abgrund göttlicher Weisheit und Barmherzigkeit, „da weiß sie nicht einen Tropfen von"[82]. Dieser Abgrund göttlicher Weisheit und Barmherzigkeit wird erst offenbar durch das Wort des Schöpfers in Inkarnation, Leiden und Kreuz Christi, sub contrario (= unter seinem Gegenteil). Durch sein Wort in der Geschichte Jesu Christi hat Gott sich erschlossen. Christus ist der Erkenntnisgrund der gesamten Schöpfung und ihres Sinns.

Deshalb gilt für Luther: „Wiewohl Gott überall ist in allen Kreaturen, und ich möchte ihn im Stein, im Feuer, im Wasser oder auch im Strick finden, wie er denn gewisslich da ist, (so) will er doch nicht, dass ich ihn da suche ... Überall ist er, will aber nicht, dass du überall nach ihm tappest, sondern wo das Wort ist, da tappe nach, so ergreifst du ihn recht"[83]. Es bedarf also einer Umorientierung der Lebens- und Erkenntnisbewegung, um die Welt – als Schöpfung wahrzunehmen (und Gott als Schöpfer). Nicht der dem Denken geläufige Rückschluss von der Welt auf Gott lässt diese als Schöpfung hervortreten, sondern erst der dem Denken zugemutete Schluss von dem bejahten Gott auf die Welt.[84] Wer sich zum Glauben an Gott durchkämpft und aus der Beziehung mit ihm zu leben versucht, der sieht auch die Welt anders: „Aus je größerer Nähe einer Gott erkennt, umso besser versteht er die Kreaturen und lässt sich von ihnen 'anrühren'..., erkennt und liebt sie"[85]. Um Gottes Spuren in den Kreaturen als solche erkennen und lesen zu können, muss man Gott zuvor kennen.

d) Dennoch werden nur wenige mit dem 1995 24-jährig an Aids gestorbenen Bäcker und Dichter Markus Commerçon sagen können: „Eines Tages/ blickte ich Aids ins Gesicht./ Ich erschrak./ Bis ich merkte,/ dass Gott mich anschaute" (liebend, nicht strafend, erklärte Markus Commerçon im Fernsehen und bekannte sich als katholischer Christ).

Die französische Dichterin Marie Noel (1883–1967), deren Gedichtbände prämiert wurden, hinterließ in ihren (nur zu ihrer eigenen Hilfe niedergeschriebenen) „Notes intimes" das erschütternde Zeugnis eines – nicht nur eine Nacht wie bei Jakob am Jabbok (Gen 32,25–31), nein, eines – zwanzig Jahre dauernden, durch dunkelste Höllen führenden Ringens mit Gott, den sie in der Schöpfung nicht mehr fand und den sie gleichwohl nicht losließ (vgl. Gen 32,27). Nicht

---

[81] Martin Luthers Werke. Kritische Gesamtausgabe. Weimarer Ausgabe, Weimar 1883, Bd. 19, 207.

[82] Ebd. Bd. 46, 669.

[83] Ebd. Bd. 19, 492 (Sermon von dem heiligen Sakrament, von 1526).

[84] So C. Link, Schöpfung Bd.1, Gütersloh 1991, 56.

[85] M. Luther, Werke. Weimarer Ausgabe Bd. 43, 276 (Genesiskommentar). Dort auch der Satz: „Quia divinitatis vestigia sunt in creaturis."

„den ‚lieben‘ Gott (ihrer Kindheit), ‚unseren Vater‘, meinen Freund. Nein! Einen anderen! Ein anderer, ... so fürchterlich, dass mein Verstand wankte"[86]:
„Der, der die Welt erschaffen hat, nur ein Gesetz hat er dem lebendigen Wesen gegeben: ‚Friß‘, und was dasselbe ist: ‚Um zu fressen, töte.‘ Wenn du verweigerst, was du deinem Bauch schuldest, wirst du sterben. ... Der die Menschen erlöst hat, offenbarte ihnen ein anderes Gesetz: ‚Liebe‘. Die Liebe weigert sich, den Nächsten aufzufressen, sie weigert sich zu töten – den Menschen, das Tier, die Pflanze. ... Gott im Gegensatz zu Gott. ... Die Liebe Gottes verklärt das Gesetz der Schöpfung Gottes. Sie findet ihre Seligkeit im Verzehrt-werden. Und vielleicht gab im Anfang jedes Geschöpf sich dem anderen, Tier oder Pflanze, in Freude hin. So erfüllte sich – in einem – das doppelte Gesetz Gottes: ‚Verzehre – liebe‘."[87] Anders als Reinhold Schneider überlässt sich Marie Noel nicht fast wehrlos dem Sog der Finsternis, sondern arbeitet sich wieder herauf, bis dahin, dass sie sagen kann, sie glaube an diese „Liebe des Anfangs", zu deren Zeichen ihr die eucharistische Hostie wird, „dieser göttliche Bissen, in dem sich der Hunger, dieses Leben-wollen, und die Liebe, dieses Ernähren-wollen, wieder versöhnen... Und das Sterben."[88] Wie Reinhold Schneider weiß sie um „die Traurigkeit der Traurigkeiten: die Traurigkeit der (zum Schlachten geführten) Tiere, ... die große Klage in den gehorsamen Augen der zum Tod verurteilten Kreatur"[89]. Und sie gesteht: „Ich habe schwer an Gott gelitten. Ich habe an ihm gelitten ruhelos – wegen des Bösen. Wegen der schrecklichen Frage: Wer hat es verursacht? ... Dennoch, mit denselben tiefen Augen habe ich das dem Bösen Entgegengesetzte, habe ich die Liebe gesehen. Und ich glaube an die Liebe, als wären die Mathematiker unsicher, die Vernunft einäugig"[90]. Im Blick auf die Passion Christi, der den dunklen Gott ausgehalten und die Liebe zu allen durchgehalten hat, fügt sie hinzu: „Die größte Liebe ist die Liebe zu dem, der nichts zurückgeben kann", der „dich verlässt oder, schlimmer noch, dich verrät", die „liebt, ohne zu rechnen", „die selbstloseste, die ganz verlorene, ... die Liebe, die kein Glück hat".[91]

In einem paradox zugespitzten Text hat Marie Noel dann auch Racines Wort „Den jungen Vögeln gibt Gott Nahrung, und seine Güte breitet sich über die ganze Natur" für sich selber so kommentiert: „Nimm dich in acht, Mücke, nimm dich in acht! Der kleine Vogel braucht Futter, und der liebe Gott hat dich zu seiner Nahrung gemacht. Nimm dich in Acht, kleiner Vogel, nimm dich in Acht! Der Falke braucht Futter, und der liebe Gott hat dich zubereitet für seine Mahlzeit. Nehmt euch in Acht ringsum, nehmt euch in Acht in der Runde: Ein Bauch wartet auf dich, ein Hunger erspäht dich. Nimm dich in Acht vor der Erde, nimm dich in Acht, – und komm dem Himmel nicht zu nahe. Da ist die Güte Gottes, die den Hunger schuf und die Beute. Die Güte Gottes, tief und schwarz wie ein Abgrund, der Angst macht. Und dennoch ich, die Mücke, ich, die Lerche, ich, der Mensch, ich, das Geschöpf, erspäht, gehetzt, gejagt, getötet, gegessen, – ihm allein vertraue ich, vor ihm allein habe ich keine Angst."[92]

[86] M. Noel, Erfahrungen mit Gott. Eine Auswahl aus den Notes Intimes, Mainz 1973, 22.
[87] Ebd. 29–31.
[88] Ebd. 102; vgl. 99.
[89] Ebd. 106; vgl. auch 138f. Ebd. 98: Der Tbc-„Bazillus frißt in der Brust einer jungen Mutter, in der Kehle eines Apostels und sagt: ‚Gott ist gut‘. Und weil er von der Vorsehung seine Weide erhalten hat, sein Leben und den Segen für seine Nachkommen, spricht der Bazillus sein Tischgebet. Dasselbe Tischgebet, das wir am Ende unserer Mahlzeit sprechen, nachdem wir das Huhn oder das Lamm gegessen haben."
[90] Ebd. 132; vgl. 121f.
[91] Ebd. 152–154.
[92] M. Noel, Notes intimes, suivies de Souvenirs sur l'abbé Bremont, Paris 1959, 190 (eigene Übersetzung). – Ein eher distanziert-akademisches Gegenstück bietet die extreme Hiob-Paraphrase in Fritz Zorn, Mars, München 1979, 166f: „Da antwortete der Herr dem Hiob aus dem Wetter und sprach: Habe ich nicht das Krokodil erschaffen ..., das an Scheußlichkeiten alles andere übertrifft? Kann das Krokodil nicht beißen, morden, verstümmeln, verkrüppeln, vernichten? Wie kommst du dazu, an meiner Autorität zu zweifeln, wo ich doch der Herr über solche Scheußlichkeiten bin? Da antwortete Hiob dem Herrn und sprach: Du hast recht. Ich anerkenne, dass du der gemeinste, widerlichste, brutalste, perverseste, sadistischste und fieseste Typ der Welt bist. ... Du bist das größte Schwein des Universums. Meine Antwort auf diesen Tatbestand ist die, dass ich dir gerne untertan bin, dich sinnvoll finde und versuche, dich zu lieben." Diese Reaktion und Haltung Hiobs sei feige und dumm, ethisch wertvoller sei die Haltung von Hiobs Weib: „Eben weil Gott das Krokodil erfunden hat, besteht die

In der Natur und ihren Leiden, in der Kälte des Kosmos, ist ihr Gottes Güte und Wärme verborgen wie in einem schwarzen Abgrund, der Angst macht. Doch dann blickt Marie Noel auf diesen Galiläer Jesus und was er ihr zeigt von Gott, und sie wagt ein Dennoch gegen allen Augenschein, ein eindeutiges Vertrauen gegen alle in der Natur erfahrbaren Zweideutigkeiten. Gewagte Worte, gewagtes Leben, im einfallenden Lichtschein dieses Gottes Jesu, dem allein sie ganz vertrauen möchte.

Aber ist solches Vertrauen möglich ohne ein hinreichendes Verstehen? Wir werden darauf zurückkommen müssen (s.u. IV.3 und V.).

IV. „Nach Auschwitz": Verstummen der Gott-Rede oder Entschärfung der Theodizeefrage?

Der Name „Auschwitz" markiert das Äußerste an Gräueln der Unmenschlichkeit. Der Lebenszusammenhang, in dem das Schreckliche möglich wurde, ist unser eigener; *dort* ist es möglich geworden, und wurde gestern und heute wieder möglich. Abgründige Fehlbarkeit und Schuldfähigkeit stecken in jedem von uns, und bei entsprechenden Bedingungen werden sie oft genug auch aktuell. Gerade darum besteht die Pflicht zum behutsamen Wachhalten der Erinnerung.

Gott hat in Auschwitz anscheinend geschwiegen. Wo war er geblieben? Hielt er sich verborgen? Wo? Durch die Shoáh (hebr. = Vernichtung) wird der Glaube an Gott und das Reden von Gott zutiefst irritiert (für Juden – und auch für Christen, die ihre jüdische Wurzel nicht vergessen und ihre Verbundenheit mit den Juden nicht verleugnen). Elie Wiesel, einer, der die Hölle von Auschwitz erleben und mit dieser Erfahrung weiterleben musste, schreibt: „Man sage nicht, dass Gott damit nichts zu tun habe. ... Wer ihn für Jerusalem segnet und ihn nicht nach Treblinka fragt, ist schlichtweg ein Heuchler."[93] „Letztlich werde ich niemals aufhören, mich gegen diejenigen zu empören, die Auschwitz geschaffen oder zugelassen haben. Gott eingeschlossen."[94]

Unsere heutige Theodizee-Situation ist von der Shoáh geprägt. Kann man „nach Auschwitz" überhaupt noch von Gott reden? Aber da *in* Auschwitz gebetet und nach Gott, zu Gott, gerufen wurde: Muss man nicht nach Auschwitz zu Gott rufen und von Gott reden? Doch wie?

Oft wird versucht, dem bedrückenden Problemdruck dadurch auszuweichen, dass man gar nicht mehr von Gott redet, vielmehr in einem nachchristlichen Neo-Stoizismus das Sinn- und Trostlose trostlos zu ertragen sucht oder sich – im Verdrängen und Vergessen der Leiden – hedonistisch mit den events, Genüssen und Befriedigungen, die der Augenblick bietet, bescheidet, ohne größere Hoffnung, ohne Klage und ohne Protest.

Hält man an Gott oder zumindest an der Frage nach Gott fest, und will man, ohne die Realität der Leiden zu verraten, das Theodizeeproblem wenigstens entschärfen, so bleiben drei Möglichkeiten: dass aus dem Gottesbegriff entweder die Allmacht oder die Allgüte oder die Verstehbarkeit eliminiert wird. Der jüdische Philosoph Hans Jonas hatte ja bemerkt, die drei Attribute des traditionell-metaphysischen Gottesbegriffs Allmacht, Güte und Verstehbarkeit ließen sich – nach Auschwitz – nicht alle drei zusammen aufrecht erhalten, da „jede Verbindung von zweien von ihnen das dritte ausschließt"[95]. Da Hans Jonas sowohl die absolute Güte wie die

---

Verpflichtung, gegen ihn zu rebellieren; denn wenn er es nicht erfunden hätte, bräuchte man auch gar nicht mehr gegen ihn zu rebellieren."

[93] E. Wiesel, Macht Gebete aus meinen Geschichten. Essays eines Betroffenen, Freiburg 1986, 39.

[94] E. Wiesel, Alle Flüsse fließen ins Meer. Autobiographie, Hamburg 1995, 118.

[95] H. Jonas, Der Gottesbegriff nach Auschwitz. Eine jüdische Stimme, Frankfurt/M. 1987, 43. – Zu Jonas´ Versuch vgl. H. H. Henrix, Machtentsagung Gottes? Ein Gespräch mit Hans Jonas im Kontext der Theodizeefrage, in: J.

27

wenigstens grundsätzliche Verstehbarkeit Gottes für unaufgebbar hielt, musste folglich die Allmacht weichen.

1. Abschied vom allmächtigen Gott, oder: ist Gott ohnmächtig?
Zur überfälligen Klärung des Begriffs der All-Macht

a) Hans Jonas (1903–1993), dessen Mutter in Auschwitz ermordet wurde, fragt, welcher „Gottesbegriff nach Auschwitz" überhaupt noch denkbar sei: „Für den Juden, der im Diesseits den Ort der göttlichen Schöpfung, Gerechtigkeit und Erlösung sieht, ist Gott eminent der Herr der Geschichte, und da stellt ‚Auschwitz' selbst für den Gläubigen den ganzen überlieferten Gottesbegriff in Frage... . Wer aber vom Gottesbegriff nicht einfach lassen will – und dazu hat selbst der Philosoph ein Recht – der muss, um ihn nicht aufgeben zu müssen, ihn neu überdenken und auf die alte Hiobsfrage eine neue Antwort suchen. Den ‚Herrn der Geschichte' wird er dabei wohl fahren lassen müssen. Also: Was für ein Gott konnte es geschehen lassen?"[96] Die Antwort, die Jonas gibt, lautet: Ein Gott, der sich gänzlich seiner Allmacht entäußert und begeben hat. Diese Antwort erfolgt in zwei Stufen.

(1) Um dem Endlichen seinen eigenen Lauf zu lassen, muss Gott – der kabbalistischen Zimzúm-Lehre[97] zufolge – „sich in sich selbst zusammenziehen" und sich zurücknehmen, weil es sonst „kein anderes außerhalb Gottes geben" könnte[98]. Durch Selbstbeschränkung eröffnet Gott einen Raum für Welt und Freiheit, lässt somit auch Böses zu. Gottes Macht ist daher keine absolute oder All-Macht, vielmehr begrenzt durch das Eigensein des Geschaffenen, das er respektiert. Aber, so wendet Jonas selbst ein: Müsste der gute Gott die eigene Regel äußerster Zurückhaltung nicht wenigstens bei unerhörtem, himmelschreiendem Leid durchbrechen und mit einem rettenden Wunder eingreifen?[99] Wenn also in Auschwitz kein Eingreifen Gottes erfolgte, so muss das noch einen anderen Grund haben, als dass Gott nur die Eigenentfaltung der Schöpfung gewährleisten wollte. Auf der Suche nach einer weitergehenden Antwort beschwört Hans Jonas deshalb

(2) einen „selbsterdachten Mythos" (jenes „Mittel bildlicher, doch glaublicher Vermutung, das Plato für die Sphäre jenseits des Wissbaren erlaubte"): „Im Anfang, aus unerkennbarer Wahl, entschied der göttliche Grund des Seins, sich dem Zufall, dem Wagnis und der endlosen Mannigfaltigkeit des Werdens anheim zu geben. Und zwar gänzlich: Da sie einging in das Abenteuer von Raum und Zeit, hielt die Gottheit nichts von sich zurück; kein unergriffener und immuner Teil von ihr blieb", um den Schöpfungsprozess von jenseits her zu lenken. „Auf dieser bedingungslosen Immanenz[100] besteht der moderne Geist. Es ist sein Mut oder seine Verzweiflung..., unser In-der-Welt-Sein ernst zu nehmen: die Welt als sich selbst überlassen zu sehen, ihre Gesetze als keine Einmischung duldend, und die Strenge unserer Zugehörigkeit als durch keine außerweltliche Vorsehung gemildert."[101] Jonas radikalisiert also die partielle Zusammenziehung Gottes (das Zimzúm der Kabbalah) zur totalen Kontraktion auf restlose

---

B. Metz (Hg.), ‚Landschaft aus Schreien' (s. o. Anm. 58), 118–143, sowie E. Jüngel, Gottes ursprüngliches Anfangen als schöpferische Selbstbegrenzung, in: ders., Wertlose Wahrheit, München 1990, 151–162.

[96] H. Jonas, Gottesbegriff, 14.

[97] Der hebräische Ausdruck „Zimzúm" bedeutet Konzentration oder Kontraktion. Er wird innerhalb des Midrasch besonders auf die Gegenwart Gottes im Allerheiligsten des Tempels angewandt, in dem Gott seine ganze Macht gleichsam auf einen Punkt „beschränkt" (vgl. P. Kuhn, Gottes Selbsterniedrigung in der Theologie der Rabbinen, München 1967, 47–60). In der Kabbalah, einer im späten 13. Jh. aufgekommenen spekulativ-mystischen Richtung im Judentum, welche v.a. die Beziehung zwischen absolut transzendenter Gottheit und Schöpfung zu bestimmen suchte, bekommt „Zimzúm" dann v.a. die Bedeutung, dass die Gottheit sich zusammenzieht, um der Schöpfung Raum zu eröffnen.

[98] H. Jonas, Gottesbegriff, 46.

[99] Ebd. 40f.

[100] Zu Immanenz vgl. Glossar.

[101] Ebd. 15f.

Immanenz, er radikalisiert die Selbstbeschränkung Gottes zur totalen Entäußerung in völlige Ohnmacht und in den Verlust jeder Souveränität gegenüber der Welt. Gott hat sich so ganz in die werdende Welt hineingegeben, dass er „nichts mehr zu geben" hat[102]. Gott schwieg in Auschwitz: „nicht weil er nicht wollte, sondern weil er nicht konnte, griff er nicht ein"[103]. Nur Gottes Ohnmacht kann das Grauenvolle *erklären* (und dem Philosophen Jonas liegt daran, es zu erklären). Nur so scheint Gott von jedem Verdacht befreit, die Shoáh verschuldet zu haben; er trägt nicht die Verantwortung für die Leiden der Opfer. Damit ist die Theodizeefrage, so scheint es, beantwortet und stillgelegt.

In einer anderen Schrift fügt Hans Jonas an: Die Schmach von Auschwitz – „wir Menschen haben das der Gottheit angetan als versagende Walter ihrer Sache, auf uns bleibt es sitzen, wir müssen die Schmach wieder von unserem entstellten Gesicht, ja vom Antlitz Gottes hinwegwaschen."[104] Gott habe sich selbst in den Weltprozess hineingegeben, ohne etwas an Sicherheit für sich zurückzubehalten, jetzt liege es an uns, ihm zurückzugeben; Gott könne uns nicht helfen, wir müssten ihm helfen.[105] Hans Jonas ist davon überzeugt, „dass in unsere unsteten Hände, jedenfalls in diesem irdischen Winkel des Alls, das Schicksal des göttlichen Abenteuers gelegt ist und auf unseren Schultern die Verantwortung dafür ruht. Da muss der Gottheit wohl um ihre Sache bange werden." Wir müssen jetzt diese Sache „vor uns schützen": Das sei „eine kosmische Pflicht, denn es ist ein kosmisches Experiment, das wir mit uns scheitern lassen, in uns zuschanden machen können"[106].

Ohne Zweifel ein starkes, beeindruckendes Konzept. Dennoch drängen sich Fragen auf:
(1) Wird hier dem Menschen nicht eine zu große Last und Verantwortung auferlegt? Entsteht so aus der scheinbar gelösten, stillgelegten Theodizee nicht erneut die Frage nach einer Anthropodizee des überforderten Menschen (und damit doch wieder die Frage nach einer Theodizee des den Menschen überfordernden Gottes)?
(2) Wird man den Opfern von Auschwitz etwa besser gerecht, wenn man Gott die Macht zur Erfüllung seiner Verheißungen abspricht, wenn man die Hoffnung auf eine – auch den Toten – Gerechtigkeit und Erlösung schaffende göttliche Macht begräbt? Wie lebt und liebt man weiter, wenn die Kinder von Auschwitz einfachhin wirklich ausgelöscht wären?
(3) In Jonas´ Ausführungen bleibt zudem ein unaufgelöster Widerspruch: Einerseits soll die Gottheit *völlig* in die Immanenz des Weltprozesses *eingegangen* sein, ohne etwas „*von sich*" zurückzuhalten, so dass sie „nichts mehr zu geben" hat und nichts mehr von ihr zu erwarten ist. Andererseits hat Hans Jonas „die Idee eines Gottes, der *für eine Zeit* – die Zeit des fortgehenden Weltprozesses – sich jeder Macht der Einmischung in den physischen Verlauf der Weltdinge begeben hat; der dem Aufprall des weltlichen Geschehens auf *sein eigenes Sein* antwortet nicht

---

[102] Ebd. 47.
[103] Ebd. 41,
[104] H. Jonas, Materie, Geist und Schöpfung. Kosmologischer Befund und kosmogonische Vermutung, Frankfurt/M. 1988, 53.
[105] Nachträglich zu seinem spekulativ entworfenen Konzept stieß H. Jonas auf ein dieses gleichsam besiegelndes Lebenszeugnis, auf die Tagebücher von Etty Hillesum, einer jungen holländischen Jüdin, die sich 1942 freiwillig ins Lager Westerbork meldete, um dort zu helfen und das Schicksal ihres Volke zu teilen; 1943 wurde sie in Auschwitz vergast. Hans Jonas (ebd. 60f.) zitiert aus ihren Tagebüchern: „... ich gehe an jeden Ort dieser Erde, wohin Gott mich schickt, und ich bin bereit, in jeder Situation und *bis in den Tod Zeugnis davon abzulegen, ... dass es nicht Gottes Schuld ist, dass alles so gekommen ist, sondern die unsere.*" – „... und wenn Gott mir nicht weiterhilft, dann muss ich Gott helfen. ... Ich werde mich immer bemühen, Gott so gut wie möglich zu helfen..." – „Ich will dir helfen, Gott, dass du mich nicht verlässt, aber ich kann mich von vornherein für nichts verbürgen. Nur dies eine wird mir immer deutlicher: dass du uns nicht helfen kannst, sondern dass wir dir helfen müssen, und dadurch helfen wir uns letzten Endes selbst. Es ist das Einzige, auf das es ankommt: ein Stück von dir in uns selbst zu retten, Gott. ... Ja, mein Gott, an den Umständen scheinst auch du nicht viel ändern zu können ... Ich fordere keine Rechenschaft von dir, du wirst uns später zur Rechenschaft ziehen. Und mit fast jedem Herzschlag wird mir klarer, dass *du uns nicht helfen kannst, sondern dass wir dir helfen müssen und deinen Wohnsitz in unserem Inneren bis zum Letzten verteidigen müssen.*" (kursiv von mir)
[106] Ebd. 58f.

mit starker Hand ..., sondern mit dem eindringlich-stummen Werben seines unerfüllten Zieles"[107]. Was soll nun gelten? Hat Gott nur für gewisse Zeit auf jede Einmischung in den physischen Weltlauf verzichtet, ohne sein eigenes Sein zu verlieren (so dass er die Gerechten aus den Völkern motivieren konnte), oder ist er so völlig in den Weltprozess eingegangen, dass er nichts von sich zurückbehielt (woher kann dann noch eine motivierende Kraft kommen)? Beides ist nicht dasselbe.

b) Günther Schiwy folgt Jonas weitgehend, ohne den besagten Widerspruch zu beachten. Das Motiv für die schöpferische Entäußerung Gottes bis zur völligen Ohnmacht sieht Schiwy in der Liebe Gottes; dass diese an ihr Ziel komme, darauf vertraue der Glaube. An dieser Stelle führt Schiwy das Allmachtsprädikat, das er zuvor programmatisch verabschiedet hatte, plötzlich wieder ein, wenn er von einer „Liebesgeschichte des ohnmächtigen Schöpfers mit der von ihm ermächtigten Schöpfung" spricht, einer Liebesgeschichte, „die beide verändert und deren Ausgang menschlich betrachtet zwar offen (ist), göttlich betrachtet (aber) von der Allmacht der Liebe entschieden wird und längst entschieden ist"[108]. Auch in Schiwys Argumentation klafft ein Widerspruch: Wenn er einerseits das Bild eines „ohnmächtigen" Gottes vertritt, der sich bis in die völlige Abhängigkeit von seinen Geschöpfen entäußert und restlos in Immanenz aufgeht, wie soll dann andererseits aus der reinen Immanenz wieder die Transzendenz auftauchen, wo soll nach dem Ende der Allmacht die Allmacht der Liebe herrühren, dass man auf sie vertrauen oder ihrer Kraft in sich Raum geben könnte? Müsste also nicht die in Immanenz nicht auflösbare Transzendenz und Präsenz des göttlichen Grundes festgehalten werden? Ist nicht sie es, von der „die Gerechten in den Völkern" sich bewegen lassen?

c) Der Begriff der Allmacht Gottes muss neu überdacht und präzisiert werden.
Jonas und Schiwy wenden sich mit Recht gegen ein Verständnis Gottes, der willkürlich und mit gewaltförmiger Macht (Ps 77,16: „mit starkem Arm") in den physischen Lauf der Welt, in die Natur und das menschliche Schicksal eingreift, verändernd, rettend usw. Beide meinen, deswegen auch die Allmacht Gottes verabschieden zu müssen. Aber dabei denken sie – und hier liegt wohl der Denkfehler – All-Macht nicht wirklich transzendental, sondern räumlich-gegenständlich: nämlich (1) als *Allein*-Macht, die ohne Gegenmacht, also gegenstandslos und daher als Begriff unsinnig sei, und (2) kategorial als *Über*-Macht auf derselben Ebene wie kreatürliche Macht, die zu dieser in Konkurrenz tritt und daher sich selbst begrenzen müsste, um auch anderer, schwächerer Macht Raum zu geben; denn andernfalls – so könnte man erläutern – würde sie ja alle andere, endliche Macht verdrängen, ähnlich wie ein Gegenstand den andern verdrängt, wenn er dessen Ort einnehmen soll (also wie z.B. Wasser beim Einschenken ins Glas die Luft verdrängt oder wie einer einen andern von seiner Stelle verdrängt).

Gewiss: *Wenn* Gott ein räumlich-gegenständliches, übergroßes (schlecht ‚unendliches') Wesen *wäre*, das nach Art des Endlichen (Materie, Energie, Luft usw.) – allerdings endlos – ausgedehnt wäre und sozusagen allen Raum besetzt, dann freilich wäre es nötig, dass ein solcher Gott sich zurücknimmt, sich selbst begrenzt, um neben oder in sich überhaupt erst Raum aufzutun für Welt, oder dass er sich gar völlig kontrahiert, um *allen* Raum für anderes (Welt) freizugeben. Aber die nicht endliche Wirklichkeit, die wir mit dem Wort „Gott" meinen, darf ja gerade nicht raum-analog, gegenständlich, materie- oder luftartig gedacht werden: Gott ist *un*- und *über*gegenständlich. Die Rede, Gott sei „*Geist*", oder er sei „*transzendental*" zu denken, will genau dies andeuten. Raum, Atmosphäre, Energie, Macht/Kraft, Person/Du usf. – und selbst Geist oder Transzendenz – sind allesamt vom Endlich-Geschöpflichen genommene (physische oder personale) Modelle, die – metaphorisch (= übertragen), d.h. als Bilder, gebraucht – hinausverweisen auf Gott, den ganz Anderen, die ganz andere Dimension. Diese ganz andere Dimension fängt nicht erst dort an, wo die uns bekannten Dimensionen enden, sondern sie

---

[107] H. Jonas, Gottesbegriff, 41f.
[108] G. Schiwy, Abschied vom allmächtigen Gott, München 1995, 101f.

durchdringt alle und ist in ihnen allen ko-präsent, all-präsent, aber sie ist nirgends wie ein Gegenstand zu finden, an den man stößt und der anderes verdrängt.[109]

Die Vorsilbe „All-„ in dem Ausdruck „Allmacht" signalisiert einen qualitativen (nicht nur quantitativen) Unterschied der Macht Gottes gegenüber menschlicher Macht. Menschliche Macht kann – mit Max Weber – als Durchsetzungsvermögen gegen andere definiert werden; da dieses häufig zwingenden, ja gewaltsamen Charakter hat, ist der Begriff Macht meist negativ besetzt. Doch davon ist spezifische (oder All-) Macht Gottes, jedenfalls des von Jesus erschlossenen Gottes, klar zu unterscheiden. Gottes (All-) Macht muss gerade mit seiner Güte *zusammen*gesehen und von ihr her verstanden, d.h. als Fähigkeit gedacht werden, den anderen überhaupt erst *sein* zu lassen und ihn *frei* zu machen.

Kaum jemand hat das so klar gesehen wie der dänische Philosoph Sören Kierkegaard (1813–1855), der 1846 in einer Tagebuchaufzeichnung notiert:

„Die ganze Frage nach dem Verhältnis von Gottes Allmacht und Güte zum Bösen kann vielleicht (anstelle der Begriffsunterscheidung, dass Gott das Gute bewirkt und das Böse zulässt) ganz schlicht folgendermaßen aufgelöst werden. Das Höchste, das überhaupt für ein Wesen getan werden kann, höher als alles, wozu einer es machen kann, ist dies: es *frei zu machen. Eben dazu, dies tun zu können, gehört Allmacht.* Dies scheint absonderlich, da Allmacht gerade abhängig machen müsste. Aber falls man Allmacht denken wird, wird man sehn, dass eben in ihr zugleich die Bestimmung liegen muss, *sich* selbst wieder solchermaßen *in der Äußerung* der Allmacht *zurücknehmen* zu können, dass eben deshalb das durch die Allmacht Entstandene unabhängig werden kann. Daher kommt es, dass ein Mensch den andern nicht ganz frei machen kann, weil der, welcher die Macht hat, selbst darin gefangen ist, dass er sie hat und deshalb ständig doch ein verkehrtes Verhältnis zu dem bekommt, den er freimachen will. Dazu kommt, dass in aller endlichen Macht, Begabung usw. eine endliche Selbstliebe ist. Allein die Allmacht kann sich zurücknehmen, indem sie sich hingibt, und dies Verhältnis ist ja eben die Unabhängigkeit des Empfangenden. Gottes Allmacht ist darum seine Güte. Denn *Güte ist sich ganz hingeben, aber dergestalt, dass man, indem man allmächtig sich selbst zurücknimmt, den Empfangenden unabhängig macht.* Alle endliche Macht macht abhängig, Allmacht allein vermag unabhängig zu machen, aus dem Nichts hervorzubringen, was dadurch inneres Bestehen empfängt, dass die Allmacht sich ständig zurücknimmt. Die Allmacht ist nicht in einem Verhältnis zu andern gelegen, denn es gibt kein Anderes, zu dem sie sich verhält, nein, *sie vermag zu geben, ohne doch das Mindeste von ihrer Macht preiszugeben, d.h. sie kann unabhängig machen.* Das ist das Unbegreifliche, dass Allmacht nicht bloß vermag, das Allerimposanteste, das sichtbare Weltenganze, hervorzubringen, sondern auch das Allergebrechlichste hervorzubringen vermag: ein der Allmacht gegenüber unabhängiges Wesen. Dass mithin die Allmacht, die mit ihrer gewaltigen Hand die Welt so hart anpacken kann, zugleich sich so leicht machen kann, dass das Entstandene Unabhängigkeit empfängt. *Es ist nur eine ärmliche und weltliche Vorstellung von* der Dialektik der *Macht, dass sie immer größer wird je nach dem Maße, in dem sie zwingen und abhängig machen kann.* ..."[110]

Und in einer Tagebuchnotiz des Jahres 1850 fügt Kierkegaard hinzu: „Es ist unbegreiflich, das Wunder der allmächtigen Liebe, dass Gott wirklich einem Menschen so viel einräumen kann, dass er, was ihn selbst betrifft, nahezu wie ein Freier sagen wollen kann (hier liegt das schöne Wortspiel: frei zu machen, zu freien): willst du mich haben oder nicht? – und so eine einzige Sekunde auf die Antwort zu warten."[111]

Wenn wir es Jesus, weil er radikal Güte lebte[112], abnehmen, dass Gott reine Barmherzigkeit, Güte, Agápe ist (vgl. z.B. Mk 10,48; Mt 7,9–11par; 20,1–15; Lk 15; 1 Joh 4,8.16), nichts anderes (vgl. 1 Joh 1,5), dann bedeutet das: Die göttliche Allmacht ist durch Liebe bestimmt. Diese durch Liebe bestimmte Allmacht ist aber die freilassende Güte. Anders als endlich-gegenständliche Macht kann sie sich selbst „solchermaßen in der *Äußerung* der Allmacht zurücknehmen, dass eben deshalb das durch die Allmacht Entstandene unabhängig werden" und sein kann. Sie vermag das „Allergebrechlichste", „ein der Allmacht gegenüber unabhängiges Wesen"

---

[109] Stephen Hawkings Frage „Wenn das Universum ohne Anfang wäre, wo wäre da noch Raum für einen Schöpfer?" geht deshalb daneben. Gott braucht keinen ausgesparten Raum wie ein Gegenstand; Gott ist selbst der ‚Raum' (sagen die Rabbinen oder Augustinus und Thomas), das ‚Milieu' (sagt Teilhard de Chardin), in dem alles ist.

[110] S. Kierkegaard, Gesammelte Werke, 17. Abteilung: Eine literarische Anzeige, Düsseldorf 1954, 124f. (Anhang); kursiv von mir. Eine etwas andere Übersetzung findet sich in S. Kierkegaard, Tagebücher, München 1949, 216f.

[111] S. Kierkegaard, Tagebücher, 405.

[112] Der neomarxistische Philosoph Ernst Bloch, der sich als Atheist verstand, hat über Jesus beeindruckende Seiten geschrieben, die er in dem Satz zusammenfassen kann: „Hier wirkte ein Mensch als *schlechthin gut*, das kam noch nicht vor" (Das Prinzip Hoffnung, Frankfurt am Main 1959, 1487). Ein starker Satz!

hervorzubringen, weil sie zu geben und sich hingeben vermag, „ohne das Mindeste von ihrer Macht preiszugeben" (Kierkegaard). Und als die freilassende Allmacht-Güte will Gott nicht anders von den Menschen als Gott anerkannt werden, als dass sie, deren Freiheit er unbedingt achtet, ihn in Freiheit „mit ganzem Herzen lieben" und ihren „Nächsten wie sich selbst" (Dtn 6,4f und Lev 19,18; vgl. Mk 12, 28–31).

Aus biblisch-christlicher Sicht muss also eine Vorstellung von Allmacht, die mit dem Glauben an die Güte/Liebe und Gerechtigkeit Gottes unvereinbar ist, abgelehnt werden.[113] Gott übt seine Macht nicht in einer Weise aus, die seiner freigebenden Güte widerspricht. Zum einen nämlich gilt es zu bedenken: Der übergegenständliche Gott kann *um* uns sein, *bei* uns sein, *in* uns sein, ohne dass er, um nicht uns (oder eines seiner andern Geschöpfe) zu verdrängen, zu beengen oder unfrei zumachen, sich selbst erst – in einem räumlich-gegenständlichen Sinne – beschränken müsste[114]. Zum andern drängt sich die (All-) Macht seiner – intrinsisch-personalen – Liebe, anders als alle äußerlich-zwingende Menschenmacht, nicht auf, übt sie keinen Druck aus und engt nicht ein, sondern gibt frei. Gott ist nicht Konkurrent oder Grenze der Schöpfung und der menschlichen Freiheit, sondern gerade ihr ermöglichender Grund, auch ihre tragend-heilende Kraft und ihre rettende Aussicht.

So gemeinte All-Macht aber bedeutet biblisch das Versprechen der Rettung, gepaart mit dem Versprechen einer universalen Gerechtigkeit, die auch an die vergangenen Leiden rührt.[115] Sie zu verabschieden und das *Setzen* auf solche All-Macht aufzugeben, hieße zugleich den Schöpfungs- wie den Erlösungsbegriff preiszugeben. Wenn Gott nicht in diesem Sinne all-mächtig wäre, wäre alle Hoffnung auf endgültiges Heil ein „tragischer Irrtum"[116]. Doch im Bekenntnis zur All-Macht Gottes besteht der christliche Glaube genau darauf, dass der Gott, der in Verkündigung, Tod und Auferstehung Jesu Christi seinen universalen Heilswillen und seine rettende Liebesmacht kundgetan hat, auch überwinden wird, was diesem Heilswillen jetzt in der Welt und in uns selbst widerspricht.

2. Abschied vom allgütigen Gott, oder: wirkt Gott Böses?
Zum Problem der Letztverantwortung Gottes

a) Der jüdische Theologe David R. Blumenthal wählt den sozusagen komplementären Weg einer Auflösung der Theodizeeproblematik: Er begrenzt nicht Gottes Allmacht, sondern seine Güte, widerspricht also der Vorstellung von der *All*güte Gottes. Gott ist „zwar gewöhnlich und im allgemeinen, aber nicht immer gut"[117]. Blumenthal meint, „dass Gott von Zeit zu Zeit in böser bzw. schlechter Weise handelt", „zu unvorhersagbaren Zeitpunkten Böses bzw. Übles tut" und

---

[113] Die Frage der Allmacht Gottes wird neuerdings viel diskutiert. Vgl. z.B. O. John, Die Allmachtsprädikation in einer christlichen Gottesrede nach Auschwitz, in: E. Schillebeeckx (Hg), Mystik und Politik, Mainz 1988, 202–218; H. Frohnhofen, Ist der christliche Gott allmächtig?, in: StdZ 117 (1992) 519–528; T. Pröpper, Allmacht Gottes, in: LThK³ I (1993) 412–417; E. Kunz, Ist das Sprechen von Gottes Allmacht noch zeitgemäß?, in: GuL 68 (1995) 37–46; W. Schoberth, Allmacht Gottes und das Leiden, in: W. H. Ritter u.a., Der Allmächtige. Annäherungen an ein umstrittenes Gottesprädikat, Göttingen 1997, 43–67; H. Hoping, Abschied vom allmächtigen Gott?, in: TThZ 106 (1997) 177–188; T. Trappe, Allmacht und Selbstbeschränkung Gottes, Zürich 1997; J. Bauke-Ruegg, Aporien der Allmacht, in: EK 30 (1997) 278–280; ders., Die Allmacht Gottes, Berlin-N.Y. 1998; M. Figura, Wie soll man heute von Gottes Allmacht reden?, in: IkaZ Communio 28 (1999) 104–117.

[114] Vgl. H. Kessler, 'Schweigen müssen wir oft; es fehlen heilige Namen' (Hölderlin). Zur Hermeneutik trinitarischer Rede, in: J. Beutler/E. Kunz (Hg.), Heute von Gott reden, Würzburg 1998, 97–124, hier 108–116.

[115] J. B. Metz, Theodizee-empfindliche Gottesrede (s. o. Anm.11), 91. Dort Anm. 7: „Gott als Name für die Macht, die auch an die vergangenen Leiden rührt und sich darin als Gerechtigkeit erweist. Das ist der biblische Hintergrund für die Rede von der 'Allmacht Gottes'."

[116] A. Kreiner, Gott im Leid (s. o. Anm. 16), 184.

[117] D. R. Blumenthal, Theodizee: Dissonanz in Theorie und Praxis. Zwischen Annahme und Protest, in: Concilium 34 (1998) 83–95, hier 85; die Zitate im folgenden Satz ebd. 86f. – Vgl. auch vom selben Autor: Facing the Abusing God. A Theology of Protest, Louisville/Ken. 1993.

dass die „Neigung zum Bösen Gott inhärent ist", dass also „Gott das Böse durchaus in sich umfasst"; „das Böse gehöre als ‚Bestandteil' zu Gottes eigenem Wesen", so dass in Gott eine tiefe Zweideutigkeit herrscht.

Wie kommt Blumenthal zu dieser Sicht? Er geht von zwischenmenschlichen Erfahrungen aus: Ein Vater, der seinem Sohn den Autoschlüssel gibt, worauf der Sohn einen Unfall verursacht, habe Mitverantwortung; ja er habe „eine umfassende moralische Mitverantwortung für alles, was sich in seinem Leben ereignet"[118]. So habe auch Gott eine umfassende moralische Mitverantwortung für das Tun der Menschen.

Nun zeige die therapeutische Arbeit mit Überlebenden des Holocaust und mit Opfern von Kindesmissbrauch, wie unmöglich das Ansinnen an die Opfer sei, sie sollten über ihren Zorn auf Gottes Zulassung einfach so „hinwegkommen". Vielmehr sei Wut auf Gott und Protest gegen ihn die bessere, moralischere Option: Es sei besser, „auf Gottes wirksame Gegenwart in der menschlichen Geschichte zu pochen und ihm dann selbst im Aufschrei des Protestes Ehre zu erweisen". So wie reife, erwachsene Menschen erkennen, dass ihre Eltern nicht vollkommen sind, so bräuchten wir eine „reife", „realistische Sicht Gottes", die uns befähige, seine reiferen Diener zu werden. Deshalb plädiert Blumenthal für eine „Theodizee, die Gott des Machtmissbrauchs beschuldigt und eine schrittweise Therapie vorschlägt" – im „Zickzackkurs" zwischen Zorn und Liebe, Protest und Gotteslob (vgl. Klagepsalmen), der allein zu menschlicher Genesung und Reife führe.

Blumenthals Vorschlag hat in den USA erbitterten Widerstand hervorgerufen. Er selbst meint, dieser wurzele darin, dass die Menschen die umfassende, vollkommene Güte, die sie brauchen, auf Gott übertragen und in Gott hineinprojizieren. Er fragt nicht, woran es eigentlich liegt, dass die Menschen vollkommene Güte ersehnen und sie in Gott suchen oder sehen, und er bemerkt nicht bzw. hält es für Realismus, wenn er selbst eine andere Projektion vornimmt, indem er „das Böse in Gott hineinverlegt und dem Menschen das Recht auf Widerspruch einräumt". Warum aber muss, so wäre zu fragen, wenn Gott nicht aus der Verantwortung für Leid und Böses entlassen wird, das Böse in Gott selbst hineinverlegt werden? Führt das nicht zwangsläufig zu einer Sanktionierung, zur Heiligung und Gutheißung, des Bösen? Konsequent genommen kann Blumenthals Konzept letztlich nur zur Annahme all dessen führen, was ohnehin läuft, nicht aber zur Bekämpfung oder gar Überwindung des Schlimmen hin zu einem Besseren und am Ende eindeutig Guten.

b) Hinter den etwas widersprüchlichen Vorstellungen von Blumenthal verbirgt sich allerdings ein ernsthaftes Problem. Wenn nämlich Gott der einzige Urgrund der Wirklichkeit ist, dann muss *in Gott* zwar nicht das Böse als *Realität*[119], aber doch so etwas wie der *Grund der Möglichkeit* des Übels, des Leids und eben auch des Bösen gedacht werden. Diese gedankliche Konsequenz haben etwa Jakob Böhme (1575–1624), F. C. Oetinger (1702–1782), F. W. J. Schelling (1775–1854) und Luigi Pareyson (1918–1991) gezogen, in etwas anderer Weise auch Sergej Bulgakow (1871–1944) und Hans Urs von Balthasar (1904–1988). Während die übliche christliche Theologie sich mit der Unterscheidung begnügte, dass Gott das Übel und Böse nicht will, es aber, indem er einer von ihm begründeten Welt Eigendynamik einräume, in Kauf nehmen („zulassen") und die Geschöpfe auch dann noch tragen müsse, wenn sie andere als die von Gott intendierten Wege beschreiten, gehen die genannten Denker weiter. Sie sehen in Gott selbst eine – letztlich trinitarisch zu denkende – Ur-Unterschiedenheit, die den Möglichkeitsraum bildet für alle anderen Unterschiedenheiten, also für Andersseinkönnen, für mögliche Selbständigkeit und damit eben dann auch für eventuelle *Ver*selbständigung *gegen* andere, d.h. für das moralisch Böse, die Sünde[120]. Indes, so konsequent dieser Gedanke erscheint, – versteigt er sich nicht in anmaßende (metaphysische) Spekulation, die sich an der Unverfügbarkeit Gottes vergreift?

Jedenfalls ist biophysisches Leben nicht ohne die Evolutionsdynamik, damit nicht ohne Fehlentwicklungen, Schmerzen, individuellen Tod (malum physicum) denkbar, und menschliche Freiheit nicht ohne die Möglichkeit ihres Missbrauchs gegen andere Wesen (malum morale). Vermeidbar wären diese Übel nur gewesen, wenn Gott – menschlich gesprochen – überhaupt auf die Erschaffung einer evolutiven Welt mit biophysischem Leben und menschlicher Freiheit

---

[118] Blumenthal, Theodizee, 85f.; die folgenden Zitate ebd. 88, 93, 89f., 90f., 93.

[119] und auch nicht unbedingt als – von Gott freilich nicht gewählte – reale Möglichkeit Gottes selbst: gegen Luigi Pareyson, Ontologia della libertà. Il male e la sofferenza, Torino 1995.

[120] Vgl. etwa H.U. von Balthasar, Theodramatik III, Einsiedeln 1980, 300ff.

verzichtet hätte. Da er dies offenbar nicht tat, hat er sich zum Stifter (des malum metaphysicum und damit) der *Möglichkeit* des Naturübels und auch des moralischen Übels, des Bösen, gemacht und ist somit für diese – von ihm riskierte – Möglichkeit selber letztverantwortlich.

Erst aufgrund der Eigendynamik des evolvierenden Kosmos, der Natur, jedoch wird diese Möglichkeit zur *Wirklichkeit* des Naturübels, des oft erbärmlichen Leids der Kreatur; und erst aufgrund des Missbrauchs der menschlichen Freiheit wird sie zur *Wirklichkeit* des moralischen Übels, des Bösen. Die *Realität* des Übels und des Bösen wird damit zwar von Gott wegverlagert auf den Kosmos und auf den Menschen, aber doch so, dass der Mensch – und dies auch advokatorisch für andere Geschöpfe – mit Recht Klage erheben und an Gott die leidenschaftliche Rückfrage stellen kann: Warum? Wie konntest Du nur (das alles riskieren, zulassen)? „Was hast du im Sinn ... mit uns allen samt all den Geschöpfen, den macht- und wehrlosen, fressend gefressenen, gräßlich verreckenden, allen zusammen – zum Weinen! Was willst du?"[121]

c) Unter den zeitgenössischen christlichen Theologen haben u.a. W. Groß und K.-J. Kuschel[122] sich dagegen gewandt, für die Übel in der Welt allein die menschliche Freiheit verantwortlich zu machen und Gott, indem man ihn zum ohnmächtigen, schwachen Gott entmächtige, von jeder Verantwortung freizusprechen. Sie haben einen zugespitzten Text im AT zum Programmtext erhoben: „*Ich* bilde das Licht und schaffe die Finsternis, ich wirke das Heil und *schaffe das Unheil*, ich bin's, Jahwe, der dies *alles wirkt*" (Jes 45,7).

Was besagt dieser Text? Deutero-Jesaja lässt hier Gott selber diesen Satz sagen, Gott, der – nach des Propheten Sicht – das schuldig gewordene Israel ins Gericht des Exils gebracht habe und es nun durch den Perserkönig Kyros, sein Werkzeug, wieder herausführe; mit diesem Satz führt der Prophet nicht nur alles Geschaffene, sondern auch alles Geschehende auf Gott (Jahwe) zurück. Anders als Gen 3 wird hier Gott als Ursache von schlechthin allem angesehen, also auch von Übel, Leid und Bösem; denn das in Jes 45,7 stehende hebräische Wort ra' umfasst das Unheil, das Schädliche *und* das Böse. Wie soll man dieses Propheten-Wort verstehen? Wir haben es hier mit einem Text zu tun, der eine konkret erlebte Situation deuten und das Volk ermutigen will, nur ja die Hoffnung nicht sinken zu lassen, vielmehr die Anzeichen einer Wende zum Guten wahrzunehmen. Sobald man nun aber diesen Satz seines situations-deutenden und ermutigenden Charakters entkleidet, ihn zu einer generellen Behauptung verallgemeinert und aus ihm allgemeingültige Schlüsse ziehen will, wird alles problematisch.

Das gleiche Wort ra' wie in Jes 45,7 findet sich übrigens in der Rahmenerzählung des Buches Hiob, wo dieser seine Frau fragt: „Das Gute nehmen wir an von Gott (Elohím), und das Böse sollen wir nicht annehmen?" (2,10; vgl. 42,11). Wie Hiob können jüdische Beter in ihrer gelebten Gottesbeziehung das Leid (Krankheit, Verfolgung), das sie trifft und aus dem Gott sie nicht herausholt, als *seinen* Zorn und *seine* harten Schläge deuten, es also direkt auf ihn zurückführen, ihn verantwortlich machen und ihm bitterste Anklagen entgegenschleudern (Klgl 3,1ff.; Ps 88 u.a.; Heinrich Heine). Trotz aller gegenteiligen Erfahrung setzen sie dabei jedoch voraus, dass Gott ihr *Heil* will, nicht ihre Vernichtung. Gerade deshalb halten sie – sozusagen *gegen Gott* (genauer: gegen das, was sie aktuell an Gottverlassenheit erfahren und auf Gott selber zurückführen) – *an Gott fest* (genauer: an dem „Ich bin da" von Ex 3,14 bzw. dem „Du bist bei mir" von Psalm 23,4), klagen seine (Bundes-) Nähe ein und fragen, wann er seine Verheißung und damit die Wahrheit seines Namens „Ich-bin-da" endlich einlösen werde.

Das kann so weit gehen, dass manche Rabbiner (wie Elisha ben Abuja im 2.Jh. oder Levi-Jizchak von Berditschew im 18. Jh.) geradezu tollkühn sich gegen den Schöpfer empören, ihm die Schuld für das große Leid zuweisen und „keinerlei Skrupel" haben, „Gott daran zu erinnern, dass auch

---

[121] F. Stier, Vielleicht ist irgendwo Tag (s. o. Anm. 7), 147.

[122] W. Groß; K.-J. Kuschel, „Ich schaffe Finsternis und Unheil!" Ist Gott verantwortlich für das Übel?, Mainz 1992.

Er sich von seinem Volk die Leiden vergeben lassen müsse, die Er ihm auferlegt hatte"[123]. Ein Rabbi Levi-Jizchak hat von Gott Antwort verlangt: „Einmal blieb er vom Morgen bis zum Abend stumm vor seinem Pult stehen, ohne die Lippen zu bewegen. Vorher nämlich hatte er Ihn gewarnt: ‚Wenn Du Dich weigerst, unsere Gebete zu erhören, spreche ich sie nicht mehr!'"[124] Solche Gebetsverweigerung und Revolte ist nicht dasselbe wie die Revolte des Abgefallenen oder des gleichgültig Gewordenen, sie ist vielmehr eine legitime Form gelebter Beziehung zum unbegreiflichen Gott, Rebellion aus einem letzten Vertrauen zu Gott[125] – und aus einer unbedingten ethischen Entschiedenheit für die Menschen, die Geschöpfe, die Opfer. Elie Wiesel erläutert: Der Schrei der Empörung gegen Gott sei dann erlaubt, wenn er ein Schrei für die Opfer sei und nicht gegen sie. „Unsere (jüdische) Tradition rechtfertigt nur einen einzigen Schrei, den Schrei, den wir für die Menschen, nicht gegen sie ausstoßen. Nur die Empörung, die dem Opfer hilft, ist gestattet. Jene, die den Henker ermuntert, ist vergeblich, weil sie unmenschlich ist."[126] In der Shoáh haben Juden zu Jahwe gesprochen, Er solle nur ja nicht glauben, sie würden unter dem Ansturm der sie treffenden Leiden von Ihm lassen und Ihn dadurch seiner Verpflichtungen ihnen gegenüber entheben.

Solches Verhalten in der Gottesbeziehung setzt voraus, dass Gott gerade *nicht* Gutes *und* Böses im eigentlichen Sinn zugleich tut und will und in sich enthält, also nicht voll tiefer Zweideutigkeit, sondern eindeutig Güte oder Agápe[127] (1 Joh 4,8.16; 1,5) ist und dass von ihm gilt: „Jahwe ist gütig gegen alle" (Psalm 145,8f; vgl. 36,6 u.a.), dass in ihm nichts wirklich Böses ist und er nur deshalb auch gebeten werden kann: „Lass mein Herz sich nicht zum Bösen neigen" (Psalm 141,4). An vielen Stellen des hebräischen AT (Ex 34,6f; Num 14,18; Neh 9,17 u.a.; Ps 36,6; 57,11; 63,4; 69,14; 86,15; 100,5; 103,8; 107,1; 108,5 u.a.) wird die „chäsäd" (= Güte, Gnade) geradezu zum Inbegriff Gottes, und aufgrund der Gotteserfahrung und -praxis Jesu behauptet das NT die reine „Güte" Gottes: keiner ist im Grunde „gut" außer Gott allein (Mk 10,18; vgl. Mt 7,9–11; 20,1–15; Lk 15; 1 Joh 4,8.16; Tit 3,4 u.a.).
Diese chäsäd oder Güte/Liebe Gottes ist freilich keine abstrakt vorausgesetzte, verrechenbare Eigenschaft Gottes, auf die man spekulieren und die man in sein Kalkül (etwa in einer Theodizee) einsetzen könnte. Sie ist vielmehr das, worauf der Glaubende in der gelebten Beziehung zu Gott, gleichsam mit dem Einsatz und Experiment seines Lebens, vertrauend und hoffend *setzt*, und zwar – jedenfalls seiner Intention und Tendenz nach – in all seinem Handeln und all seinem Leiden. Zu sagen, Gott sei Güte oder Agápe, bedeutet dann, darauf zu setzen, dass er sich noch und vollends als solche Güte oder Agápe erweisen werde.

d) Ein Thomas von Aquin (1225–1274) war sich dessen wohl bewusst, dass wir, so lange wir leben, mit einer unvollkommenen Gotteserkenntnis uns abfinden müssen: Wir wissen nicht, was Gott *ist*, sondern eher, was er *nicht* ist. Gott ist *nicht* schlecht und *nicht* böse. Aber die positive

---

[123] E. Wiesel, Chassidische Feier, Wien 1974, 104. – Ein jüdisches Märchen erzählt, wie am Vorabend des Jom Kippur der Schneider nach Verrichtung der Gebete ein Notizbuch hervorholt, woraus er alle seine Sünden seit dem vergangenen Jom Kippur vor Gott aufzählt, dann ein größeres und dickeres Notizbuch aus dem Schrank holt, zu Gott sagt: „und jetzt werde ich deine Sünden aufzählen", dann alle Nöte, Sorgen, Krankheiten und Geldverluste des zurückliegenden Jahres aufrechnet und am Ende sagt: „Allmächtiger Gott, wenn man eine ehrliche Rechnung aufstellt, schuldest du mir mehr als ich dir. Aber ich will mit dir nicht kleinlich umgehen. Es ist Jom Kippur, alle müssen sich versöhnen, und ich verzeihe dir deine Sünden, die du uns angetan hast, und auch du sollst uns unsere Sünden verzeihen." Darauf schenkte der Schneider die Gläser mit Wein voll und rief aus: „Lechaim, allmächtiger Gott, wir verzeihen einander unsere Sünden." Die Erzählung endet damit, dass der Rabbi den Schneider als Vorbild hinstellt, über den selbst Gott sich freue. Vgl. Pinchas Sadeh, König Salomos Honigurteil. Märchen und Legenden der Juden. Aus dem Hebräischen von Wolfgang Lotz, München-Wien 1989, 448f.

[124] E. Wiesel, Chassidische Feier, 105.

[125] So interpretiert K.-J. Kuschel, Im Spiegel der Dichter. Mensch, Gott und Jesus in der Literatur des 20. Jahrhunderts, Düsseldorf 1997, 271.

[126] E. Wiesel, Die Weisheit des Talmud. Geschichten und Portraits, Freiburg 1992, 193.

[127] Zu Agápe siehe Glossar.

Aussage „Gott ist gut" gibt nicht wieder, was Gott *ist*, denn der Begriff, den wir Menschen von ‚gut' haben, bezieht sich auf die Gutheit, die in der endlichen Welt angetroffen werden kann. Das Gute in der Welt ist begrenzt und mangelhaft, die Gutheit, die zu Gott gehört, ist in der Welt eben nicht vorhanden. Was das herrschende Denken als ‚gut' präsentiert, ist nicht gut; und was wir normalerweise als ‚gut' verkaufen, ist nicht ganz gut. Das, worauf das Wort ‚gut' letztlich hinweisen will, ist im eigentlichen Sinne in Gott zu finden und erst in einem abgeleiteten Sinn in der Schöpfung. Wenn also die wahre Gutheit in Fülle nur bei Gott zu finden ist, so liegt diese Gutheit doch in der Richtung dessen, was Menschen in ihrem Leben an Gutheit, an Güte, als gut erfahren und was sie an Gutheit und Güte ersehnen. Deshalb ist es viel adäquater, Gott gut zu nennen, als irgendein Geschöpf. Und deshalb muss gewiss verneint werden, dass Gott schlecht ist, aber es muss gerade nicht verneint werden, dass Gott gut ist.[128]

Das Wort ‚gut' (Güte, Liebe) ausgerechnet Gott vorenthalten zu wollen, ist daher mehr als bedenklich. Dennoch: Oft wird dieses Wort allzu selbstverständlich und gedankenlos auf Gott übertragen.

Im Anschluss an Meister Eckhart hat darauf – der zu Unrecht (1926) aus der Kirche ausgeschlossene und erst spät (1946) wieder aufgenommene Kirchengeschichtler und Volksschriftsteller – Joseph Wittig (1879–1949) hingewiesen und bemerkt, in allem menschlichen ‚gut' sei immer auch ein Schlimmes: Wenn der König gut für die Bürgerschaft sei, wie viel Ungutes müsse er da den armen Halunken antun, die es nicht zu rechten Bürgern gebracht haben; und wie manches Schlimme richteten wir mit unserer Güte an! All unsere Eigenschaftswörter, auch noch die höchsten, die wir auf Gott anwenden, „geben uns nicht sein Licht, sondern werfen auf ihn unsere Dunkelheit"[129]. Wenn wir das Wort ‚gut' dennoch auf Gott anwenden, dann kommen wir in die unmöglichsten Situationen mit Gott. Wir können dann Gott in vielen Ereignissen einfach nicht mehr verstehen, denn das meiste, was Gott tut und geschehen lässt, sei viel weniger und zugleich viel mehr als ‚gut'. Viel weniger, weil Dinge passieren, die einfach in unseren Augen nicht gut sein können; viel mehr, weil sich nicht selten später herausstelle, dass das, was eintrat und was damals nach menschlichen Maßstäben schlecht und schlimm war, sich hernach als ‚gut' erweise. So sei eben „auch das Menschenwort gut, auf Gott angewandt, ein Schatten auf Gott": „Es erfasst nicht das Mysterium der Katastrophen, der verheerenden Tätigkeit Gottes, der Tragik und der Schmerzen; und was es erfasst, nämlich diejenigen Offenbarungen Gottes, die uns angenehm sind, das ist immer noch unendlich höher als menschlich gut"[130].

Nicht nur wegen der Unausdenkbarkeit Gottes aber, auch aus Rücksicht auf Menschen in den Dunkelheiten des Lebens lege sich eine behutsame, diskrete Zurückhaltung im Gebrauch der Worte gut und Güte/Liebe für Gott nahe. Zu oft schon habe der billige Hinweis, Gott sei immer und auf jedem Fall ‚gut', von Tragik und Not getroffenen Menschen Gott und den Glauben an ihn zu vermiesen vermocht. Joseph Wittig: „Viele Menschen, die den Glauben an Gott weggeworfen haben, weil sie an Gottes Güte verzweifelten, würden wieder anfangen zu glauben, wenn sie nicht ... glauben müssten, dass Gott so, wie sie es allein verstehen können, gut sei. Es würde aber nach einiger Zeit der Tröster kommen, der Heilige Geist, und würde ihnen alles sagen, was sie jetzt noch nicht ertragen können."[131]

Nun schildert Wittig eine konkrete Begebenheit aus seiner Kaplanszeit in Breslau. Ein schwerkranker Steinmetz, der aus den Nöten des Lebens heraus nicht mehr an einen ‚guten' Gott

---

[128] Vgl. Thomas von Aquin, Summa Theologie I, q.1, a.7 ad 1 und a.9 ad 3; q.7, a.1; q.12, a.1; sowie insbesondere q.13, a.3, und q.6, a.1–4. Zur Interpretation vgl. E. Schillebeeckx, Das nicht begriffliche Erkenntnismoment in unserer Gotteserkenntnis nach Thomas von Aquin, in: ders., Offenbarung und Theologie, Mainz 1965, 225–260; ferner W. J. Hill, Knowing the Unknown God, New York 1971.
[129] J. Wittig, Das neue Antlitz, Kempen 1947, 157f.
[130] Ebd. 158.
[131] Ebd.

glauben konnte, hatte seinen Pfarrer vom Krankenlager fortverwiesen. Auf Bitten des Pfarrers ging Wittig in die Wohnung des Schwerkranken und sagte zu ihm u.a. dies: Sie haben den Glauben „wie ein zartes, weiches, schwaches Christkindlein auf Ihre Schultern genommen. Hopsassa, haben Sie gesagt, den bring ich schon durchs Leben! Ja Quarkspitze! Das Christkindlein wurde immer schwerer zu ertragen und als das Wasser immer tiefer wurde und als der Strudel kam, wo alles sich um Ihre Beine und in Ihrem Kopfe drehte, da haben Sie ...“ – nun der Kranke: „Da habe ich das Kindel ins Wasser geschmissen! O ich elender Christophorus!“ Darauf Wittig: „Nein, Sie sind in ihrem Denken einstweilen nur so weit gekommen, dass es kaum menschenmöglich ist, diese Last zu ertragen. Der heilige Christophorus war ja ein wenig schneller im Denken als Sie. Er sagte sich: Gerade weil das Kindlein auf meiner Schulter gar so schwer drückt, muss es am Ende etwas Göttliches sein. Denn was man ertragen und verstehen kann, mit dem ist's nicht weit her.“ Der Steinmetz: „Ja, ich kann's halt nicht glauben, dass es einen guten Gott gibt. Das ist eine Unwahrheit, und unter einer Unwahrheit wäre auch der heilige Christophorus zusammengebrochen.“ – Nun folgt Wittigs entscheidende Antwort: „Oder er hätte die Unwahrheit abgeworfen und Gott weitergetragen. Werfen Sie doch weg, was Ihnen an der Lehre vom guten Gott falsch erscheint und nehmen Sie Gott, wie er ist. Er wäre ja gar nicht Gott, wenn er gut nach Ihrem Sinne und nach Ihrem Verständnis wäre, und wenn Sie bestimmen und fordern könnten, wie gut er sein müsse. Sie, mit ihm ist nicht gut spielen! Er hat die Löwen und Tiger geschaffen und alle ihre Wut und Grausamkeit. Sie werden ihn lassen müssen, wie er ist! Malen und meißeln kann man ihn, wie man sich ihn denkt, aber sein muss man ihn lassen und glauben muss man an ihn, wie er ist, ob er nun nach *unserem* Verständnis und nach *unserer* Ausdrucksweise ‚gut‘ oder ‚böse‘ ist. Beides ist er nicht nach Menschenart. Werfen Sie einmal das ganze Nachdenken über ‚gut‘ und ‚böse‘ weg und ertragen Sie Gott, wie er ist!“[132] – Erschütternd endet dann das Gespräch zwischen Wittig und dem Schwerkranken. Wittig sagt zu ihm: „Sagen Sie das Jawort! Sie brauchen nicht zu sagen: Gott ist gut! Sie brauchen nur zu sagen: Ja, o Gott ... Ja ... o ... Gott!“[133]

Joseph Wittig half diesem Menschen, Tröstung und Halt zu finden in Gott. Von Not und Leid erschütterte Menschen müssen nicht gegen alles, was ihnen ihr Herz sagt, bekennen, Gott sei gut. Vielleicht aber finden sie Halt in dem bloßen: „Ja, Gott, Du bist, und dass Du bist, das ist gut.“ Und vielleicht kommt es sogar wieder einmal so weit, dass sie sagen können: „Du bist nicht nur, und nicht nur dies ist gut – sondern: Du bist gut in all Deinen Taten und Zulassungen, aber *anders gut und viel mehr gut*, als wir Menschen dies mit dem Wort ‚gut‘ von Dir auszusagen imstande sind.“ So gesehen wird die Gutheit und Güte Gottes das, was wir nach unseren moralisch höchsten und universalsten Maßstäben unter ‚gut‘ verstehen, nicht unterschreiten, sondern vielmehr überschreiten (vgl. Mt 20,14f.).

3. Abschied von der Verstehbarkeit?
Die Unbegreiflichkeit Gottes, atheistische Kritik und der Sinn von Verstehensversuchen

Bleibt, wenn man an Gott, seiner Allmacht und seiner Güte festhält, angesichts des maßlosen Leidens in der Welt nur die Kapitulation vor der Unbegreiflichkeit Gottes? Oder gibt es doch ein Verstehen?

a) Gegen alles – vermeintliche – Bescheidwissen über Gott müssen wir zunächst an die tiefe Einsicht des Anselm von Canterbury (1033–1109) erinnern, wonach wir mit Gott jenes übergegenständliche, unendliche Wesen meinen, „über das hinaus nichts Größeres gedacht

---

[132] Ebd. 159–161. Vgl. ähnlich Marie Noel, Erfahrungen mit Gott (s. o. Anm. 86) 23: Auch Christus habe Gott ausgehalten im Ölgarten in der Stunde der Finsternis; es sei eben „das, was wir gut nennen, unser Gut“, und vielleicht ist unser Böses sein Gutes für Ihn. Und vielleicht ist alles gut, wenn Er es ansieht“.
[133] Wittig, Das neue Antlitz, 164.

werden kann", ja mehr und tiefer noch: „etwas Größeres, als gedacht werden kann"[134]. Obwohl dieses Größere inmitten der Welt anwest, ist es über alles Weltliche, also auch über unser Begreifen hinaus unendlich erhaben. Augustinus hatte dies prägnant so in Worte gefasst: „Wenn du´s begreifst, dann ist es nicht Gott; wenn du begreifen konntest, so hast du etwas anderes für Gott gehalten..., dich durch dein Denken täuschen lassen"[135].

Auf dieser Linie hat Karl Rahner (1904–1984) versucht, die Unbegreiflichkeit des Leids der Kreatur als „ein Stück der Unbegreiflichkeit Gottes" selbst zu sehen. Gott sei (1) unbegreiflich „in seinem Wesen", weil wir trotz der Fürchterlichkeit, ja Amoralität vieler Leiden „die reine Güte Gottes zu bekennen haben, die aber eben nicht vor unserem Tribunal freigesprochen werden muss". Und Gott sei (2) unbegreiflich „in seiner Freiheit, weil gerade sie, wenn sie das Leid der Kreatur will[136], ... unbegreiflich ist". Die liebende „Annahme Gottes als des unverfügbaren Geheimnisses" und die „schweigende Annahme der Unerklärlichkeit und Unbeantwortbarkeit des Leides" seien „derselbe Vorgang"[137]. Wo diese Annahme nicht vollbracht werde, „bleibt nur die nackte Verzweiflung über die Absurdität unseres Leidens, die eigentlich die einzige Form des Atheismus ist, die man ernst nehmen muss." Es gebe kein Licht, das die finstere Abgründigkeit des Leides erhellt, als Gott selbst.[138]

Ähnlich wie Rahner sind viele Theologen der Meinung, dass es zumindest im gegenwärtigen Dasein keine befriedigende Erklärung dafür gibt, warum wir (und andere Geschöpfe) leiden müssen. Das Leid und das Böse seien ein Geheimnis (mysterium iniquitatis). Eine theoretische Antwort auf das Theodizeeproblem gebe es deswegen nicht, wir müssten warten auf die Theodizee durch Gott selbst. Manche gehen so weit zu sagen, alle Verstehensversuche seien von vornherein ein aussichtsloses Unterfangen und zum Scheitern verurteilt, plädieren also für eine radikale Rückführung in das unverstehbare Geheimnis (reductio in mysterium).

b) Heutige *atheistische Religionskritiker* wie Günther Streminger oder Bernward Gesang[139] sehen in solchem Rückzug aufs unbegreifliche Geheimnis eine „Immunisierungstrategie des Glaubens" am Werk: Weil ein allmächtiger und allgütiger Gott mit dem Leid in der Welt sich rational nicht vereinbaren lasse, ziehe sich der Glaube, wenn ihm die Argumente ausgehen, hinter die Grenzen der Vernunft ins rational Unbegreifliche zurück, während er oft gleichzeitig rationale Argumente beanspruche, um die Existenz Gottes zu belegen.[140] Dem Atheisten, der Gott auf die engen Maße

---

[134] Anselm von Canterbury, Proslogion 2 bzw. 15.

[135] Augustinus, Sermo 52,6,16.

[136] Rahners Aussage, dass Gott das Leid der Kreatur „will", ist nicht zwingend, ebensowenig wie Rahners entsprechende Aussage, dass Gott, wenn er die menschliche Freiheit als Freiheit setzt, sie „als gute oder als böse Freiheit" setze (so K. Rahner, Grundkurs des Glaubens, Freiburg 1976, 112). Vielmehr lässt er dem Menschen seinen freien Willen und trägt ihn, ob er sich zum Guten oder Bösen entscheidet, also eben auch dann noch, wenn der sich zum Bösen entscheidet. „Et hoc est bonum": „und das ist gut" (Thomas von Aquin, S.th. I q.19 a.10 ad 3).

[137] K. Rahner, Warum lässt Gott uns leiden?, in: ders., Schriften zur Theologie Bd. 14, Zürich 1980, 250–266, hier 263f.

[138] Ebd. 264f.

[139] B. Gesang, Angeklagt Gott. Über den Versuch, vom Leiden in der Welt auf die Wahrheit des Atheismus zu schließen, Tübingen 1997; G. Streminger, Gottes Güte und die Übel der Welt. Das Theodizeeproblem, Tübingen 1992; beide im Anschluss an den Kritischen Rationalismus von Hans Albert. – Eine subtile Kritik an Streminger, der das ganze, längst bekannte und entkräftete Arsenal der Christentumskritik nochmals aufführt, findet sich bei G. Neuhaus, Menschliche Identität angesichts des Leidens, in: G. Fuchs (Hg.), Angesichts des Leids an Gott glauben? Zur Theologie der Klage, Frankfurt/M. 1996, 31–40.

[140] So Gesang, Angeklagt Gott, 100f., im Anschluss an H. Albert, Traktat über kritische Vernunft, Tübingen ⁴1980, 104ff. – Streminger will mit logischer Konsequenz die Nichtexistenz Gottes beweisen: „1. Wenn der christliche Gott existiert, so weiß er aufgrund seiner Allwissenheit um die Existenz von Übeln. 2. Aufgrund seiner Allmacht *kann er sie verhindern*. 3. *Aus der Existenz Gottes folgt die Nicht-Existenz von Übeln und aus der Existenz von Übeln die Nicht-Existenz Gottes.* 4. Es gibt Übel. *Also* existiert der christliche Gott nicht" (Streminger, Gottes Güte, 13; ich habe, was hier problematisch und nicht schlüssig ist, kursiv gesetzt). Doch die scheinbare logische

seines kleinen räsonnierenden Gehirns beschränkt, muss der Gläubige daher als widersprüchlich und irrational, als unbelehrbar und stur erscheinen, wenn er das Leidproblem als unlösbar betrachtet, gleichzeitig aber weiterhin am Glauben an einen Gott als Schöpfer einer Welt voller Leid festhält (als ob für den Atheisten das Leidproblem lösbar wäre).

Dass der Gläubige dies tut, ist in der Tat der Widerspruch und die Aporie (= Verlegenheit, Ratlosigkeit) des Gläubigen. Die Frage ist nur, ob dies wirklich irrational ist. Was nämlich, wenn der Gläubige Gott gerade *gegen* das Leid setzt und ihn mit diesem gar nicht vereinbaren *will*?

c) Im Gegenzug und zugleich in eigentümlicher Strukturanalogie zu dieser theoretischen Destruktion des Gottesglaubens hat unter den zeitgenössischen Theologen Armin Kreiner den Versuch unternommen, rein theoretisch die Vereinbarkeit von Gott und Leid aufzuzeigen. Auch Kreiner kritisiert den theologischen Rückzug in die unbegreifliche Geheimnishaftigkeit Gottes als theoretische Kapitulation vor der intellektuellen Herausforderung der Theodizeefrage. „Die Beantwortung von weder falsch noch anmaßend gestellten Fragen lässt sich auf Dauer nicht glaubwürdig durch die Berufung auf die Geheimnishaftigkeit Gottes verweigern."[141] Darin hat Kreiner zweifellos Recht. Und so will er – in einem kohärenten Aussagezusammenhang (mit den Hauptargumenten free-will-defense und Keine-bessere-Welt-Hypothese[142]) – die *Nicht*widersprüchlichkeit der Erfahrung von Übel und Leid mit dem Glauben an einen allmächtigen und sittlich vollkommenen Gott dartun, weil auch für ihn der nicht gelöste Widerspruch in der Theodizeefrage das Schicksal des Glaubens besiegeln würde. Ein Denken in Widersprüchen ist für Kreiner generell unzulässig, er sucht deshalb eine strikt rationale Theodizee als Lösung.

Die Frage ist aber, ob dies (1) der Wirklichkeit des immer ganz konkreten Leidens und (2) der religiösen Option auf Gott überhaupt angemessen ist. Gewiss muss, weil es ohne Verstehen keinen intellektuell redlichen Glauben gibt, zu *verstehen* versucht werden, aber die Aporie liegt darin, dass das Verstehen sich hier an etwas annähert, was sich *letztlich* nicht verstehen lässt: Alles Verstehen bricht sich sowohl vor dem Leidproblem, das in seiner Konkretheit letztlich unfassbar bleibt, als auch vor dem Gottesgedanken, der – infolge der kreatürlichen Differenz – allem menschlichen Verstehen Schranken setzt.

Unser Verstehen bleibt somit ein aporetischer (= auswegloser, ratloser) Versuch, der bis zum äußersten Punkt der Fragbarkeit und Denkbarkeit vorzudringen vermag, wo Gott – und zwar auch der in Christus offenbarte und inkarnierte Gott – erst vollends als das unausdenkbar absolute Geheimnis aufscheint, an dem das eigene Denken notwendig scheitern muss, aber so, dass das

---

Konsequenz erweist sich als Täuschung, die Argumentation ist logisch zirkulär: Die Nicht-Existenz Gottes wird nämlich nicht erst, wie die Argumentation vorgibt, aus der Existenz der Übel in der Welt abgeleitet, sondern sie wird, damit die (überdies nicht schlüssige) negative Argumentation überhaupt erst in Gang kommen kann, schon vorausgesetzt (vgl. das einleitende „Wenn"); die Existenz Gottes wird bereits in der Anlage des Gedankens geleugnet! Dieselbe logische Schwierigkeit gilt natürlich umgekehrt auch für den positiven Gottesbeweis, der eben, damit die Argumentation in Gang kommen kann, die Existenz Gottes schon voraussetzt. Doch anders als bei Streminger wird etwa bei Anselm von Canterbury oder bei Thomas von Aquin diese notwendige Zirkularität des Gedankens bereits reflektiert, weshalb hier auch gar nicht beansprucht wird, einen Beweis im strengen neuzeitlichen Sinne zu liefern (Thomas spricht präzise von „Wegen" der Erkenntnis zu Gott im Sinne einer „begründeten Einladung zum Glauben": W. Kasper, Der Gott Jesu Christi, Mainz 1982, 132). Sowohl die theoretischen Versuche einer Widerlegung Gottes wie umgekehrt die Versuche einer Demonstration seiner Existenz laufen deshalb letztlich ins Leere: „Beide Gedankengänge sind nur für den überzeugend, der ihre Prämissen teilt. Die Frage nach der Existenz Gottes ist ... letztlich keine theoretisch beantwortbare Frage, insofern ihre positive oder negative Antwort in jeder theoretischen Entfaltung immer schon vorausgesetzt wird" (W. Schoberth, Gottes Allmacht und das Leiden, in: W. H. Ritter u.a., Der Allmächtige, Göttingen 1997, 49f). Sie ist eine irreduzibel existentielle Frage, die im Ganzen des Lebens beantwortet wird.

[141] A. Kreiner, Gott im Leid (s. o. Anm.16) 68.
[142] Siehe dazu unten Teil V.1

Denken genau dies noch einmal rational einsehen kann, also verstehen kann, *dass* und *warum* es an diesem unendlichen Geheimnis zuletzt scheitern muss (und den Weg zur existentiellen Anheimgabe an dieses Geheimnis freigeben muss).

Der Rückgang auf das Geheimnis (die reductio in mysterium) ist also keineswegs irrational, sondern Komponente eines streng rationalen Versuchs, der die äußersten Möglichkeiten der endlichen Vernunft auszuschöpfen sucht und der zugleich selbstkritisch – der Versuchung zur Selbstüberhebung der Rationalität widerstehend – die Perspektivität und Begrenztheit unserer Erkenntnisbemühungen eingesteht[143]: Der endlichen Vernunft „empirische Erkenntnis ist unabgeschlossen und offen, aber sie denkt notwendig die Idee des Unbedingten. Ihre Grundstruktur ist die einer limitativen Opposition, d.h. was immer von ihr realisiert und als geistiges Gebilde hervorgebracht wird, ist bestimmt durch den Gegensatz von Endlichkeit und Unendlichkeit, Bedingtheit und Unbedingtheit. *Wir sind des Unbedingten nicht erkenntnismäßig mächtig; zugleich ist das Unbedingte ein notwendiger Gedanke*"[144].

d) Das Festhalten an einem Gott als unbedingtem Urgrund der Welt ist daher, trotz des Leids in der Schöpfung, nicht irrational, sondern durchaus konsistent und rational. Das kann auch unter anderem schon folgende fragende Überlegung zeigen: Woher kommen wir? Nur aus der Evolution des Kosmos? Aber wie soll denn der evolutive Kosmos von sich aus, aus eigenen Möglichkeiten, ein derartiges Wesen wie uns Menschen hervorbringen, das doch Natur und Kosmos selbst nochmals hinterfragen, über sie hinausdenken, sie also übersteigen kann? Wir Menschen können ja doch die Idee des Ganzen der Wirklichkeit fassen, wir können diesem Ganzen, dem wir selbst angehören, in geistig-reflexiver Weise gegenübertreten, und wir können auch die Frage nach einem letzten, zureichenden (Ur-) Grund dieses Ganzen aufwerfen, ohne den nichts ist, nichts vor und nichts nach dem Urknall, die Frage nach dem Unbedingten, das alle bedingte Wirklichkeit bedingt und sie unbedingt angeht. Und zugleich wissen wir, dass wir selbst endlich sind, dass all unser Erkenntnisbemühen begrenzt, perspektivisch (eine ‚Froschperspektive') und unabschließbar ist, dass also diese schöne und doch auch so leidvolle Welt im Ganzen, erst recht aber ihr absoluter Urgrund, für uns unausdenkbar bleibt.

Der Mensch, der glauben will, hält, obwohl das Leidproblem theoretisch nicht voll lösbar ist, an Gott als dem Schöpfer dieser Welt, in der es – ganz unakzeptierbares – abgrundtiefes Leiden gibt, fest. Es kann – gegen Kreiner – nicht darum gehen, die Kontradiktion zwischen Gott und Übel zu *beseitigen*, so dass beide im Begreifen (in einem vollständigen Begreifen) koexistieren könnten. Der Widerspruch zwischen Gott und Übel/Leid muss vielmehr scharf gedacht und *aufrechterhalten* werden.

Dennoch sieht Kreiner etwas Richtiges, wenn er sagt, die immer nur hypothetischen Verstehensversuche müssten zumindest so weit reichen, dass die verbleibende Unbegreiflichkeit des Leids dem Glauben an Gott nicht entscheidend widerspricht.[145] Wenn nämlich die Welt Schöpfung Gottes und die menschliche Vernunft Gabe Gottes ist und – nach katholischem Verständnis[146] – Glaube und Vernunft nicht grundsätzlich in Widerspruch sein können, vielmehr das zu Glaubende das vernünftig zu Verstehende nur noch übersteigen (aber nicht unterbieten) kann, dann ist Glaube intellektuell verstehend zu verantworten. Und dann ist *Minimalbedingung*

---

[143] So mit Recht G. M. Hoff, Ist die 'reductio in mysterium' irrational? Zu A. Kreiners Quaestio Disputata, in: ZkTh 121 (1999) 159–176.

[144] H. M. Baumgartner, Endliche Vernunft. Zur Verständigung der Philosophie über sich selbst, Bonn-Berlin 1991, 208 (kursiv von mir).

[145] Kreiner, Gott im Leid, 78.

[146] Vgl. diesbezüglich bündig zusammenfassend das Erste Vatikanische Konzil (1870): Wenn Gott der Schöpfer auch der Vernunft ist, dann „kann es zwischen Glaube und Vernunft keinen wahren Dissens geben"; der (Offenbarungs-) Glaube kann dann die Vernunft nur noch übersteigen (DS 3017). Der Glaube muss dann nicht blind geglaubt werden, er kann durch Argumente der Vernunft einsichtig gemacht werden.

für solche intellektuell verstehende Verantwortung der beständige Versuch der *Annäherung an ein Verstehen*, selbst wenn dieses am zu Verstehenden letztlich sich bricht und aporetisch bleibt.

Eine reine Beschränkung auf Klage und auf religiös-praktische Leidbewältigung ist deswegen unmöglich, weil auch diese wenigstens ein annäherndes Verstehen voraussetzt. Denn zum einen soll diese Praxis ja Gott angemessen sein, setzt also eine gewisse Vertrautheit mit Gott und damit bestimmte Vorstellungen von Gott voraus (z.B. dass er nicht eine blinde oder bösartige Macht, sondern gütig und treu ist). Zum andern aber gibt es ja sehr unterschiedliche Weisen, mit eigenem und fremdem Leiden praktisch umzugehen: geduldiges Ertragen ungerechter Behandlung, bewusste Leidsuche und Selbstpeinigung, Leidbekämpfung; hinter jeder dieser Praxen steht eine je unterschiedliche Weise, das Leid zu verstehen: als gerechte Strafe für Sünden (dann muss man das Leid geduldig akzeptieren), als Mittel zur Sühne (dann wird man Leid bewusst suchen bis hin zur Selbstpeinigung), als von Gott nicht Gewolltes (dann muss man gegen das Leid ankämpfen). Eine verantwortete Praxis des Glaubens im eigenen Leid und angesichts fremden Leids darf deshalb die Frage nach dem Verständnis Gottes und nach dem Sinn des Leids nicht unterdrücken; sie bedarf vielmehr der beständigen Versuche zu verstehen, mögen diesen noch so sehr Grenzen gezogen sein.

Diese wenigstens annähernden, letztlich aporetisch bleibenden Verstehensansätze können allerdings nicht aus der rein theoretischen Distanz des reservierten Betrachters gelingen, sondern nur aus einer dem Absoluten angemessenen Haltung des existentiellen Offenseins, des Unbedingt-Angegangenseins und Selbst-Involviertseins, – komme dieses Offensein für das Andere nun aus existentiellem (Welt-) Vertrauen oder aus zweifelnd-haderndem Protest. Das bedeutet aber: Solch fragend-annäherndes (und dennoch am Unbegreiflichen zuletzt scheiterndes, deshalb klagend auf volles Verstehen hoffendes) anfängliches Verstehen entspringt einer im Leben selber getroffenen *Option*, einer Grundeinstellung zur Wirklichkeit und dem immer neuen Versuch einer entsprechenden Lebens*praxis*, es begleitet sie und es führt erneut in sie hinein. Von solcher Option für Gott her wird das Leben selber zum Experiment, in dem sich diese Option zu bewähren hat, praktisch und in bruchstückhaftem Verstehen.

V. Bruchstücke von Verstehen und auszuhaltende, offene Fragen

Blicken wir zunächst kurz zurück. Die traditionellen Theodizeen (Teil II), die modernen Reduktionen auf den Menschen bzw. auf die evolutive Natur (Teil III), die neuen Versuche einer Entschärfung der Theodizeefrage durch Preisgabe der Allmacht oder der Güte Gottes oder allen Verstehens (Teil IV): All diese Lösungstypen des Theodizee*problems* halten, wie sich zeigte, weder dem Abgrund der Leiden in der Schöpfung noch dem Ernst und der Eigenlogik des biblischen Gottesglaubens stand. Der Glaube an die Güte Gottes und ihre Macht *ist* mit dem Status der – so schönen und doch so leidvollen – Welt nicht vereinbar; das Leid ist nicht befriedigend erklärbar, das Theodizeeproblem theoretisch nicht wirklich lösbar.

Daraus kann, wer am Gottesglauben festhalten will, nur die Schlussfolgerung ziehen: Keine vorschnelle – bloß mentale oder innerliche – Versöhnung Gottes mit dem realen Elend, da sie beides, das Elend und Gott, verharmlost! Stattdessen ergibt sich als neue Fragestellung: Wie kann der lebendige Gott und das Leiden seiner Geschöpfe gleichermaßen ernst genommen (nicht: vereinbart!) werden? Und als Aufgabe für die Hermeneutik des Glaubens, die Theologie, ergibt sich: Nicht Entschärfung oder Still-Stellung, sondern Offenhalten und Aushalten der Theodizee*frage*!

Wir versuchen in diesem letzten Teil, die als wertvoll erkannten Aspekte aufzunehmen, sie durch Aspekte aus der heutigen Theologie zu ergänzen, dabei auch neue Akzente zu setzen und die

Perspektiven zu verändern, um so Annäherungen an ein Verstehen zu ermöglichen, Annäherungen, die, obgleich – oder gerade weil – sie immer wieder unbefriedigend bleiben und in unbeantwortete Fragen münden, im Leben, Handeln, Leiden und Sterben eine Orientierung geben könnten.

1. Naturübel und Böses – unvermeidlich um der menschlichen Freiheit und Liebe willen?
(natural-law- und free-will-defence)

Warum lässt Gott die Übel in der Welt zu? Auf diese Frage gab man in der Tradition häufig die Antwort: Die Übel sind unvermeidliche Mittel zur Erreichung guter Zwecke. Vor allem in neuerer angelsächsischer Religionsphilosophie wird diese Antwort weiter ausgearbeitet: Natürliche Übel seien *notwendige* Bedingung menschlicher Freiheit („natural law defence"[147]); und mit solcher Freiheit sei auch die Möglichkeit ihres Missbrauchs gegeben, moralische Übel seien also zwar nicht notwendige, aber *mögliche* Folgen menschlicher Entscheidungsfreiheit, die ein hohes, ins sich wertvolles Gut darstelle („free will defence"[148]; „higher order good defence"). Wie weit tragen diese Versuche, wo liegen ihre Grenzen?

a) Die heutigen Naturwissenschaften zeigen uns das Bild eines indeterminiert evolvierenden Universums, das – nach unvorstellbar langen Zeiträumen und quantitativ riesigen Entfaltungen[149] – allmählich auf dem kleinen blauen Planeten Erde Leben hervorbringt, Lebewesen mit zunehmender innerer Autonomie gegenüber ihrer Umwelt[150], und schließlich den Menschen mit Vernunft und Willensfreiheit: ein Staubkorn nur im riesigen Kosmos, aber – ein Staubkorn *mit Geist*, der über all dies Riesige hinausfragen, sich überallhin versetzen kann und der vor allem zu lieben vermag. Riesige Ausdehnungen und Quantitäten also – wofür? Um einer quantitativ gesehen geringfügigen, scheinbar bedeutungslosen Qualität willen?[151] Kommt es vielleicht doch nicht auf die größten Quantitäten an?

Diese kleine Erde und auf ihr Leben und ein Lebewesen mit Entscheidungsfreiheit und Liebesfähigkeit hervorzubringen wäre nun aber nicht möglich gewesen, wenn im evolutiven Prozess nicht einerseits (1) gesetzlich-regelhafte Abläufe, also Naturgesetze, sich herausgebildet

[147] Die Wortprägung „natural law defence" stammt von O. Wiertz, Das Problem des Übels in Richard Swinburnes Religionsphilosophie, in: ThPh 71 (1996) 224–256, hier 233. Die Sache findet sich bei R. Swinburne, Die Existenz Gottes, Stuttgart 1987; ders., Knowledge from Experience, and the Problem of Evil, in: W. J. Abraham/S. W. Holtzer (Hg.), The Rationality of Religious Belief, Oxford 1987, 141–167, bes. 151–161.

[148] Vgl. v. a. A. Plantinga, The Free Will Defence, in: M. Black (Hg.), Philosophy in America, London 1965, 204–220, und R. Swinburne, The Free Will Defence, in: M. M. Olivetti (Hg.), Teodicea oggi?, Padua 1988, 585–596; mehr im Sinne des christlichen Zentralmodells der Liebe (Gottes und des Menschen) gewendet V. Brümmer, Moral Sensitivity and the Free Will Defence, in: NZSThRph 29 (1987) 86–100; bes. 93–99; ders., Speaking of a Personal God. An Essay in Philosophical Theology, Cambridge 1992, bes. 139–145; sachlich ähnlich G. Greshake, Der Preis der Liebe. Besinnung über das Leid, Freiburg 1978 (überarb. Auflage: Wenn Leid mein Leben lähmt. Leiden – Preis der Liebe?, Freiburg 1992).

[149] Einige Andeutungen zu den gewaltigen zeitlichen und räumlichen Tiefen des sich ausdehnenden Kosmos: der erdnächste Fixstern ist 4,3 Lichtjahre (= ca. 387 Billionen km) entfernt; die Ausdehnung allein der Milchstraße beträgt 120.000 Lichtjahre (= ca. 9 Trillionen km), und es gibt viele der Milchstraße vergleichbare Galaxien oder Sternenhaufen.

[150] Dazu J. Bereiter-Hahn, Biologische Vorbedingungen für die Ermöglichung freier Willensentscheidungen, in: H. Kessler-G. Fuchs (Hg.), Gott, der Kosmos und die Freiheit. Biologie, Philosophie und Theologie im Gespräch, Würzburg 1996, 31–56; vgl. auch die Zusammenfassung ebd. 193f.

[151] Physiker sprechen von der „Feinabstimmung" (fine-tuning) in den frühesten Entwicklungsmomenten unseres Universums, wo sich die bis heute geltenden Naturkonstanten/-gesetze herausgebildet haben: Hätte sich auch nur eine dieser Naturkonstanten (Expansionsgeschwindigkeit, Gravitationskonstante, Coulombkonstante usw. usw.) geringfügig anders eingependelt, als sie es faktisch tat, so hätte im Universum nie Leben entstehen können. Die Wahrscheinlichkeit des Zusammenkommens all dieser Faktoren mit diesen Werten zu dieser Konstellation wird von Physikern mit 10^{-80} angegeben, eine extreme Unwahrscheinlichkeit also. Wer will, kann darin die fügende Hand Gottes sehen, – und diese Deutung ist wahrscheinlicher als ihr Gegenteil (als die Annahme einer Nichtexistenz Gottes)!

hätten und wenn nicht andererseits (2) die Kräfte der Evolution zugleich relativ freies Spiel hätten, die Evolution also relativ undeterminiert wäre.

(1) Nur weil es Regelmäßigkeiten (Naturgesetze) – und nicht ein reines Chaos – gibt, können sich überhaupt einigermaßen dauerhafte physikalische und organismische Strukturen entwickeln, und nur dann können wir Menschen die Auswirkungen unserer Handlungen absehen, also auch für sie verantwortlich sein. Eine Welt mit menschlicher Willensfreiheit (und mit sittlich-personaler Reifung zu freier Entscheidung für das Gute, mit Nächstenliebe, Verantwortlichkeit usw.) ist nur unter konstant bleibenden und nicht – jedenfalls nicht häufig – durchbrochenen Naturgesetzen möglich, die, weil regelmäßig und verlässlich, die Folgen unserer Handlungen in etwa absehbar und so Willensfreiheit und Verantwortung erst möglich machen. Dieselben Naturgesetze begrenzen aber andererseits auch unsere Freiheit, bedrohen sie mit Zerfall und Tod und erzeugen somit Leid.

(2) Die Evolution ist ein nicht strikt determinierter Prozess. Sie tastet sich voran, probiert viele Wege aus und gibt viele dieser Wege als Sackgassen wieder auf. In diesem relativ freien Spiel der Kräfte entstehen außer Wohltaten unvermeidlich auch physische Übel, die uns schaden und Leid verursachen (Naturkatastrophen wie Erdbeben, Stürme, Flutwellen usw., viele Krankheiten wie Krebs, Lepra, Malaria usw., genetische Fehlbildungen und Störungen, Unfälle usw.)[152]. Wäre es anders, wäre der Evolutionsprozess Schritt für Schritt mechanistisch determiniert, so könnten aus diesem Prozess niemals Lebewesen mit zunehmender Autonomie und schließlich der Mensch mit Willensfreiheit hervorgehen. Vielmehr wären dann alle Lebewesen in ihrem Verhalten restlos determiniert, der Mensch wäre daher unfähig, sich selbst zu bestimmen und andere zu lieben (er wäre wie eine passive, mechanische Puppe an manipulierten Fäden). Nur in einem evolutionären Prozess, der nicht strikt determiniert ist, in dem also alles Mögliche auch schief gehen kann (und es immer Schmerzen, Leiden, Übel geben wird), kann auch Freiheit und Liebe auftreten.

Natürliche Übel, Leiden, Schmerzen und Tod sind also offenbar der unvermeidliche Preis für höher organisiertes – überhaupt erst zu Empfindungen wie Freude und Leid fähiges – Leben[153], und überdies ist zumindest die *Möglichkeit* des moralischen Übels, des Leid verursachenden Bösen, der unausweichliche Preis für spezifisch menschliches Leben, das sich frei für das Gute (oder eben auch für das Böse) entscheiden und das lieben (oder eben auch hassen) kann.

b) Viele Religionen, gerade auch die biblischen, gehen von der in Erfahrungen begründeten Grundüberzeugung aus, dass ein Gott der Urgrund (Schöpfer) des Universums ist. Obwohl vieles für sie spricht, ist diese Grundannahme doch ist nicht definitiv beweisbar; sie bleibt daher bestreitbar, ist aber auch nicht begründet ausschließbar. Sie bedeutet eine grundlegende weltanschauliche Option, die neben anderen oder gegen andere Optionen steht.[154] Wenn also nach dieser Grundüberzeugung eine letzte Wirklichkeit („Gott") der Urgrund dieses – nicht-determiniert sich auf Leben und Freiheit hin entwickelnden – Universums ist, dann nimmt diese

---

[152] Vgl. hierzu T. Anders, The Evolution of Evil. An Inquiry into the Ultimate Origins of Human Suffering, Chicago-La Salle 1994.

[153] Vgl. dazu in: H. Kessler (Hg.), Leben durch Zerstörung? Über das Leiden in der Schöpfung. Ein Gespräch der Wissenschaften, Würzburg 2000, die folgenden drei Beiträge: J. Bereiter-Hahn, Tod und Zerstörung. Kann es eine Biologie des Leids geben?; C. Kummer, Organisation und Destruktivität. Überlegungen zu W. F. Gutmanns Begriff der Autodestruktion; K. Köchy, Die Einheit des Individuums und seine Destruktion. Ein philosophisches und lebenswissenschaftliches Problem.

[154] Vgl. hierzu H. Kessler, Gott, der kosmische Prozess und die Freiheit, in: ders./G. Fuchs (Hg.), Gott, der Kosmos und die Freiheit, Würzburg 1996, 189–232, bes. 189–199; ders., „Schweigen müssen wir oft; es fehlen heilige Namen" (Hölderlin). Zur Hermeneutik trinitarischer Rede, in: J. Beutler/E. Kunz (Hg.), Heute von Gott reden, Würzburg 1998, 97–124; ders., Art. Schöpfung (Theologiegeschichtlich; Systematisch), in: LThK[3] Bd. 9, Freiburg 2000, 226–236.

letze Wirklichkeit um dieses Universums, um des autonom Lebendigen und der menschlichen Freiheit, willen die Übel in Kauf.

Nach biblisch-christlicher Überzeugung will Gott das Leid und das Böse absolut nicht. Aber wenn er den Kosmos als eigendynamisch werdenden und die Menschen als freie Subjekte will (mit dem Ziel der freien Gemeinschaft der Liebe unter ihnen und mit sich), dann impliziert diese Freilassung auch zweierlei:

(1) Erstens vermag dann alles Geschaffene Wege zu beschreiten, die ihm nicht deterministisch von Gott vorgezeichnet sind. Schon die vormenschliche Natur geht dann auch Wege, die nicht immer die gottgewollten Wege sein müssen: eben die Wege, Umwege und Abwege einer in ihre Eigendynamik hinein freigesetzten Werde-Welt. Längst nicht alles, was ‚die Natur tut‘, muss von Gott intendiert sein und ist ‚der Wille Gottes‘.[155] Es bedarf nicht der Zusatzannahme gefallener Engelwesen, um Zecken, Flöhe, Malaria-Viren, Fehlbildungen, Unglücksfälle, Flutkatastrophen usw. als *nicht* von Gott erzeugt zu betrachten.[156] Das sind vielmehr die Wege der evolvierenden Natur selbst.

(2) Zweitens impliziert diese Freilassung die Möglichkeit von spezifisch menschlichem Freiheitsmissbrauch, von schöpfungs- und schöpferwidrigem Handeln, also von Bösem und daraus erwachsendem Leid. Gott, wenn er Schöpfer einer sich selbst entfaltenden Welt sein will, muss – mit logischer Notwendigkeit – diese Übel als unvermeidliche Begleiterscheinungen hinnehmen („zulassen“, oder besser: „aushalten“, „ertragen“; dazu unten bei 2.).

Wenn er der Urgrund (Schöpfer) der Welt ist und damit diese Übel hinnimmt, dann bewertet er offenbar die innere Autonomie und Freiheit als Ergebnis der Evolution höher als diese Übel. Dann sind ihm Geschöpfe, die Lust und Leid empfinden, ja die in Freiheit die anderen Geschöpfe und ihn selbst *lieben können*, ein unschätzbar hohes Gut, ja alles wert.[157] (Sie sind ihm dann so unfassbar wichtig, dass er sich selbst nicht von den riskierten Folgen ausnimmt, vielmehr selber das Leiden auf sich nimmt, so dass die Kreaturen nicht allein den Preis bezahlen; dazu unten bei 2.).

Nun haben Vincent Brümmer und Oliver Wiertz darauf hingewiesen, dass der Rekurs auf die (Willens-) *Freiheit* zu kurz greift.[158] Nach christlichem Verständnis sei nämlich ‚*Liebe*‘ der Begriff, der am besten und tiefsten Gott charakterisiert. Gott schaffe die Menschen dazu, dass sie seine Liebe erwidern, ihm gegenüber und untereinander. Liebende Beziehung aber setzt Freiwilligkeit voraus und lässt sich nicht erzwingen, weshalb Gott Ablehnung, mangelnde Nächstenliebe, d.h. moralische Übel, und daraus erwachsendes Leid in Kauf nehmen müsse. Liebe (zu Gott und zu seinen Geschöpfen) „ist der höchste Wert, Freiheit erhält ihren relativen Wert als notwendige Bedingung der Möglichkeit dieser Liebe“[159]. Erst dieser Zusammenhang von Liebe und Freiheit mache verständlich, warum menschliche Freiheit ein so hohes Gut ist, dass Gott ihretwegen Menschen (ungefragt) so viele Übel zumutet und dieser Preis nicht zu hoch

---

[155] Dazu H. Kessler, Gott, der kosmische Prozess und die Freiheit (s. Anm. 154) 225f.

[156] Gegen die oben in II.3c dargestellte Ansicht von C. S. Lewis und von L. Oeing-Hanhoff, aber auch gegen die oben in Anm. 92 zitierte Auffassung von Fritz Zorn.

[157] In diesem Sinne äußern sich z.B. J. Hick, Evil and the God of Love, London 1966 (³1985); G. Greshake, Der Preis der Liebe, Freiburg 1978; R. Swinburne, The Free Will Defence (s. o. Anm. 148) und ders., Theodicy, Our Well-Being, and God´s Rights, in: International Journal for Philosophy of Religion 38 (1995) 75–91; A. Kreiner, Gott und das Leid, bzw. ders., Gott im Leid (s. o. Anm. 16); K. Schmitz-Moormann, Materie-Leben-Geist. Evolution als Schöpfung Gottes, Mainz 1997, 146–154 (der Untertitel „Evolution als Schöpfung Gottes“ erweist sich indes nach dem von uns Dargelegten als problematisch).

[158] V. Brümmer, Speaking of a Personal God (s. o. Anm. 148), 139–151; ders., The Model of Love, Cambridge 1993; O. Wiertz, Das Problem des Übels (s. o. Anm. 147) 244–248

[159] O. Wiertz, ebd. 247; Wiertz möchte deswegen die „free will defence“ zu einer „god´s love defence“ (ebd. 244f.) erweitern bzw. jene in diese einbetten.

ist. Auf diese Weise lasse sich die Wirklichkeit auch angesichts des Leids in der Welt als Werk eines guten Schöpfers interpretieren.[160]

c) Dennoch melden sich Zweifel und Fragen: Das Leiden in der Schöpfung – der von Gott riskierte Preis der Freiheit bzw. „der Preis der Liebe"? Ist dies angesichts des unermesslichen Leids ungezählter Opfer, zumal von Unschuldigen, nicht "ein gar zu hoher Preis" (Dostojewski)? Wie kann Gott einen solchen Preis akzeptieren für die Freiheit, andere und ihn selbst lieben zu können, für einen Wert also, in dessen Genuß viele der – ungefragt in ein leidvolles Dasein geworfenen – Opfer niemals gelangen? Entsteht bei solcher Überlegung („higher order good defence") nicht unweigerlich der Eindruck von einem Gott, der Kosten und Nutzen kalkuliert und sich dann dafür entscheidet, das Risiko der Schöpfung einzugehen, obwohl er doch weiß, dass sein Entschluss auch erhebliches Leid zur Folge hat? Widerspricht ein derartiges Gottesverständnis nicht gerade der zentralen christlichen Überzeugung, dass Gott die Liebe ist (und sich noch als solche erweisen wird)?

Da wird zwar konzediert: „Es mag für alle Zeiten schwierig erscheinen zu verstehen, dass ein liebender Gott all dieses Leiden, all diese Übel und all dies Böse erlauben würde." Sofort aber wird hinzugefügt: „Solche Schwierigkeit ist weniger ein Anzeichen menschlichen Mitleidens denn ein Zeichen dafür, dass wir Menschen unterschätzen, wie hoch Gott die menschliche Freiheit bewertet."[161] Warum „weniger ein Zeichen menschlichen Mitleidens"? Gewiss, es gibt keinen rational denkbaren Weg einer Evolution von Freiheit *ohne* In-Kauf-nahme möglicher Übel; insofern scheint es vernünftig zu sagen, Gott habe die im Prinzip beste der möglichen Welten geschaffen, eine im Prinzip bessere sei real nicht möglich[162]. Es scheint vernünftig zu sagen, Gott könne freie, liebesfähige Wesen nur so schaffen, dass er für den relevanten Zeitraum (bis zu ihrem Tod) darauf verzichtet, ihre Entscheidungen selbst zu verursachen, weil er sie dadurch als freie aufheben würde[163]. Gott trägt die Geschöpfe, auch wenn sie andere Wege als die seinen gehen oder sich bewusst gegen ihn entscheiden[164]; Gott ist also notwendiger, aber nicht hinreichender (d.h. nicht determinierender) Grund ihrer Handlungen; er ist *all-wirksam, aber nicht allein-wirksam*. Doch so vernünftig das alles sein mag:

Ist und bleibt es nicht dennoch eine ganz und gar aporetische (= ausweglose), unmögliche Perspektive auf Gott, anzunehmen, auch nur ein einziges grausam gequältes Opfer sei, zwar nicht intendiert, aber doch das Risiko der Freiheit wert? Bedeutet das nicht eine Instrumentalisierung der Opfer durch einen im Grunde zynisch gedachten Gott? Kann die Hinnahme von Qualen in der Natur, von Gräueln in der Menschheit, je gerechtfertigt sein durch den Wert der Willensfreiheit, der Personwerdung (wie soul-/person-making-theodicy[165] meint), der Ermöglichung unerzwungener Liebe?

Oder anders gewendet: Wenn es höheres (empfindungs-, freiheits- und liebesfähiges) Leben nur auf der Basis der Verzehrung und d.h. – bisweilen quälenden – Zerstörung anderen Lebens gibt,

---

[160] Nach dieser Sicht lässt sich so der Vorwurf der logischen Inkonsistenz bzw. Irrationalität des (christlichen) Glaubens entkräften, wird eine „defence" also möglich und erreicht zumindest so etwas wie einen Teilerfolg.

[161] K. Schmitz-Moormann, Materie (s. o. Anm. 157), 154.

[162] So etwa C. F. von Weizsäcker, Naturgesetz und Theodizee, in: ders., Zum Weltbild der Physik, Stuttgart 6.1954, 158–168, hier 168; ausführlich A. Kreiner, Gott im Leid, 364ff., der eine „Keine-bessere-Welt-Hypothese" entwickelt: Alle menschlichen Welt-Optimierungsvorschläge würden eine schlechtere Welt bedeuten, weil, wenn Gott auch nur ein Übel (etwa Zecken oder Malariaviren) unterbunden hätte, er die Eigendynamik der Natur und die Freiheit selber hätte unterbinden müssen.

[163] So Kreiner, ebd. 277f.

[164] Thomas von Aquin, Summa theologiae 1, q.8, a.1–3.

[165] J. Hick, Evil and the God of Love (s. o. Anm. 16 und 157), 253–261: „soul-making" meint den moralischen und spirituellen Reifungsprozess der Überwindung von Ichzentriertheit und des Wachstums in der Liebe, hin zu der von Gott intendierten personalen Vollendung des Menschen. Neuerdings zieht Hick (An Interpretation of Religion, 119) den Begriff „person-making" vor.

Leben also buchstäblich prekär ist, ist dann vielleicht jedes Lebewesen „zum Untergange in einem andern bestimmt" (Rilke), vielleicht so, dass ihm im Untergang ein unerwarteter Aufgang, in der Lebenshingabe das Geschenk eines radikal neuen Lebens zuteil wird? Ist Füreinander-Raum-geben, zuletzt in der Lebenshingabe, der Sinn des Daseins[166]? Es gibt vorbildhafte Menschen, die zu solcher Lebenseinstellung durchstoßen und dabei erfahren, dass zwar nicht ein ständiges Glücksgefühl, aber volles Leben, Gegenwartsfülle, Sinn in ihr Dasein kommt. Und ein Teilhard de Chardin vermochte es, zu Gott selbst zu sagen:

„Nachdem ich Dich als den erkannt habe, der mein erhöhtes Ich ist, laß mich ‚wenn meine stunde gekommen ist, dich unter der Gestalt jeder fremden und feindlichen Macht wiedererkennen, die mich zerstören oder verdrängen will. Wenn sich an meinem Körper oder an meinem Geist die Abnutzung des Alters zu zeigen beginnt; wenn das Übel, das mich mindert oder wegrafft, mich von außen überfällt oder in mir entsteht; in dem schmerzlichen Augenblick, wo es mir plötzlich zum Bewusstsein kommt, dass ich krank bin und alt werde; besonders in jenem letzten Augenblick, wo ich fühle, dass ich mir selbst entfliehe, ganz ohnmächtig in den Händen der großen unbekannten Mächte, die mich gebildet haben; in all diesen düsteren Stunden laß mich, Herr, verstehen, dass Du es bist, der – sofern mein Glaube groß genug ist – unter Schmerzen die Fasern meines Seins zur Seite schiebt, um bis zum Mark meines Wesens einzudringen und mich in Dich hineinzuziehen."[167]

Es gibt, wie gesagt, Menschen, die zu solcher Einstellung durchstoßen: Gott sei Dank! Und es ist gut, selbst nach solcher Einstellung zu streben. Doch wird man sich hüten müssen, von großem Leid getroffene Menschen mit derlei Empfehlungen zu überfallen. Und vollends wirkt die Idee, der Sinn des Lebens und des Leidens sei es, zu solch personaler Hingabe heranzureifen und sie zu vollziehen, geradezu obszön angesichts der Leiden unschuldiger Kinder und auch anderer des Begreifens unfähiger Wesen, die qualvoll zerstört werden, während skrupellose Übeltäter bis zuletzt quälen und zerstören. Warum hat der Schöpfer das unvermeidliche Leid von Geschöpfen, das so unsäglich grauenvolle Ausmaße annehmen kann, in Kauf genommen?

d) Wenn die Welt im Prinzip nicht anders als die unsere sein kann, wenn Gott, ohne ihre Eigendynamik und Freiheit anzutasten, Übel, Schuld und Leid nicht verhindern konnte, wäre es dann nicht besser, Gott hätte gar keine Welt erschaffen? Oder ist eine Welt mit Lust/Glück *und* Leid, vor allem aber mit Liebe, alles in allem doch noch besser als überhaupt keine Welt? Hält Gott vielleicht für diese schöne und geplagte Welt eine alle Erwartung und alles Begreifen übersteigende Versöhnung und Gutmachung bereit, die auch an das schon gelittene Leid rührt, das auch Gott nicht ungeschehen machen kann? Hält er für diese Welt – deren Naturgesetze es *nicht* zulassen, dass kein Lebewesen ein anderes, leidfähiges Lebewesen tötet (und teilweise auch quält) – noch etwas anderes bereit, das unter den jetzigen Naturbedingungen nicht erreichbar ist: etwas von der Art, wie es die jüdischen Hoffnungsvisionen vom friedlich miteinander weidenden Löwen und Lamm erträumen (Gen 1,29f; Jes 11,6–9 ; 65,25; Sib 3,787ff) und wie es die paulinische Rede von der nach Erlösung seufzenden Kreatur erhofft (Röm 8,19–25)? Jedenfalls befriedigt der Hinweis auf die Eigendynamik der Natur und auf die verantwortliche Freiheit des Menschen, so richtig er ist, in der Frage nach dem Warum (und Sinn) des Leids nicht wirklich. Die letzte Verantwortung für diese Schöpfung fällt auf den Schöpfer selbst zurück, und wer sich an ihn wendet, kann ihn aus dieser Verantwortung kaum entlassen.

Walter Dirks erzählte von seinem Besuch bei dem schon vom Tod gezeichneten Romano Guardini: „Der es erlebt hat, wird es nicht vergessen, was ihm der alte Mann auf dem Krankenlager anvertraute. Er werde sich im Letzten Gericht nicht nur fragen lassen, sondern auch selber fragen; er hoffe in Zuversicht, dass ihm dann der Engel die wahre Antwort nicht versagen werde auf die Frage, die ihm kein Buch, auch die Schrift selber nicht, die ihm kein Dogma und kein Lehramt, die ihm keine ‚Theodizee' und Theologie, auch die eigene nicht, habe beantworten

---

[166] In diese Richtung hatte u.a. Marie Noel gedacht. s. o. III. 3d.

[167] Teilhard de Chardin, Das göttliche Milieu, Olten 1969, 89f.

können: Warum, Gott, zum Heil die fürchterlichen Umwege, das Leid der Unschuldigen, die Schuld?"[168]

Die Frage bleibt, als Rückfrage an Gott, skeptisch-zweifelnd oder womöglich mit dem hoffenden Zutrauen, dass Gott die – einfach überzeugende – Antwort zu geben vermag, so dass eingelöst werden wird das Versprechen: „An jenem Tage werdet ihr mich nichts mehr fragen" (Joh 16,23). Wer jetzt schon davon überzeugt ist, dass der Gott Jesu Christi wirklich ist, der wird auch davon ausgehen, dass Gott „entweder die von uns vermuteten Gründe (hat), Übel zuzulassen, oder – was wahrscheinlicher ist – bessere Gründe, als wir uns vorstellen können"[169]

2. Pro und Contra Rede vom Leiden Gottes: Inwiefern hilft ein leidender Gott?

Ein Gott, der um der Möglichkeit von Liebe (und deswegen um der Freiheit) willen das Leid in der Schöpfung riskiert, ist dann kein Scheusal, wenn er selbst das Leiden auf sich nimmt: So sagen manche heutigen Theologen. Sie *verschränken Gott und das Leiden* der Kreatur engstens in der Rede vom „Leiden Gottes" und wenden sich damit gegen den Gott der griechischen Metaphysik (und einer von ihr beeinflussten Theologie), der leidlos und leidensunfähig war, letztlich unberührt von den Leiden der Kreaturen.

a) Gott, wie ihn biblische Menschen erfuhren, ist vom Leid seiner Geschöpfe berührt; ihn „jammert", ihn „erbarmt" das Elend der Menschen *und* das der Tiere (vgl. z.B. Ex 3,7f und Jona 4,10f; Mk 1,41; Lk 12,6 u.a.). Die Bibel redet in Analogien von Gott, indem sie Worte für unsere tiefsten, äußersten Erfahrungen metaphorisch (= übertragen) auf Gott anwendet, um sich seiner Wirklichkeit, die nicht in unsere Begriffe passt, wenigstens gleichnishaft anzunähern. Wegen seiner alle menschliche Liebe übersteigenden Liebe macht sich Gott auf unvorstellbare Weise selber betreffbar: Er leidet an der Menschen Untreue und Vergehen (Gen 6,5–7; Jer 11,18–23 u.ö.), und, obzwar voll Zorn über die Abwege seines Volkes, entbrennt er gleichwohl von Mitleid und Erbarmen mit ihm (Hos 11,8f; Jer 31,20; Jes 63,15). Die Leidenden selbst aber vergisst er nicht (Jes 49,14f: „und selbst wenn eine Mutter ihr Kindchen vergäße, ich vergesse dich nicht"), das Leid seiner verfolgten Propheten ist sein eigenes Leid[170] (z.B. Jer 37f), er „weint" ob der Hungersqual und der Erschlagenen in Juda (Jer 14,17f), sein Ort ist bei dem Leidenden (Ps 91,15: „ich bin bei ihm in seiner Not, ich reiße ihn heraus").[171] Im kritischen Rückblick auf frühere partikularistisch verengte Heilsverständnisse (Dtn 6,22f: die Ägypter warf er ins Meer, „uns aber" führte er heraus) wird das Erbarmen Gottes universal auf alle ausgedehnt (Sir 18,13: „das Erbarmen des Menschen gilt nur seinem Nächsten, das Erbarmen des Herrn allen Menschen"). Gott ist auf der Seite aller Getretenen, er will gerade keine Opfer, keine Menschen- noch Tieropfer, sondern Barmherzigkeit, Schonung und Gerechtigkeit (Hos 6,6; Amos 5,22–24; Jes 1,10–17; Ps 50,7–14; 51,18f; Weish 11,26f).

Die Rabbinen haben von der Selbsterniedrigung Gottes gesprochen, der in seiner Shechináh (= Herabkunft, Einwohnung) in den Dornbusch, die Bundeslade, den Tempel herabsteigt, im Niedrigen und Kleinen begegnet, sein Volk auf seinem Rücken trägt (Jes 46,3f; Dtn 1,31), mit ihm bis in die tiefste Not des Exils hinein geht und so die Not seines Volkes gleichsam am eigenen Leibe erfährt, mit ihm leidet und es dann herausführt, es durch sein eigenes Leiden

---

[168] Zitiert nach K. Rahner, Warum lässt Gott uns leiden? (s. o. Anm. 137), 465.
[169] O. Wiertz, Das Problem des Übels, 241.
[170] Vgl. U. Mauser, Gottesbild und Menschwerdung. Eine Untersuchung zur Einheit des Alten und Neuen Testaments, Tübingen 1971.
[171] Vgl. dazu etwa das Kapitel „Der Gott der Leidenden" in: M. Buber, Der Glaube der Propheten, Zürich 1950, 223–334, und Bubers Diktum „Erfolg ist keiner der Namen Gottes".

erlöst.[172] Die Leidensgeschichte des jüdischen Volkes und seiner Märtyrer kann als die Leidensgeschichte der gefolterten göttlichen Shechináh selber verstanden werden: „Wenn der Mensch Qual erleidet, wie spricht da die Shechináh? ‚Mein Kopf ist mir schwer, mein Arm ist mir schwer‘“, heißt es in einer Mischna, die vom Mitleiden Gottes mit den Qualen des Erhängten spricht[173]. –

Nur mit diskreter Achtung und Scheu wird man auch an jene erschütternde Erfahrung erinnern, die Elie Wiesel in seinem Buch „Night" bezeugt: „Die SS erhängte zwei jüdische Männer und einen Jungen vor der versammelten Lagermannschaft. Die Männer starben rasch, der Todeskampf des Jungen dauerte eine halbe Stunde. ‚Wo ist Gott? Wo ist er?‘ fragte einer hinter mir. Als nach langer Zeit der Junge sich immer noch am Strick quälte, hörte ich den Mann wieder rufen: ‚Wo ist Gott jetzt?‘ Und ich hörte eine Stimme in mir antworten: ‚Wo ist Er? Hier ist Er – Er hängt hier am Galgen‘“.[174] Angesichts der fruchtbaren Qualen ist Gott nur noch als Mitleidender vorstellbar und erfahrbar, eingeholt von der Unentrinnbarkeit dieses schrecklichen Geschehens. Ein äußerster Versuch des ratlos Verzweifelten und selber tödlich Bedrohten, überhaupt noch etwas an Gott zu verstehen, ein Versuch, der nicht von Unbeteiligten ent-eignet werden darf[175], etwa als willkommenes Mittel zur Lösung von Widersprüchen in ihrem Gott-Denken und ihren Theodizeeversuchen.

Derselbe Elie Wiesel erzählt eine alte jüdische Legende: „Als Gott die Leiden seiner unter den Völkern zerstreuten Kinder sieht, vergießt Er zwei Tränen, die in den Ozean tropfen; beim Fallen machen diese Tränen einen solchen Lärm, dass man es von einem Ende der Welt zum andern hört." Elie Wiesel fügt an: „Ich sage mir: Gott hat sicher mehr als zwei Tränen in das Meer der Geschichte vergossen. Aber die Menschen sind vermutlich feige. Sie stellten sich taub."[176]

b) War es nicht ein Jude, der Galiläer Jesus von Nazareth, der sich von der Gegenwart des grenzenlos barmherzigen Gottes erfüllt wusste und deshalb die mitleidende, unbedingt allen geltende Güte Gottes geradezu verkörperte, in einer einzigen großen Einladung an alle Bedrückten und Beladenen, die alle Ausgrenzungsmechanismen überwand? Und war er nicht genau deswegen beseitigt worden, weil Menschen, die von Ausgrenzung und Unterdrückung anderer leben (und dieses falsche Leben nicht ändern wollen), solche niemanden ausgrenzende Güte nicht ertrugen? Hatte nicht seine alle Trennwände durchbrechende Liebe sterbend sogar noch seine Peiniger umfangen (vgl. Lk 23,34) und so gerade nicht wieder neuen Grenzen errichtet? Ihm selbst freilich war am Kreuz der allmächtige Nothelfergott verloren gegangen, er konnte nur noch in das Dunkel der nicht mehr begreifbaren Güte Gottes seine Not hineinschreien, in ihn hineinsterben (Mk 15,34). Es erfolgte kein supranaturaler Eingriff von oben, um der Tortur ein Ende zu setzen: Was von Gott her geschah, vollzog sich – wie freilich erst nach Tagen den Osterzeugen klar wurde – *im* Sterben, *im* Tod Jesu selbst, aber jenseits der sichtbaren Szene, als Bergung (Auferweckung) Jesu in die allpräsente Ewigkeitsdimension und unzerstörbare Lebensfülle Gottes hinein. Und aufgrund dieser Erfahrungen spricht das NT davon, dass in Jesus Gott selbst unter uns wohnte (Joh 1,14), sich in dessen Passion und Sterben hineinziehen ließ und gerade darin die Kraft seiner Liebe erwies, die stärker ist als Leid und Tod.

Für den christlichen Glauben ist – von der Erfahrung der Jünger mit dem irdischen Jesus und von ihrer Ostererfahrung her – an der Passion Jesu offenbar geworden, dass Gott grenzenlose Liebe ist, dass er sich von den Leiden seiner geliebten Geschöpfe betreffen lässt, dass er in den Leidenden selber ist und mit-leidet. Ein Gott, der liebt, macht sich auch verletzlich und

---

[172] Vgl. hierzu P. Kuhn, Gottes Selbsterniedrigung in der Theologie der Rabbinen, München 1967; A. M. Goldberg, Untersuchungen über die Vorstellung von der Schechinah in der frühen rabbinischen Literatur, Berlin 1969; G. Scholem, Von der mystischen Gestalt der Gottheit, Frankfurt 1973.

[173] G. Scholem, ebd. 146.

[174] E. Wiesel, Night, New York 1969, 75f.

[175] So mit Recht O. John, Die Allmachtsprädikation (s. o. Anm. 113), 212f.

[176] E. Wiesel, Macht Gebete aus meinen Geschichten, Freiburg 1986, 64.

leidensfähig. Leiden aus Liebe, freies Aufsichnehmen des Leids aus Liebe, nannte Franz von Baader (1765–1841) das eigentliche Geheimnis des Christentums.[177]

Einer der bedeutendsten altkirchlichen Exegeten und Theologen, Origenes, der selbst an den Folgen schwerer Folterung in der decischen Christenverfolgung gestorben ist (+ 254), konnte davon sprechen, dass Gott aus der „Leidenschaft der Liebe" „sich in unsere Leiden versetzte", „unsere Leiden litt" und deswegen dann „aus Mitleiden herabstieg", sich inkarnierte und entäußerte bis zum qualvollen Kreuzestod:

„Er stieg auf die Erde herab aus Mitleid mit dem Menschengeschlecht. Er hat unsere Leiden gelitten, (schon) bevor er das Kreuz erlitt und bevor er sich würdigte, unser Fleisch anzunehmen; denn hätte er nicht (vorher) gelitten, so wäre er nicht in den Wandel des menschlichen Lebens eingetreten. Zuerst hat er gelitten, dann stieg er herab und wurde sichtbar. Was ist das für ein Leiden, das er für uns erlitt? Es ist das Leiden der Liebe. Und der Vater selbst, der Gott des Alls, ,langmütig und von großer Erbarmung' (Ps 103,8), leidet nicht auch er in gewisser Weise? Oder weißt du nicht, dass er, wenn er sich zu den Menschen herablässt, menschliches Leiden leidet? 'Es ertrug der Herr, dein Gott, deine Sitten, wie wenn ein Mensch seinen Sohn erträgt' (Dtn 1,31). So erträgt Gott unsere Sitten, wie der Sohn Gottes unser Leiden trägt. Selbst der Vater ist nicht leidensunfähig. Wenn er angerufen wird, erbarmt er sich und fühlt den Schmerz mit. *Er erleidet ein Leiden der Liebe* und wird etwas, was er wegen der Größe seiner Natur nicht sein kann, und hält unseretwegen menschliche Leiden aus."[178]

Die christliche Erfahrung weiß etwas davon, dass Gott bei den Menschen im Leiden ist und an ihren Leiden selber mitleidet. Von der mutigen Katharina von Siena (1347–1380), die Pestkranke pflegte und dabei selbst erkrankte, sich in öffentliche Konflikte vermittelnd einschaltete und davon selbst Verwundungen davontrug, wird erzählt, sie habe einst aufgeschrieen: „Wo warst Du, mein Gott und Herr, als mein Herz voller Dunkelheit und Unrat war?" Und sie hörte die Antwort: „Ich war in Deinem Herzen, meine geliebte Tochter." Ganz ähnlich weiß eine russische Legende von einem Bauern, der klagt, so lange habe er auf seinem Lebensweg zwei Fußspuren erkennen können, seine eigenen und daneben die Gottes, der mit ihm ging, nun aber habe ihn das Elend getroffen, er sei gottverlassen, sehe nur noch eine Fußspur auf seinem Weg; und er hört in sich die Stimme Gottes: Ja, du hast gar nicht gemerkt, dass ich dich schon eine ganze Weile auf dem Rücken trage (vgl. Jes 46,4).

Christlicher Glaube weiß zudem davon, dass Gott am Widerspruch seiner Geschöpfe leidet, an ihrer Selbstabschließung und Gewalttätigkeit gegen andere, und dass er in unendlicher Geduld auf ihre freie Umkehr und Heimkehr wartet. Meister Eckhart (1260–1328) etwa spricht von Gottes suchender Liebe und Sehnsucht nach dem Menschen: „Nie hat ein Mensch nach irgendetwas so sehr begehrt, wie Gott danach begehrt, den Menschen dahin zu bringen, dass er ihn erkenne (erkenne, wie nahe Gott ihm ist, näher als er sich selber ist). Gott ist allzeit bereit, *wir* aber sind sehr unbereit; Gott ist uns 'nahe', *wir* aber sind ihm fern; Gott ist drinnen, *wir* aber sind draußen; Gott ist (in uns) daheim, *wir* aber sind in der Fremde."[179] Es gehe Gott darum, dass der Mensch das sich abgrenzende Eigensein aufgibt, Gottes Güte in sich Raum gibt und so zum ,Sohn', zur Tochter Gottes wird. Diesen Geburts- und Wachstumsschmerz des Sohn-/Tochterwerdens leide Gott zutiefst selber mit.[180] Die schon genannte Katharina von Siena notiert im Dialog mit Gott: „Es scheint, als wärest Du verrückt geworden nach Deinen Geschöpfen, wie wenn Du ohne sie nicht leben könntest."[181] Schon das AT (z.B. Hos 2,14; 3,1; 8,14, 11,8ff) und das NT (z.B. 2 Kor 5,20) sprachen von dieser werbenden, bittenden Liebe Gottes nach Mensch und Welt, die immer wieder den Schmerz der Abweisung und Enttäuschung erleidet. Origenes

[177] F. von Baader, Spekulative Dogmatik, in: ders., Sämtliche Werke Bd. 8, 170 (Reprint Aalen 1963).
[178] Origenes, Ezechiel-Homilie 6,6.
[179] Meister Eckhart, Deutsche Predigten und Traktate, Zürich 1979, 326f. und 323 (Predigt 36).
[180] Dazu O. Langer, Mystische Erfahrung und spirituelle Theologie. Zu Meister Eckharts Auseinandersetzung mit der Frauenfrömmigkeit seiner Zeit, München 1987, bes. 239–247, und G. Fuchs, „Wir sind sein Kreuz". Mystik und Theodizee, in: ders., Angesichts des Leids an Gott glauben, Frankfurt/M. 1996, 148–183, hier 160–164.
[181] Katharina von Siena, Gespräch von Gottes Vorsehung, Einsiedeln ²1964, III 4; zit. nach G. Fuchs, ebd. 170.

sprach davon, dass Gottes Freude nicht vollkommen sei, bis alle an dieser Freude Anteil haben.[182] Kierkegaard sprach von der Güte Gottes, die um uns ,freit' und auf unsere Antwort wartet. Und von Simone Weil, der heroischen jungen Jüdin, die in Solidarität mit ihrem gemarterten jüdischen Volk bewusst vor dem Schritt zum Christentum, dem ihre Überzeugung galt, halt machte, stammt der Satz, die Zeit sei die Geduld Gottes, der auf unsere Liebe wartet.

Gott sucht Mit-Liebende, und das heißt eben auch Mit-Leidende. In dem Galiläer Jesus hat er wenigstens in einem Menschen die volle Antwort der Liebe gefunden, die lieber selber Leiden auf sich nimmt, als andere leiden zu machen, und die auch noch ihre Peiniger in Liebe umfängt. Friedrich Nietzsche (1844–1900), der Christentumshasser, hat das – verächtlich zwar, doch den Kern genau treffend – in den kühnen Gedanken gefasst, dass Jesus nicht nur *durch* seine Henker, sondern *in* ihnen gelitten habe: Er widerstehe nicht dem Bösen, er liebe ihn; „er bittet, *er leidet*, er liebt mit denen, *in denen, die ihm Böses tun*"[183].
Christlich verstanden ist es Gott selbst, der *in* denen, die ihm in seinen geliebten Kindern und Geschöpfen Böses antun, leidet, weil er auch sie liebt. Er liebt auch sie, gewiss nicht aus masochistischer Leidenssucht und gewiss nicht ihre bösen Taten, aber sie; und er verlangt danach, auch sie für die Güte zu gewinnen.

Auf dem Hintergrund solcher biblischer und christlicher Tradition sprechen heute manche Theologen von Gottes eigener Passion, vom (Mit-) Leiden Gottes mit bzw. in allen Leidenden und vom leidenden Gott.[184] Andere haben widersprochen und die Rede vom Leiden Gottes als wenig hilfreich kritisiert.[185] Inwiefern hilft ein leidender Gott?

c) Zunächst: Wenn Gott in allem Leid seiner Geschöpfe zutiefst selber leidet, dann scheinen alle Vorwürfe gegen Gott wegen der Leiden in der Welt ins Leere zu gehen, dann scheint dem Atheismus die Grundlage für seinen Protest entzogen. Gegen einen aus Liebe selber (mit-) leidenden Gott kann man, so scheint es, nicht mehr im Namen der ungerecht Leidenden protestieren und rebellieren. Das Leid der Kreatur, so scheint es, ist dann kein Widerspruch mehr gegen den guten Gott, es ist der Preis, den nicht die Kreaturen allein für die Freiheit (des Menschen) bezahlen, es ist der Preis, den Gott zutiefst selbst bezahlt. Deshalb wurde gesagt: „Wenn Gott selbst leidet, ist das Leiden kein Einwand mehr gegen Gott."[186]

---

[182] Origenes, Leviticus-Homilien 7,2.

[183] F. Nietzsche, Der Antichrist. Fluch auf das Christentum, in: Werke, hg. von K. Schlechta, Darmstadt 1966, Bd. 2, 1161–1235, hier 1197. Dort heißt es: „Er widersteht nicht, er verteidigt nicht sein Recht, er tut keinen Schritt, der das Äußerste von ihm abwehrt, mehr noch, er fordert es heraus... Und er bittet, er leidet, er liebt *mit* denen, *in* denen, die ihm Böses tun. ... nicht dem Bösen widerstehen – ihn lieben..."

[184] So – allerdings in recht unterschiedlicher Weise und mit teilweise problematischen trinitätstheologischen Überhöhungen – K. Kitamori, Theologie des Schmerzes Gottes, Göttingen 1972; J. Moltmann, Der gekreuzigte Gott, München 1972, 255–267; H. U. von Balthasar, Theodramatik Bd. 3, Einsiedeln 1980, 297–327, und Bd.4, Einsiedeln 1983, 191–222; P. Koslowski, Der leidende Gott, in: IkaZ Communio 19 (1990) 352–376; R. Faber, Der Selbsteinsatz Gottes. Grundlegung einer Theologie des Leidens und der Veränderlichkeit Gottes, Würzburg 1995. – Behutsamer H. Vorgrimler, Das Leiden Gottes, in: Theologie der Gegenwart 30 (1987) 20–26; L. Boff, Das Leiden, das aus dem Kampf gegen das Leiden erwächst, in: Concilium 12 (1976) 547–553; W. Harrington, The Tears of God. Our Benevolent Creator and Human Suffering, Collegeville/Minnesota 1992.

[185] So J. B. Metz, Theodizee-empfindliche Gottesrede (s. o. Anm.11), 93–97 (mit Blick auf Moltmann und Balthasar, bei denen er eine trinitätstheologische Verewigung des Leidens in Gott und eine Stillstellung der Theodizeefrage vermutet), K.-J. Kuschel, Ich schaffe Finsternis (s. o. Anm. 122), 175–197 (v. a. mit dem allzu biblizistischen Argument, in der Bibel sei nicht von einem Leiden Gottes, sondern nur von einem Mitleiden Gottes die Rede); auch A. Kreiner, Gott und das Leid (s. o. Anm. 16) 49–56 (mit der – die von ihm sonst vertretene free will defence merkwürdigerweise wieder ignorierenden – Begründung, wenn Gott die Macht gehabt hätte, Auschwitz zu verhindern, wäre es besser gewesen, dies zu tun, als mitzuleiden); ders., Gott im Leid, 165–190.

[186] W. Kasper, Der Gott Jesu Christi, Mainz 1982, 244. Ähnlich J. Moltmann, Trinität und Reich Gottes, München 1980, 55: „Der Gott, der die Unschuldigen leiden lässt, ist der Angeklagte im Forum der Theodizee. Der Gott, der alles in allem leidet, ist sein einzig möglicher Verteidiger."

Wirklich? Ist dies nicht ein Trugschluss? Was haben die Opfer denn davon, dass Gott selbst in ihnen leidet? Was ändert das (Mit-) Leiden Gottes an den vergangenen Leiden eines brutal gequälten Tieres, was an den geweinten Tränen auch nur eines gemarterten Kindes? Es bleibt völlig unklar, wie das Leiden Gottes an der Leidenssituation seiner Geschöpfe etwas ändern könnte. So bemerkte etwa Karl Rahner in einem Interview: „Um – einmal primitiv gesagt – aus meinem Dreck und Schlamassel und meiner Verzweiflung herauszukommen, nützt es mir doch nichts, wenn es Gott – um es einmal grob zu sagen – genauso dreckig geht."[187]

Dieses Rahner-Wort wird von denen gerne zitiert, die die Rede vom Leiden Gottes ablehnen. Und in der Tat: Ein leidender Gott, wenn er *nur* (passiv) leiden würde, hülfe gar nichts. Dann käme es lediglich zur „Verdoppelung des Leidens"[188]. Alles würde nur noch schlimmer. Die Rede vom leidenden Gott würde einfach undialektisch in die Totalität des Leidens umkippen.[189]
Das ist auch gegen eine Äußerung von Albert Camus einzuwenden, der gemeint hatte: „Wenn vom Himmel bis zur Erde alles ausnahmslos dem Schmerz ausgeliefert ist, dann ist ein fremdartiges Glück möglich."[190] Wieso eigentlich? Wie sollte aus totalem Leid und Schmerz noch ein Glück erstehen? Anders gewendet: Von welcher Art müsste der Schmerz oder das Leiden Gottes sein, wenn daraus ein fremdartiges Glück hervorgehen sollte? Doch kaum von der Art, dass der leidende Mensch sich von dem (mit-) leidenden Gott nichts mehr versprechen und ihm nichts mehr zutrauen kann, weil dieser nur noch ohnmächtig-schwach wäre[191] und nur noch seine eigene Antwortlosigkeit erlitte[192]! Der große Mathematiker und Prozessphilosoph Alfred N. Whitehead (1861–1947) hatte nach dem Unfalltod seines 21-jährigen Sohnes am Ende seines Werkes „Process and Reality" den Satz eingefügt: „God is the great companion – the fellow-sufferer who understands."[193]

d) Bei der Rede vom Leiden Gottes ist größte Diskretion und Umsicht angebracht.
(1) An dem klassischen Bedenken gegen eine Leidensfähigkeit Gottes ist sicher so viel richtig, dass der biblische Gott in radikaler Differenz zum Leiden steht und dass ein Leiden Gottes nicht nach Art menschlichen Leidens gedacht werden darf: Als ob Gott von etwas Mächtigeren getroffen werden, an ihm scheitern und in ihm untergehen könnte (dann wäre er ja nicht Gott, und dann müsste in der Tat die Vergeblichkeit und Resignation das letzte Wort haben).

(2) Andererseits: Wer lässt Gott wirklich Gott sein, der, der ihn heraushält aus dem Elend, oder der, der ich hineinzieht? Macht sich Gott, wenn er denn wirklich ist und wenn er Agápe ist, daher am Wohl und Wehe seiner Geschöpfe Anteil nimmt, nicht auch in seinen Geschöpfen betreffbar (verwundbar), hat er nicht auch die Fähigkeit zu leiden? Und ist, je radikaler die Liebe zu seinen Geschöpfen zu denken ist, nicht desto radikaler auch sein Schmerz ob ihrer Qual? Gott in seinen Geschöpfen antreffbar und treffbar, auf unausdenkliche Weise verwundbar? – (Gott leidend nicht nur allein im leidenden Menschen, sondern auch im gequälten Tier? Die Rede vom Leiden Gottes auch im leidenden Tier bringt uns in größte Verlegenheit. Doch zumindest als Frage muss sie in der Konsequenz des biblischen Glaubens aufrechterhalten werden. So zu fragen trägt zur Sensibilisierung gegenüber möglichem Leid der anderen Lebewesen und zu achtsamerem

[187] K. Rahner, in: P. Imhoff/U. H. Biallowons (Hg.), Im Gespräch, Bd. 1 (1964–1977), München 1982, 245.

[188] So J. B. Metz, Theodizee-empfindliche Gottesrede, 95.

[189] So – allerdings nur unter der genannten Voraussetzung – mit Recht O. John, Die Allmachtsprädikation (s. o. Anm. 113), 208.

[190] A. Camus, Der Mensch in der Revolte, Reinbek bei Hamburg 1953, 30f.; wie ein Argument zitiert von H. Verweyen, „Auferstehung": ein Wort verstellt die Sache, in: ders. (Hg.), Osterglaube ohne Auferstehung?, Freiburg 1995, 105–144, hier 110; kritisch dazu H. Kessler, Sucht den Lebenden nicht bei den Toten, Würzburg 1995, 442–444.

[191] So hatte ja H. Jonas und ihm folgend G. Schiwy gemeint (s. o. IV.1); gegen den nur noch schwachen, ohnmächtigen Gott wendet sich K.-J. Kuschel, Ich schaffe Finsternis, 184ff., mit Recht.

[192] So nun – sympathischerweise, weil sensibel für die Opfer, aber dennoch etwas kurzschlüssig – auch D. Mieth/C. Theobald, Wessen Gott ist Gott? Die Sicht der Opfer, in: Concilium 35 (1999) 38–40, hier 39.

[193] A. N. Whitehead, Prozess und Realität, Frankfurt/M. 1979, 626 (im englischen Original von 1929, 532).

Umgang mit ihnen bei: dass wir z.B. Tieren *wenigstens* ein artgerechtes Leben ohne Qual ermöglichen, ehe wir sie schlachten, und dass wir bei letzterem Qual vermeiden.)

(3) Das Da-Sein und Leid Gottes im Leid Jesu, im Leid des unschuldig gemarterten Kindes, im unbegriffenen Leid des gequälten Kreatur: Es müsste – wenn es wirklich Leiden *Gottes* sein sollte – *mehr* beinhalten als nur Gottes bloßes (Mit-) Leiden, mag dieses noch so radikal sein. Es müsste die Rettung und Heilung der Gequälten und Vernichteten einschließen (wie es die alttestamentlichen Psalmen vom leidenden Gerechten erhoffen und wie es der neutestamentliche Osterglaube vom gekreuzigten Jesus annimmt). Der Schmerz oder das Leiden Gottes ist heilend und erlösend *nur dann*, wenn 'Gott das Leid *nicht* nur passiv-ohnmächtig aushält, wenn er es gerade *nicht* in sich verewigt oder gar selbst im Leiden untergeht (solche Universalisierung des Leids müsste den Willen zum Widerstand gegen Unrecht brechen), *sondern* wenn in seiner frei mitleidenden Liebe eine größere Kraft (All-Macht) ist, wenn sie aus noch tieferen – und zutiefst betroffenen – Potentialen heraus das Leid auch aktiv-real und kreativ zu heilen, zu überwinden vermag. Und dies „nicht erst 'post mortem', sondern zumindest anfanghaft schon hier und jetzt"[194], indem sie den Willen und die Kraft gibt, im Tun der Tora bzw. auf den Fußspuren und im Geiste Jesu das Leid, wo immer es geht, wenigstens partiell zu heilen oder doch zu lindern und, wo uns dies nicht möglich ist, es in Solidarität mitzutragen bzw. in Würde und Hoffnung zu bestehen.

Die im Londoner Exil verhungerte französisch-jüdische Arbeiterin und Widerstandskämpferin, Philosophin und Mystikerin Simone Weil (1909–1943) war durch den Anblick Christi am Kreuz und den Anblick der endlosen Kreuze in der Menschheit, die sie als ihr eigenes Unglück verspürte und die sie zunächst in Auflehnung und Abwehr von Gott wegführten, gerade zu ihm hingetrieben worden. Sie erahnte etwas vom Schmerz des Gottes, der bis in die äußerste Entfernung von sich selber hinausgegangen ist und immer noch hinausgeht, um in aller Zerreißung seine äußerste, verbindend-heilende Liebe zu verwurzeln. Simone Weil wörtlich: „Er selbst ist, weil kein anderer es tun konnte, bis in die äußerste Entfernung, den unendlichen Abstand von sich selber hinausgegangen. Dieser unendliche Abstand zwischen Gott und Gott – äußerste Zerreißung, Schmerz, dem kein anderer gleichkommt, Wunder der Liebe – dieser Abstand ist die Kreuzigung. ... Diese Zerreißung, über welche die höchste Liebe das Band der höchsten Einigung ausspannt, hallt unaufhörlich durch das ganze Weltall."[195]

---

[194] K.-H. Menke, Der Gott, der jetzt schon Zukunft schenkt. Plädoyer für eine christologische Theodizee, in: H. Wagner (Hg.), Mit Gott streiten. Neue Zugänge zum Theodizee-Problem, Freiburg 1998, 90–130, hier 130, kommt zu dem Ergebnis: „Das jedenfalls ist die biblische Antwort auf die Theodizeefrage: dass im Tun der Tora bzw. mit, durch und in Christus *nicht erst 'post mortem', sondern zumindest anfanghaft schon hier und jetzt* die Liebe (der Sinn bzw. die Zukunft) erfahrbar ist, die das letzte Wort behält." Diese Sinndeutung sei „gewiss keine argumentative Lösung der Theodizeefrage, aber ebenso gewiss keine bloße Vertröstung auf die ganz andere Antwort des Eschaton." Damit kommt Menke zu einer Sicht, die ich selbst seit 1970 in bald jeder meiner Publikationen vertrete. Was er ebd. 109–114 an meiner Auffassung jetzt noch meint kritisieren zu müssen, beruht einerseits auf Missverständnissen, die sich bei genauer Lektüre meiner Ausführungen vermeiden lassen (ich habe nie nur eine jenseitige Antwort auf das Leid vertreten, im Gegenteil, und nie, dass Jesus im Tod *real* von Gott getrennt wurde), und andererseits darauf, dass Menke m. E. die dem Menschen *irdisch* eingeräumte Lebens*frist* nicht ernst genug nimmt (und deshalb meine Aussage nicht versteht, dass Gott im Tod des Menschen Jesus an Jesus als einem handle, der alle eigene Aktivität aus der Hand und in die Hand Gottes gegeben hat). Hilfreich ist aber, dass Menke nun endlich seine und Verweyens Aussage, Jesu Liebe sei stärker als der Tod, dahingehend verdeutlicht, dass hier nicht der physische, sondern der theologische Tod (der Trennung von Gott) gemeint sei, den Jesus dadurch besiegt, dass er auch dort, wo die Sünde in Gestalt des kreuzigenden Hasses sich an ihm austobt, in Beziehung zum Vater bleibt und so Gott in den Abgrund der Sünde trägt. Genau dies ist meine Auffassung: vgl. etwa, kurzgefasst, meinen Artikel „Erlösung" in: NHthG 1[1] (1984) 251 bzw. 1[2] (1991) 370, oder, ausführlicher, meine Christologie, in: Handbuch der Dogmatik, hg. von Th. Schneider, Düsseldorf 1992 ([3]2000) Bd.1, 241–442, hier 411–423.

[195] S. Weil, Zeugnis für das Gute, München 1990, 18.

Und Dietrich Bonhoeffer (1906–1945) schrieb 1944 in der für ihn tödlichen Haft: „nur der leidende Gott kann helfen"[196]. Er kann helfen, wenn sein Leiden nicht bloß passives Erleiden, sondern aktiv-kreatives, Leid heilendes Leiden ist. Das bloße Hineingerissensein Gottes in den Strudel des Schmerzes reicht nicht aus, aber ohne dieses gibt es auch keine Rettung.

3. Schöpferische All-Macht der leidensfähigen Liebe Gottes?

Wir hatten darüber nachgedacht, dass Gottes All-Macht nicht gegenständlich-kategorial auf derselben Ebene wie kreatürliche Macht, also nicht als eine – andere Macht verdrängende – Allein-Macht oder Über-Macht zu denken ist, sondern übergegenständlich-transzendental allpräsent, als eine ganz andere Dimension denn alles Kreatürliche und gerade so als sein innerstes Gegenüber und liebendes Du.

a) Der christliche Schöpfungsglaube impliziert, dass Gott die Liebe und so die All-Macht ist und hat, überhaupt erst etwas anderes, Gegenständlich-Endliches zu begründen (erschaffen), dem Eigendynamik und Freiheit zukommt, Freiheit zur (Mit-) Liebe (vgl. Gal 5,6.13f).[197] Gerade indem Gott aber Welt und Mensch in ihr Eigen-Sein und ihre Eigenaktivität hinein freigibt, gibt er diesem anderen endliche Eigenmacht, die er voll respektiert (also nicht im Konfliktsfall revoziert), so dass er in der Tat darauf verzichtet, wie eine übermächtige, aber letztlich verendlichte Kraft auf der Ebene der endlichen Kräfte – ihr Wechselspiel willkürlich verändernd – einzugreifen. Insofern beschränkt Gott sich und seine Macht in der Tat für eine gewisse Frist: für die Frist der kosmischen und biologischen Evolution, für die Frist der Menschheitsgeschichte, für die Frist jedes individuellen Lebens bis zu dessen Tod. Für diese Frist beschränkt Gott sich und seine Macht gegenüber dem anderen, der Schöpfung, und bindet sich an das (Zusammen-) Wirken der mit eigenen Wirkkräften ausgestatteten Geschöpfe, dessen Ergebnisse – in der Natur wie in der Geschichte – längst nicht immer seinem (guten) Willen entsprechen müssen.

Gott will weder das moralisch Böse noch wirkliche physische Übel, kann sie aber nicht verhindern (etwa durch übermächtige Intervention „von oben"); er muss sie für befristete Zeit hinnehmen, sie tragen und ertragen, sie aushalten und in jedem leidenden Geschöpf zutiefst selbst erleiden. Mit der freien Setzung einer evolvierenden oder Werde-Welt hat er sich frei dazu bestimmt, sich von der Mühsal, den Leiden und den Bereicherungen des Weltprozesses selbst betreffen zu lassen. Er bleibt daher, worauf die Prozesstheologie zu Recht besteht, selbst nicht unberührt von dem Prozess der Welt-, Natur- und Menschheitsgeschichte.

Die Art indes, wie Gott davon berührt wird, darf wieder nicht als eine kategorial-gegenständliche gedacht werden, als ob die Welt und ihr Gang ihm quantitativ ein Mehr oder Weniger einbrächte[198]. Sie muss wiederum transzendental gedacht werden: In seiner transzendentalen Immanenz, in der Gott allen Wesen innerlicher ist, als sie sich selber sind, wird er betroffen, und d.h. auf eine radikale und totale Art und Weise, die für uns ganz unausdenklich ist.
Insofern ist es uns auch unmöglich, darüber zu spekulieren, was Gott von der Welt hat. Gott braucht die Welt nicht (sie dient ihm nicht zu irgendetwas), aber er will sie brauchen – im freien Entschluss seiner unbedürftigen Liebe, die „andere als Mitliebende will"[199]. Die anderen sind ihm, gerade weil sie ihm zu nichts nütze, von unbedingtem, unendlichem Wert: Wir sind nicht um irgendwelcher anderer Zwecke willen gewollt, sondern un-bedingt geliebt, sind als wir selber gemeint. Und deshalb lässt sich der unendliche Gott, aus freier Liebe, von unserem Elend und

---

[196] D. Bonhoeffer, Widerstand und Ergebung, München 1970, 394.

[197] Dazu H. Kessler, Gott, der kosmische Prozess und die Freiheit (s. o. Anm. 154), 207f. und 216f.

[198] wie fälschlicherweise manche Prozesstheologen annehmen, etwa D. R. Griffin, God, Power, and Evil. A Process Theodicy, Philadelphia 1976.

[199] So das bekannte Wort von Johannes Duns Scotus (1265–1308), Opus Oxoniense III 32,1,6: „vult habere alios condiligentes".

Leid zutiefst betreffen, so sehr, dass er, um Simone Weils Wort aufzunehmen, „bis in die äußerste Entfernung, den unendlichen Abstand von sich selber hinausgeht", sich in einem endlichen Menschen inkarniert und sich so selber einsetzt in seine Welt und für sie.

b) Gerade indem Gott sich, transzendental-immanent, der Gebrechlichkeit und Fehlbarkeit geschöpflicher Existenz und ihrem Leid aussetzt, „wird der ,Selbst-Einsatz' Gottes ein *leidender* und bleibt doch zugleich und gerade noch so *sein* Lebens-Einsatz, erweist sich in seiner ,Unzerstörbarkeit', weil er, dem sich aussetzend, *darin* und *da hindurch* in der Lage ist, sich seiner Lebens-,Struktur' gemäß zu vollziehen"[200]. Gemeint ist die Lebensstruktur der göttlichen, d.h. unerschöpflichen Liebe, die für den Osterglauben an der gekreuzigten Liebe Jesu offenbar geworden ist.

Die dort offenbar gewordene unerschöpfliche Liebe Gottes aber – und darin liegt, wie Kierkegaard erkannte, ihre (All-) Macht – muss nicht wie alle endliche Macht, indem sie gibt, ständig um Selbsterhaltung bemüht sein und daher den andern abhängig, unfrei machen. Vielmehr vermag sie zu geben, sich hinzugeben, in die Leiden der Geschöpfe einzutauchen, ohne sich (oder auch nur das Mindeste von ihrer Wirklichkeit) zu verlieren; d.h. sie kann, indem sie sich hingibt und im Leid der Leidenden auf unausdenkliche Weise selber leidet, gerade *als* unzerstörbare Liebe wirken. Sie muss sich also nicht über die Eigendynamik und Freiheit der Geschöpfe hinwegsetzen, nicht mit „coercive power" in die Natur und Geschichte eingreifen, sondern sie wirkt mit „persuasive power"[201]: Sie zwingt nicht und überfährt nicht, sondern lädt ein und wirbt mit dem Lockruf und durch die Anziehungskraft ihrer der Welt immanenten Güte, die in dieser Welt jedoch – das blieb bei Hans Jonas außer acht – sich nicht erschöpft (und die nur deswegen schließlich auch zur Erlösung fähig ist). Wenn Gott die Liebe des Menschen gewinnen will, darf er ihn nicht mit seiner Herrlichkeit überwältigen, sondern kann sich ihm nur in verborgener, zeichenhafter Gestalt zeigen, die dem Menschen die Möglichkeit lässt, frei auf ihn einzugehen oder auch ihn zu ignorieren.

Wo Liebe und freie Entschiedenheit für den freien Anderen ist, da ist gewiss auch – jedenfalls was ein Eingreifen in die Intimität und Entscheidungsfreiheit des Anderen angeht – Selbstbeschränkung und insofern Ohnmacht. Liebe wirkt nicht *gegen* die Freiheit des andern; wenn also dieser sich verweigert, erscheint sie insoweit ohnmächtig. Aber auch in der Situation solcher Ohnmacht hat radikale Liebe – wie besonders an Jesu gewaltlosem Gang in den ihm gewaltsam aufgezwungenen Tod (aus österlichem Rückblick) aufgeht, aber auch am Weg vieler anderer (Franz von Assisi, Mutter Theresa, Mahatma Gandhi usw. und vieler weniger Bekannter) sichtbar wird – noch andere, neue Möglichkeiten, ihren zwanglos befreienden Einfluss auf andere auszuüben: in der Form des frei bleibenden Angebots, der gewaltlosen Einladung, des geduldigen Wartens und Ausharrens an der Tür des Andern, des Bittens, Werbens und „Freiens", das den Andern frei sein lässt, ja, das ihm neue Freiheitsmöglichkeiten zuspielt.

In der Welt wirkt Gott – in unbedingter Achtung der Eigendynamik und Freiheit seiner Geschöpfe – durch Geschöpfe, die sich seinem Angebot und Lockruf auftun. Im gewaltlosen und äußerlich ziemlich (nicht total) machtlosen Dasein von Menschen für andere gewinnt Gott Raum in der Welt, gewinnt er eine paradoxe Gegen-Macht in einer machtförmigen Welt, die ihn weithin in sich nicht zulässt[202]; durch solche Menschen wird etwas von seiner Güte erfahrbar, durch sie wirbt und ruft er auf sein Ziel hin.

---

[200] R. Faber, Der Selbsteinsatz Gottes (s. o. Anm. 184), 215f.

[201] So ein wertvoller Gedanke der nordamerikanischen Prozesstheologie: Vgl. etwa J. B. Cobb-D. R. Griffin, Prozesstheologie, Göttingen 1979, 40–78.

[202] Vgl. hierzu H. Kessler, Sucht den Lebenden nicht bei den Toten, 289f. und 294–296.

c) Was ist sein Ziel? Thomas von Aquin sagte: „In seiner Liebe will Gott vorbehaltlos für die Kreatur das ewige (erfüllende) Gut, das er selbst ist."[203] Warum aber beschenkt Gott dann die Kreatur nicht gleich mit diesem Gut, in dem das Heil besteht? „Warum, Gott, zum Heil die fürchterlichen Umwege"? Die Frage des sterbenden Romano Guardini, seine Rückfrage an Gott selbst, bleibt. Auf diese Frage gibt es für uns keine befriedigende Antwort. Wir können nur ein paar Bruchstücke von Verstehen zusammenbringen.

Von Meister Eckhart und anderen Großen der christlichen Geschichte werden wir darauf aufmerksam gemacht, dass Gott uns in der Tat jetzt schon mit dem ewigen Gut beschenkt, das er selbst ist, dass wir indes eben dies (also ihn als unser höchstes Gut) zumeist nicht wahr-nehmen und deswegen – aufgrund von Irrtum und Verblendung, von schlechten Neigungen (egoistischer Gier) und verführender Mitwelt – fälschlicherweise irgendwelche endlichen Güter „mit unendlichem Streben erstreben" und sie so vergötzen.[204] Würden wir wirklich bis in die letzten Fasern unseres Seins hinein Gott in seiner Liebe als das wahre, höchste Gut (für uns und für alle) erkennen, so wäre eine Ablehnung dieses Gutes völlig irrational und vernünftigerweise eigentlich unmöglich.

Wäre es dann aber nicht besser, Gott hätte uns Menschen gleich als solche Wesen geschaffen, die – gar nicht anders können, als ihn unverstellt wahrzunehmen, wie er ist: ihr höchstes Gut, ihr ganzes Glück (Ps 16,2) und ihr Heil? Die Antwort wird lauten müssen: Kaum, denn dann würde uns Gott mit seiner Wirklichkeit überwältigen. Er würde uns die Möglichkeit nehmen, über uns als Person – über unseren Charakter und Lebensentwurf – selbst (mit) zu bestimmen; vor allem aber wäre unsere Entscheidung, Gottes Liebe zu erwidern, dann nicht mehr frei, sondern von Gott manipuliert und unausweichlich; wir würden so unsere Würde als Personen verlieren, die zumindest darüber mitbestimmen können, zu welcher Person sie sich entwickeln und zu wem sie Ja sagen.[205] Dieser Prozess der Personwerdung vollendet sich im Tod in der endgültigen Begegnung mit Gott. Und in dieser Vollendung werden wir, so die christliche Hoffnung, das erreichen, wozu unsere irdische Freiheit unerlässlich war: unsere wahre Identität in der alle einbeziehenden Gemeinschaft der Liebe Gottes.

Was aber ist mit der Freiheit in diesem vollendeten Reich Gottes, wo Gott selbst unverstellt als die reine Güte und unser wahres Glück begegnet? Gibt es dann überhaupt noch die Möglichkeit der Ablehnung der Liebe Gottes (wie Origenes meinte, mit der Folgerung, dass es erneut zum Abfall von Gott kommen könnte)? Indessen, wirkliche Freiheit ist mehr als die Distanz freier Wahl, mehr als die Möglichkeit, auch anders zu können bzw. anderes als das Gute wählen zu können; sie ist die ganz zu sich selbst befreite Fähigkeit, sich aus frei-eigenem Entschluss für das, was sie als das wahre Gute für sich und für alle erkennt, zu entscheiden. Deshalb wird man eher (Thomas von Aquin, Rahner und anderen folgend) sagen: Der Mensch hat sich – im Leben und in der endgültigen Begegnung mit Gott im Sterben – selber *mit* bestimmt und hat sich, ganz *diese* durch Gottes Nähe (Gnade) vollendete Person geworden, für Gott als das wirklich Gute entschieden. Und so – als diese ganz zu sich selbst gekommene/gebrachte, er selbst gewordene und am tiefsten aus sich heraus tätige Person – hat er gerade die vollendete Freiheit, immer neu der endgültigen Entscheidung zum Guten zuzustimmen: Er nimmt dieses nicht mehr distanziert zur Kenntnis, um dann zu überlegen, ob er sich auf es einlassen sollte oder nicht; vielmehr kann und will er nicht anders, als Gott, das wahre Gut, und in ihm alle Geschöpfe zu lieben, und ist dabei alles andere als unfrei, sondern ganz zu sich selbst befreit. So

---

[203] Thomas von Aquin, Summa theologiae I–II q.110, a.1c.

[204] Max Scheler, Vom Ewigen im Menschen (1923), Bern ⁴1954, 263: „Jeder Mensch hat ein besonderes Etwas, einen mit dem Akzent des Höchstwertes betonten Inhalt, dem er bewusst, oder doch in seinem naiv wertenden praktischen Verhalten, jeden anderen Inhalt nachsetzt. ... Prinzipiell kann jedes endliche Gut in die Absolutsphäre ... eines Bewusstseins treten und dann mit unendlichem Streben erstrebt werden. Immer aber findet dann eine Vergötzung des Gutes statt... Es besteht keine Wahl, ein solches Gut zu haben oder nicht zu haben. Es besteht nur die Wahl, in seiner Absolutsphäre Gott, d.h. das dem religiösen Akt angemessene Gut zu haben, oder einen Götzen."

[205] Vgl. in diesem Sinne O. Wiertz, Das Problem des Übels (s. o. Anm. 147) 254. – Es bleibt die Frage: Was aber mit den getöteten oder verhungerten Kindern, die nie dazu gelangen konnten, sich selbst und ihren Charakter mit zu bestimmen?

erreicht unsere in der Zeit geformte Freiheit gerade ihr Ziel in der Ewigkeit als „ganzen und vollkommenen Besitz" ihrer selbst und somit des unzerstörbaren Lebens[206].

Zu dieser vollendet befreiten und geheilten Freiheit wird möglicherweise auch gehören, dass wir Menschen das Leid, das wir in unserem irdischen Leben erleiden mussten, annehmen und bejahen können. „Nur wer auch erlittenes Leid als Teil des eigenen Lebens und der eigenen Geschichte bejaht, kann sich selbst als unverwechselbare konkrete Person bejahen, die sie geworden ist."[207] Manche Übel haben einen so starken Einfluss auf die Entwicklung der eigenen Persönlichkeit, dass man ohne sie vielleicht zu einem nach üblichen Maßstäben ‚besseren' und ‚glücklicheren' Menschen geworden wäre, aber man wäre ohne sie ein/e andere/r geworden, als man ist und sein will.

In John Updikes Roman „Heirate mich" heißt es einmal: „Selbst wenn sie alles bedachte, was ihre Kindheit so unglücklich gemacht hatte – der unerwartete Tod des Vaters, die Verrücktheiten der Mutter, ihr mürrischer älterer Bruder, die aufeinander folgenden Internate – stand für sie immer noch fest, dass sie heute als Person ärmer wäre, wenn alles einen anderen Lauf genommen hätte. Sie wäre jemand anders, jemand, der sie nicht zu sein wünschte."[208] Andere werden in der Tat jemand anderer zu sein wünschen. Aber es gibt Menschen, die sehr schweres Leid erdulden mussten, und die dennoch nicht jemand anderer sein wollten.

Das macht den Gedanken nicht undenkbar, dass wir – in einem uns geschenkten neuen Leben ‚nach' dem Tod – vielleicht auch das erlittene Leid und Übel, das *als solches* gewiss *nicht* zu bejahen ist, dennoch als Teil unserer eigenen Geschichte annehmen können, in der wir zu der Person geworden sind, der Gott Vollendung schenkt (in der Beziehung zu ihm, den Mitmenschen und den andern Mitgeschöpfen). Der gläubige Blick auf die Geschichte Israels, etwa auf die Josephsgeschichte, und vollends auf Leben, Tod und Auferweckung Jesu kann die zuversichtliche Hoffnung eingeben, dass Gott noch aus schlimmstem Unheil unerwartet Gutes schaffen kann, das es in dieser Form ohne das Unheil nicht gegeben hätte.

Freilich, das sind Gedanken, die sich allzu weit vorwagen und die leicht in unerträgliche Rechtfertigung von Übeln und Qualen umschlagen können. Wie denn sollte je ein zukünftiges, nachgeliefertes Glück die Not und Qual eines einzigen zu Tode gequälten Geschöpfes rechtfertigen können? Sollte Gott die Qualen seiner Geschöpfe je als Mittel zur Erreichung eines guten Zweckes erweisen können? Ist es nicht vermessen und zynisch zu erwarten, dass Menschen, die in ihrem – vielleicht ganz früh zerstörten – irdischen Leben unsägliche Grausamkeit erleiden mussten, nach ihrem Tod ihr früheres Leid akzeptieren und ihren Tätern vergeben können? Dass die Täter sich von ihren Übeltaten distanzieren und ihrerseits unter Schmerzen Bekehrte werden?[209] Oder dürfen wir Gott zutrauen, dass er dies – und noch ganz unvorstellbar Anderes – möglich macht?

d) Blicken wir zurück, so werden wir – in, zugegeben, anthropomorphen Bildern – sagen müssen: (1) Gott leidet von Anfang an mit seiner Schöpfung gewissermaßen Geburts-, Wachstums- und Vollendungs-Wehen. Weit mehr noch und radikaler als liebende Eltern und Freunde bangt er darum, wie wir Geschöpfe uns selber formen, dass wir für uns und andere heilsame Wege gehen, dass wir offen werden für das uns erfüllende Gut, das er selber ist. Er leidet, wo das Geschehen in Natur und Geschichte in quälende Zerstörung abgleitet: Er leidet *mit*, ja *in* den Verwundeten und Gequälten, und er ruht nicht (vgl. Ps 121,4), solange ihre Wunden nicht geheilt sind.

---

[206] Boethius, De consolatione philosophiae V,6, definiert bekanntlich: „Ewigkeit ist der totale und vollkommene Besitz unbegrenzten Lebens" (aeternitas est interminabilis vitae tota et perfecta possessio). Zu diesem Freiheitsverständnis vgl. H. Kessler, Sucht den Lebenden, 248f. mit Anm. 30.

[207] O. Wiertz, Das Problem des Übels, 251; im Folgenden nehme ich Anregungen von Wiertz auf.

[208] J. Updike, Heirate mich! Eine Romanze, Reinbek bei Hamburg 1994, 50.

[209] Mit dem Übel*täter*, der von seiner Tat lässt oder wenigstens sich distanziert, versöhnt sich der biblische Gott wohl, mit der Übel*tat* und dem damit verbundenen Leid dagegen nicht.

(2) Gott wirbt – vermittelt vor allem (aber wohl nicht nur) durch Menschen, die sich von ihm ansprechen und bewegen lassen – jetzt schon und fortwährend: Er wirbt um Guttat, Heilung, Versöhnung in Gerechtigkeit, gibt dazu Impulse, macht freibleibende (nicht zwingende) Angebote, eröffnet so neue, ergreifbare Möglichkeiten, unterbricht den absehbaren Lauf der Dinge. Der Glaube hofft, dass es überhaupt keine Situation gibt, in der Gottes Möglichkeiten am Ende wären, dass die Macht seiner mitleidenden, dialogisch-schöpferischen Liebe auch in und aus ausweglosen Situationen noch Gutes zu schaffen vermag.

(3) Auch dort aber, wo die Geschöpfe, wo die Menschen am Ende sind mit ihren Handlungsmöglichkeiten (also im eigenen Tod, angesichts des Todes der anderen, im Hinblick auf das ihnen angetane und von uns nicht wieder gutmachbare Unrecht), auch dort ist Gottes schöpferische Liebe – so die biblische Botschaft von Tod und Auferweckung – nicht am Ende.

Der Glaube hat eine Perspektive, welche die Natur und die Geschichte schon hier und jetzt auf die ungeahnten Möglichkeiten Gottes hin öffnet. So setzt der Glaube gerade *gegen* das Leid auf *Gott*, nicht aber auf die Zusammenreimbarkeit von Gott und Leid.

4. „Gott" – ein Wort des Protestes und der aktiven Hoffnung gegen das Leid

Dürfen wir also der unergründlichen Liebe Gottes eine Kraft zutrauen, die auch noch an das – vielleicht doch nur für uns im Zeitfluss Befindliche – unwiederbringlich Vergangene rührt, an das vergangene, für uns nicht (wieder) gutmachbare Unrecht, an die toten Menschen, auch an die getöteten Spatzen (Lk 12,6), und ihre einstigen Leiden, die ja niemand, auch Gott nicht, ungeschehen machen kann? Dürfen wir ihr der (all-) mächtigen, unerschöpflichen Liebe Gottes die Kraft zutrauen, am Ende auch unser, auch der Leidenden, Verstehen zu gewinnen, und ihre Vergebungsbereitschaft? Ist nicht all das mitgemeint in der biblischen Hoffnung auf ein von Gott gewirktes Leben der Toten, in der neutestamentlichen Botschaft von der untrennbaren Einheit (und Sequenz) von Kreuzestod und Auferstehung, von leidendem Untergang und gott-geschenktem Aufgang neuen, andersartigen Lebens in Niederlage und Tod? Diese Botschaft meint ja weder jenen billigen Lebens-Optimismus und Oster-Triumphalismus, der den Schrei des Gekreuzigten und der gepeinigten Kreatur unhörbar macht, noch einen Schöpfungs-Pessimismus und heroischen Kreuzes-Masochismus, der die Hoffnung auf Auferstehung und geheiltes, versöhntes Leben letztlich zum Verschwinden bringt.

Deshalb ist die enge (passions- und kreuzestheologische) *Verschränkung* von Gott und Leiden in der Rede vom Schmerz und Leiden Gottes auch nur dann haltbar, wenn sie zugleich die (eschatologische, promissorisch-praktische) *Entgegensetzung von Gott und Leid* beachtet. Denn Gott steht biblisch *gegen* das Leid.

a) Das Wort „Gott" ist vieldeutig. Die Religionen und die Menschen, auch die Christen, haben unterschiedliche Größen zum Gott: „Worauf du dein Herz hängst und dich verlässt, das ist eigentlich dein Gott", hatte Luther (in seinem Großen Katechismus bei der Erklärung des ersten Gebots) treffend bemerkt. Auch die eine, Mensch und Natur übersteigende, wahrhaft göttliche Macht wird von Menschen verschieden erfahren. Israel lernte in seiner Geschichte Gott zunehmend nicht mehr einfach als allgewaltige, Heil wie Unheil wirkende, bedrückende Schicksalsmacht (El, Schaddaí), sondern als „Jahwe" (= „Ich bin da, Ich-werde-da-sein") verstehen; und Jesus wagte es, Gott mit „Abba" (= Papa, lieber Vater) anzureden.

In diesem Sinne (Jahwe, Abba) ist „Gott" biblisch ein Wort des *Vertrauens* auf eine unbedingt rettende Wirklichkeit und ihre Selbstzusage (Ps 91,15: „Ich bin bei ihm in seiner Not"; vgl. Ps 23,4), ein Wort der *Klage* und des *Protests* gegen das Leid und gegen das Böse (Ps 22 u.a.), ein Wort der *Nichtakzeptanz* des Leids auch der Tiere und damit der naturalen Bedingungen der Schöpfung, wie sie ist (Jes 11,6–9; 65,25; Hos 2,18f.), ein Wort der *Verheißung* der Überwindung des Leids und des Bösen (Jes 25,8; 35,10; Apk 21,4), ein Wort der *Ermutigung* und Aufforderung zu Widerstand gegen Unrecht und zu Einsatz für Recht. Der Gott Abrahams und Jesu ist „der

Anti-Böse" (Edward Schillebeeckx). Und wer immer entschieden für das Gute Partei ergreift, der setzt – ob er es weiß oder nicht – letzten Endes auf *diesen* Gott, dass er sich erweise.

Die Bibel erklärt das Übel und das Böse nicht (weg), reimt es nicht mit Gott zusammen, erhebt es aber auch nicht zu einer selbst göttlichen Gegenmacht; sie wird stattdessen angesichts "himmelschreienden" Unrechts zum Schrei nach Gott, ihre Gottesrede wird zum Schrei nach Rettung der ungerecht Leidenden, der Opfer (Ex 2f u.a.; Mk 15,34). Gerade dabei sagt sie „ja" zu einem Gott, der noch mehr und anders ist als Natur und Geschichte mit ihren Zweideutigkeiten.

b) Die biblischen Aussagen über Gottes Güte, Gerechtigkeit, Allmacht usw. (von Ex 3,14 bis 1 Joh 4,8) sind nicht projektiver Reflex von Menschen in glücklicher Lage oder von Menschen mit optimistischem Naturell. Vielmehr sind sie entstanden *in* der Not und Niederlage der Guten, *im* Leiden Unschuldiger, *im* Ausbleiben der Hilfe Gottes, sind also gesprochen im Angesicht gerade der Erfahrungen, die oft[210] *gegen* sie ins Feld geführt werden. Diese biblischen Aussagen von Gottes Güte, Allmacht usw. stehen somit *in bewusstem Widerspruch* zu unsrer Wirklichkeitserfahrung.[211] Sie sind also nicht Deskriptionen eines *vorhandenen* gütig-allmächtigen Gottes, über den man verfügen und den man in sein Kalkül – etwa in eine Theorie der Vereinbarkeit von Gott und Leid – einbauen könnte, sondern sind Behauptungen und Verheißungen, deren Wahrheit strittig ist und sich erst noch herausstellen muss. Sie tragen einen „Verheißungsvermerk"[212]; der Satz „Gott ist die Liebe" meint dann: „Wir vertrauen darauf, dass Gott sich noch als Liebe für alle erweisen wird" – gewiss deswegen, weil er Liebe *ist*, aber eben dies muss sich bewahrheiten.

Die vorhandene Welt ist ja so, dass in ihr Gott (die Liebe) weithin noch gar nicht "vorkommt"; vieles, was in der Welt geschieht, ist mit dem Glauben an den biblischen Gott nicht vereinbar und würde ihn widerlegen, wenn es das letzte Wort behielte. Dort, wo Menschen im Geist des Galiläers Jesus von Nazareth leben, kommt etwas von der Güte Gottes zum Vorschein in der Welt. Erst dann freilich, wenn alle Wunden geheilt und das letzte geknickte Rohr aufgerichtet sein wird, wenn „jede Träne abgewischt und kein Tod mehr sein wird, kein Leid noch Wehschrei noch Schmerz" (Apk 21,4; vgl. Jes 25,8), und wenn überdies alle Wesen rückblickend sogar ihre geweinten Tränen gutheißen können, erst dann wird für alle definitiv klar sein, dass Gott die allmächtige Güte und die Schöpfung wirklich „gut" ist.

Wie das Wort „Gott" biblisch Name ist für die da-seiende Macht der Liebe, die gegen das Leid steht, so sind die biblischen Aussagen über Gottes Güte und Allmacht *Versprechen* der Rettung und einer großen universalen Gerechtigkeit, die auch an die vergangenen Leiden – auch die der Tiere – rührt und ihre Heilung einschließt.[213] Sie sind Verheißungen für den existentiell Bedrohten und für denjenigen, der gegen konkrete Leiden ankämpft und sich dabei jenes „Leiden" einhandelt, „das aus dem Kampf gegen das Leiden erwächst" (Leonardo Boff). Diese biblischen Aussagen können deshalb nur im persönlichen Ergreifen der in ihnen steckenden Verheißung wiederholt und anderen zugesagt werden. Nicht für sich in Anspruch nehmen kann sie, wer genug zum Leben hat, andere darben sieht und ihnen nicht aufhilft (1 Joh 3,17; 4,20; Mt 18, 23–33).

c) Böses und Leiden wollen *weniger* begriffen als bekämpft und bestanden werden, im Vertrauen, dass dieses große Du, das wir mit „Gott" meinen, immer mit uns da ist (Ps 23,4). Angesichts des

---

[210] übrigens auch schon im AT von den „Toren": Ps 10; 13; 14 u.ö.

[211] Dazu H. Gollwitzer, Krummes Holz – Aufrechter Gang. Zur Frage nach dem Sinn des Lebens, München 1970, 374f.

[212] wie J. B. Metz immer wieder einschärft, vgl. etwa J. B. Metz, Die Rede von Gott angesichts der Leidensgeschichte der Welt, in: Stimmen der Zeit 117 (1992) 311–320, hier 318f.

[213] Vgl. J. B. Metz, Theodizee-empfindliche Gottesrede (s. o. Anm. 11) 82.

Leids der unbeweinten Kreatur und angesichts des Leids von „Auschwitz" an den Gott Jesu glauben heißt, mit Jesus *jetzt schon diesen Gott* als die rettende Wirklichkeit *für die gequälten Opfer in Anspruch nehmen*, also ihr Lebensrecht praktisch bejahen, für Minimierung ihrer Leiden kämpfen und, wo unsere Macht endet, bei Gott ihre Rettung einklagen, als Gutmachung und Bergung in Gott zugleich. Das geht nur im – auch praktischen – Widerspruch zu den gesellschaftlichen Mechanismen und zu den Subjekten, die dieses Lebensrecht nicht anerkennen und andere zu Opfern machen.

Die Opfer sind ein entscheidendes, vielleicht das entscheidende Kriterium dafür, ob ich mich – in meiner immer begrenzten Perspektive – wirklich auf die letzte, göttliche Wirklichkeit beziehe (und nicht auf einen in mein System passenden, selbstfabrizierten Götzen oder einen metaphysischen Weltbild-Abrunder). Jedes endliche (biotische, soziale, ideologische) System und jedes Subjekt ist ja, weil endlich, nicht-göttlich; seine Nicht-Göttlichkeit manifestiert sich ganz offenkundig in seinen unvermeidbaren Irrtümern, Fehlern und Übeln, an deren Folgen Menschen, die Opfer, leiden.[214] Die Opfer sind deswegen der Ort, von dem aus man die Nicht-Wahrheit eines Systems – eben auch des Systems der beschädigten, noch nicht wahren Schöpfung – entdecken, dieses kritisieren, es auf eine wahrere Zukunft hin öffnen kann. In einer ungerechten und leidvollen Welt ist Kriterium dafür, ob man sich wirklich für den biblischen „Gott" öffnet und auf *ihn* setzt, die Übernahme von Verantwortung für den Andern, zumal für die Unterdrückten und Gequälten.

Der wahre Gott fordert keine Opfer (vgl. Hos 6,6; Am 5,22; Ps 50,7–14; 51,18f). Vielmehr: Überall, wo ein geschöpfliches Wesen durch andere leiden muss oder wo es selbst andere leiden macht, leidet auch dieser Gott auf eine uns unausdenkliche, radikale und totale Weise mit. Zum Christsein gehört das Leiden an der Unversöhntheit, die klagend-hoffende Bitte an Gott um Hilfe *und* die tägliche Arbeit an Versöhnungen, also die Arbeit daran, Leiden abzuschaffen oder wenigstens zu mildern (das leidende Geschöpf – und Gott – in *seiner* Not zu erhören[215]) und *darin* dem Wirken der Güte Gottes Raum zu schaffen.

Erst dort, wo wir dazu keine Möglichkeit mehr haben, bleibt uns *allein* noch die Klage, der Appell an Gottes rettend-versöhnendes Tun, der Schrei nach der großen, all-umfassenden Versöhnung, die auch die Zustimmung der Opfer (wie der Täter) impliziert. Unter der Voraussetzung, dass ich mich der unbedingt allen geltenden Güte öffne und verschreibe, darf und *muss* ich hoffen, dass die unendliche, unbedingt für alle entschiedene Liebe Gottes Wege finden wird zur endgültigen Überwindung des Leids und zur Versöhnung auch der Unversöhnlichen.

Bis dahin bleiben wir selbst die offene Frage, und gelingt Identität nur im Modus der Hoffnung: Bis jetzt sind wir nur „in der Hoffnung erlöst; eine Hoffnung aber, die man schon erfüllt sieht, ist keine Hoffnung mehr" (Röm 8,24).

Schlussbemerkungen:
Leid-empfindlicher Gott-Glaube – ein Lebensexperiment

(1) Theoretische Theodizee suchte Gott und das Böse/Leid zusammenzudenken und entging so nicht der Konsequenz, auch das Böse/Leid, so wie es ist, als eben zum Ganzen gehörig zu legitimieren; alles hatte so, wie es ist und läuft, im Prinzip seine Richtigkeit. Die Hiob-Frage der Glaubenden ist anderer Art: Wie kann ich *in* – und *trotz* und *gegen* – Unrecht und Leid von Gott

---

[214] Dazu E. Dussel, Wahrheitsanspruch und Toleranzfähigkeit der göttlichen Offenbarung aus der Sicht einer Theologie der Befreiung, in: B. Schoppelreich-S. Wiedenhofer (Hg.), Zur Logik religiöser Traditionen, Frankfurt/M. 1998, 267–295, hier 279.

[215] D. Bonhoeffer, Widerstand und Ergebung, 395.401f: „Menschen gehen zu Gott in ihrer Not.../ Menschen gehen zu Gott in Seiner Not, finden ihn arm, geschmäht, ohne Obdach und Brot, sehn ihn verschlungen von Sünde, Schwachheit und Tod. Christen stehen bei Gott in Seiner Not./ Gott geht zu allen Menschen in ihrer Not..."

sprechen, an Gott glaubend festhalten, mit Gott leben und von ihm her gegen das Leid angehen oder im Leid standhalten? Diese Frage – die Theodizee*frage* also – ist die Krise jeder vermeintlich unschuldigen, fraglosen und verblüffungsfesten Rede von Gott.

Metaphysik dachte das Göttliche nur als Grund und notwendiges Korrelat bzw. Implikat der bestehenden Welt (als den zur Welt gehörigen und zu ihr passenden Gott), nicht als ihr gegenüber freie, liebende Wirklichkeit, an die man auch klagend-fragend appellieren könnte, in der Hoffnung, von ihr mehr und noch anderes erwarten zu dürfen, als in der Naturevolution und Menschengeschichte „drin" ist. Der biblische Gott passt nicht zur Welt, wie sie ist; er geht nur *so* mit dem Leid zusammen, dass er *gegen* es steht, dass er es – die Freigabe seiner Schöpfung respektierend – selbst erleidet und in der Kraft seiner Liebe an seiner Verwindung und Heilung arbeitet.

Mit dem biblischen Gott kehrt die Verweigerung des Einverständnisses mit der bestehenden Welt[216], die Gebetsklage und der praktische Widerstand gegen das Leid in die Religion zurück. Wer vom biblischen Gott sprechen will, handelt sich die Theodizee*frage* – statt sie loszuwerden – mit ihrer ganzen Dramatik ein, ohne schnelle Lösung, ohne aufgeklärt-atheistische oder fromm-spekulative Entspannung, ohne Beruhigung. Was denn soll Ex 3,14 („Ich bin da, als der ich da sein werde") oder 1 Joh 4,8 („Gott ist die Agápe") in den konkreten Leiden nichtmenschlicher Lebewesen wie von Menschen bedeuten? All diese biblischen Gottesaussagen tragen, wie wir sahen, einen „Verheißungsvermerk": ihre Wahrheit muss sich immer wieder erst erweisen, anfanghaft schon jetzt und einst vollends.

Der Widerspruch zwischen Gott und dem Leid seiner Geschöpfe, die „Entfernung zu Gott" (Nelly Sachs), ist auszuhalten: Im Gedenken der einstigen Leiden der Verstorbenen und in sensibler Wahrnehmung heutigen Leids. In Erinnerung aber auch der früher erfahrenen Güte Gottes (vgl. z.B. Ps 77), und in eschatologisch gespannter Erwartung, die am Unverstandenen und Widerständigen sich wundreibt.
Der Widerspruch ist auszuhalten in leidenschaftlichem *Rückfragen an Gott*: „Warum verbirgst du dein Angesicht? Warum hast du uns verlassen? Wie lange noch?" Aber auch in theologisch-christologischer Umkehrung der Theodizeefrage[217], so dass es nicht mehr nur der Mensch ist, der Gott fragt, sondern umgekehrt der „nach seinen Geschöpfen verrückte" (Katharina von Siena), aber oft genug abgewiesene und in seinen geschundenen Geschöpfen verwundete Gott – eben in Gestalt seiner leidenden Geschöpfe oder ihrer Advokaten – auch seinerseits *den Menschen fragt*: „Adam, wo bist du?" (Gen 3,9) „Wo ist dein Bruder Abel?" (Gen 4,9) "Warum verfolgst du mich?" (Apg 9,4) „Was tat ich dir? Antworte mir! Ich habe dich herausgeführt, du aber bereitest deinem Retter das Kreuz." (Karfreitagsliturgie) Oder: "Was stellst du mit meinen Geschöpfen an und mit dir selbst?" – *Beide* Arten von Fragen haben humanisierende Kraft. Die eine ‚belästigt' Gott selbst und sucht insoweit keine irdischen Sündenböcke für ihre enttäuschten Sinnerwartungen und Frustrationen. Die andere wirklich an sich heranzulassen heißt, sich der eigenen öko-sozialen Verantwortung zu stellen.

(2) Not lehrt nicht notwendig Beten; mit Leid kommt nicht zwingend die Gottesfrage. Manche sagen: Ich habe zu viel erlebt, Gott ist mir abhanden gekommen; durch das furchtbare Leid in der Welt ist mir der Zugang zum Rettenden verloren gegangen. Diese – angesichts der so widersprüchlich erfahrenen Welt verständliche – Grundeinstellung zur Wirklichkeit verdient

---

[216] H. R. Schlette, Art. Religion, in: HphG 5 (1974), 1233–1250, hier 1245ff., begreift Religion, die auf der Annahme einer fundamentalen Gutheit und Vertrauenswürdigkeit des Ganzen besteht und sich zugleich die Realität des Negativen nicht verbirgt, als *„Verweigerung des Einverständnisses mit der Verfasstheit der Wirklichkeit im ganzen"*. H. Schrödter, Analytische Religionsphilosophie, Freiburg/München 1979, 298 definiert Religion als „die Gesamtheit der Erscheinungen (Objektivationen), in denen Menschen das Bewusstsein der *radikalen Endlichkeit ihrer Existenz und deren reale Überwindung* ... ausdrücklich machen".

[217] So G. Fuchs, Wir sind sein Kreuz (s. o. Anm. 180), 180f. Anm. 33.

allen menschlichen Respekt. Ihr liegt aber – da all unsere Erfahrungen partikulär sind und eine Extrapolation ins Totale nicht gestatten (wir wissen ja auch von den *anderen* Erfahrungen anderer) – eine existentielle Entscheidung (eine Option) zugrunde. Auch kann diese Gott losgewordene Einstellung weder erklären, wie der Kosmos ein Wesen hervorbringen kann, das über ihn selbst hinauszufragen vermag, noch, wie es radikal selbstlos gute Menschen geben kann, die sich für Gerechtigkeit engagieren, obwohl es ihnen Schaden, vielleicht gar den Tod, einbringt und sie keine Masochisten sind[218].

Mehr noch: In der menschlichen Auflehnung gegen das Böse und das Leid liegt geradezu ein Hinweis auf den göttlichen Ursprung des Menschen und der Welt. Wäre nämlich alles nur zufällig und aus blinden Naturgesetzen entstanden, so hätte es überhaupt keinen Sinn, sich gegen Böses und Leid zu empören. Mit begründeter Empörung können wir nur deshalb auf durch Menschen verschuldetes Böses und Leid reagieren, weil wir überzeugt sind, dass es nicht sein sollte, dass vielmehr sein Gegenteil, das Gute, unbedingt sein soll. Und genau diese Überzeugung verweist auf eine andere Wirklichkeit (Gott), die dieses unbedingte Sollen, dieses absolute Ziel, vorgegeben hat. Damit aber wird das als empörendes Übel empfundene Leid geradezu zum „Fels des Theismus" (gegen G. Büchner). Der praktischen Auflehnung gegen das Böse und das Leid liegt (wie wir an A. Camus gezeigt haben) selber ein – vielleicht gar nicht bewusstes – Setzen auf und Vertrauen auf das Gute als eine unbedingt einfordernde und bejahende Macht, die gegen Unrecht und Töten steht und bestehen möge, zugrunde, und ohne einen letzten Funken solcher Hoffnung weicht die moralisch-praktische Auflehnung der Resignation oder der Abstumpfung und Teilnahmslosigkeit.

Gegen die erwähnte Option steht deshalb als Alternative die andere Option: Trotz aller nicht definitiv ausräumbarer Zweifel dennoch im Wagnis des Glaubens auf eine letzte Güte setzen und daraus leben, deswegen darum kämpfen, dass weniger Menschen und andere Lebewesen Qual erleiden müssen, und dies in unbeirrter Hoffnung auf „Er-lösung", wider alle verzagt-resignierte Hoffnung des sogenannten gesunden Menschenverstandes (Röm 4,18; 8,24f). Auch dies ist eine Option. Aber sie kann sich im Leben als tragfähig und hilfreich praktisch bewähren. Und sie schneidet – im Vergleich mit nicht-religiösen und mit nicht-theistischen Weltanschauungen – in bezug auf die kognitive Sinndeutung der Wirklichkeit im ganzen und speziell in bezug auf das Problem des Übels in der Welt nicht schlecht ab; diese Aufgaben stellen sich ja auch jenen Weltanschauungen, und es ist nicht zu sehen, dass sie ihnen besser (lebensfreundlicher) gerecht werden als der christliche Glaube.

Der Schriftsteller Theodor Haecker schrieb in den Schrecken der Jahre 1942–1945 in seine Tag- und Nachtbücher: „Laß niemals von Gott! Liebe ihn! Wenn du das nicht kannst, dann streite mit ihm, klage ihn an und rechte mit ihm, wie Hiob, ja, wenn du das kannst, lästere ihn, aber – lasse ihn nie!"[219]
Ein extremes Beispiel für das letztere („lästere ihn, aber lasse ihn nie") findet sich in James Baldwins Roman „Eine andere Welt". Der junge Schwarzamerikaner Rufus hat ein verpfuschtes Leben voller Irrungen und Wirrungen hinter sich. Was er als Kind geglaubt und was ihn lange zuvor in väterliche Geborgenheit gehüllt hatte, ist längst für ihn verschwunden und unreal geworden. Nun steht er auf einer Brücke bei New York in eisiger Kälte und wird im nächsten Augenblick seinen Todessprung tun. Da schaut er noch einmal zum Himmel auf (den es doch gar nicht mehr gibt!), und in wilder Verzweiflung bricht der Fluch aus ihm heraus auf alles, was ihm einmal Bergung schenkte und nun für ihn verloren ist: „Du Lump, dachte er, du kotzdreckiger, bin ich nicht *auch* dein Kind?" Und dann, als er gesprungen war und durch die Luft sauste: „Mag's denn sein, du kotzdreckiger, gottallmächtiger Lump, ich komme zu dir."[220]

---

[218] Zur Kritik einseitig soziobiologischer Erklärungen vgl. H. Kessler, Gott, der kosmische Prozess und die Freiheit (s. o. Anm. 154), 197f.

[219] Th. Haecker, Tag- und Nachtbücher 1939–1945 (1947), hg. von H. Siefken, Innsbruck 1989, 143.

[220] J. Baldwin, Eine andere Welt. Roman, Reinbek bei Hamburg 1977.

Letztlich stehe ich immer neu vor der Frage, ob ich mir die Option Jesu für einen Gott der Güte als letzten tragenden Grund und letzt-gültigen Sinn-Grund der Welt zu Eigen mache und daraus mein Leben und meine Welt gestalten will. Auch wenn dieser Gott „mir nichts ersparen" wird, nicht den Weg durch die Wüste, vielleicht nicht einmal den Platz auf Hiobs Aschenhaufen, und sicher nicht das Grab: „alles darf mir genommen werden, außer dem Vertrauen zu ihm".[221]

Es kann freilich passieren, dass selbst solches Vertrauen mich im Stich lässt, dass auch die Vertrauenskrise der Gottverlassenheit mir nicht erspart bleibt, so dass ich nur noch die ganze Nichtigkeit und Fragwürdigkeit meines Glaubens – vor Gott – zulassen und vielleicht herausschreien kann. Gott-Vertrauen ist kein fragloser Besitz, es muss jeden Tag neu erkämpft und errungen werden. Und – es hebt die Theodizeefrage nicht auf, sondern treibt sie verschärfend hervor und hält sie wach als Frage an Gott selbst, manchmal auch als „Leiden an Gott"[222]. Doch mit jedem kleinen Anflug solchen Vertrauens bekommt das Leben einen geweiteten, die gewohnten Grenzen sprengenden Horizont und – eine Mitte, die nicht ich selber bin: Der Mensch begegnet einer abgründigen Güte, die ihn nicht bei sich selber hält, vielmehr auf den Weg der Güte bringt, die anderen ein kleines Stück Erfahrung von Güte möglich macht und die insoweit auch Not und Klage in Trost, in Hoffnung und sogar wieder in jenes Lob des Schöpfers zu verwandeln vermag, in welches viele Klagelieder Israels (Pss 13; 16; 22; 30; 34 u.v.a.) und der Völker schließlich doch münden.

Diese Option eines dem Zweifel und der Anfechtung wieder und wieder abgerungenen Vertrauens in eine letzte, verlässliche Güte bedeutet eine immer neu mit dem Ganzen des eigenen Lebens gegebene Antwort auf die Urfrage, die die Welt und die wir selbst uns sind, und auf den Anruf, der in beidem auf uns zukommt. Sie bedeutet eine täglich neu zu bekräftigende Lebensentscheidung, die – im Wissen, dass es in dieser Welt für *und* gegen sie Indizien (aber keine letzten ‚Beweise') gibt – auf die Zusage einer letzten Güte hin das Wagnis eines Lebensexperiments eingeht: das Wagnis, sein eigenes Leben in einem großen Experiment des Daseins nicht nur für sich selbst zu leben, sondern sich auch für andere einzusetzen und den Aufstand der Güte gegen Unrecht, Gewalt, Elend, Verzweiflung zu riskieren.

(3) Wer es wagt, sich auf den von Jesus erschlossenen Gott einzulassen, der versucht von einer grenzenlosen Güte her zu leben, die ihn – und genauso den anderen – von Grund auf liebt und um seiner selbst willen annimmt, die ihn, unverlierbar ihn selbst, birgt und unter allen Umständen hält, was auch immer kommen mag: „Der Herr ist mein Hirt, er leitet mich. ... Muss ich auch wandern in finsterer Schlucht, ich fürchte kein Unheil; denn du (den ich im Finstern nicht mehr wahrnehmen kann) bist bei mir, dein Stock und dein Stab (ihr hörbares Aufstapfen auf dem Boden), die trösten mich" (Psalm 23,4). Auch wenn oft gar nichts mehr von Gott zu vernehmen ist (vielleicht weil ich innerlich „zu" bin, mein inneres Ohr überflutet ist), wenn die Verborgenheit Gottes erschreckend, seine anscheinende Abwesenheit beunruhigend und bedrängend wird, wenn der Glaube mich im Stich lässt und das Vertrauen nur mühsam – in Erinnerung an frühere, vergessene oder verdrängte Erfahrungen von Führung und Nähe, wo das Ewige mich berührt, sein Widerschein mich gestreift hat – wieder errungen werden kann: Es ist erlösend, mitten in aller Ambivalenz der Natur und des Lebens mit einer anderen Wirklichkeit als der unseren rechnen und – wieder – Vertrauen in eine letztgültige gute Wirklichkeit fassen zu

---

[221] In Martin Gutl, Der tanzende Hiob, Graz 1975, 97, findet sich der Text „Zweifache Verheißung": „Du wirst mir nichts ersparen,/ nicht den Weg durch die Wüste,/ nicht den Kampf mit dem Goliath,/ nicht den Platz auf dem Aschenhaufen des Hiob,/ nicht den Sitz unter dem Ginsterstrauch,/ nicht das babylonische Exil –/ Der Herr ist mein Hirt,/ Er wird mich ins Grab bringen/ und wieder heraus –/ Der Herr ist mein Hirt,/ nichts wird mir mangeln,/ nicht die Geborgenheit in der Arche Noas,/ nicht das Wohnen im Zelte des Herrn./ Der Herr ist mein Hirt,/ nichts wird mir fehlen./Alles darf mir genommen werden/ außer dem Vertrauen zu Ihm."

[222] So Marie Noel (s. o. III.3d) und J. B. Metz, Theodizee-empfindliche Gottesrede, 99f.

dürfen; es gibt Halt im Wanken, Erstarken unter meiner Last, und es befreit zu einer bejahenden Grundeinstellung zu Mitmenschen und Mitgeschöpfen. [223]

Ob dieses Vertrauen und diese bejahende Grundeinstellung zur Mitwelt anderer Menschen möglich wird, hängt *mit* davon ab, wie wir ihnen begegnen. Wir haben Verantwortung füreinander, zumal für die nachwachsenden Generationen, und die anderen warten darauf, dass wir ihnen das Wichtigste im Leben nicht schuldig bleiben: jene – aus dem Vertrauen, selbst unbedingt bejaht und gehalten zu sein, erwachsende – Bejahung und Annahme des anderen, die niemanden ausgrenzt, niemanden abschreibt und die, statt Leiden zu mehren, sie zu überwinden, zu mindern oder wenigstens zu lindern trachtet. Wir haben Verantwortung füreinander: Wir können einander das Ja zum Leben, das Ja zur Schöpfung, das Ja zum Schöpfer möglich machen. Im Grunde möchten wir dies auch: Wir möchten von Gott her leben, stark sein im Glauben, kräftig und weit in der Liebe – aber es soll uns nichts kosten (oder wenigstens nicht zu viel), das ist die Not.

Roberto Benignis im Konzentrationslager spielender Film „Das Leben ist schön" (1998) zeigt einen jungen jüdischen Vater, der sich – unter Aufbietung all seiner Kräfte und Einfälle – bis zuletzt, bis in den Gang zur Erschießung, abmüht, seinem mit-inhaftierten Kind nicht nur das Leben zu erhalten, sondern zugleich die Freude am Leben, die Zuversicht, die Weltbejahung, die Fröhlichkeit. Das ist's wohl, worum es geht. Was sonst wäre wichtig und lohnend?

Sinn hat mein Leben, gut ist es, wenn von mir auf andere Bejahung und Ermutigung ausgeht, die ihnen das Ja zum eigenen Leben, das Ja zum Mitmenschen, das Ja zur Schöpfung erleichtert.

Glossar

Agápe
Die griechische Sprache kann verschiedene Arten von „*Liebe"* unterscheiden: Die *Agápe* (lat. caritas) ist die jeden um seiner selbst willen bejahende Liebe, unabhängig von seiner Liebenswürdigkeit oder Nützlichkeit (sie kann also auch einseitig den andern liebend bejahen, selbst wenn sie nichts von ihm hat, nichts zurückkommt); solche Agápe-Liebe sagt das NT von Gott aus (1 Joh 4,8.16), und zu solcher Agápe-Liebe lädt es uns ein. Die Agápe-Liebe ist zu unterscheiden von *Eros* (lat. amor; = auf Sympathie und Anziehung beruhende Liebe), von *Philía* (= Freundesliebe, auf Gegenseitigkeit beruhend), von *Storgé* (= Liebe unter Verwandten, v. a. Eltern-Kinder, Geschwister) und von *Sex* (lat.). Diese anderen Formen von Liebe sind umso humaner, je mehr sie von der Agápe-Liebe beseelt sind; die Agápe-Liebe (und damit die Liebe/Güte Gottes) will alle menschlichen Haltungen und Handlungen durchformen und beseelen (Thomas von Aquin: caritas forma omnium virtutum). – Ein alter christlicher Satz sagt: „Wo die Güte und die Liebe wohnt, da ist Gott" und da *wirkt* Gott. Wo das Gegenteil statthat, also jemand Übel mitgespielt und Leid zugefügt wird, da *leidet* Gott (dazu V.2).

Atheismus
von griech. a = Negation des folgenden Begriffs und Theismus = Glaube an Gott/Götter. –
Atheismus bedeutet also Leugnung der Existenz eines Gottes (oder der Götter) oder sogar jeglicher Transzendenz.

Dualismus: siehe Manichäismus

eschatologisch
von griech. to éschaton = das (zeitlich) „Letzte", das „Letztgültige, Endgültige". – Eschatologisch bedeutet: auf das Letzte/Letztgültige bezogen, auf das (als letztgültig) Erhoffte ausgerichtet, ausgespannt. – Eschatologie bedeutet meist Lehre über „die letzten Dinge", d.h. über die endgültige Zukunft des einzelnen (nach dem Tod) und der Welt. Eschatologie fragt – angesichts der Erfahrung von Entfremdung, Leid und Tod – nach dem (letzten, letztgültigen) Sinn und Ziel des Lebens und der Welt im Ganzen.

Gnosis
philosophisch-religiöse Strömung, um die Zeitenwende entstanden und in Randgruppen des Judentums wie des Christentums eindringend; nach ihr ist das Göttliche-Geistige und die Erlösung dem Menschen allein durch „Erkenntnis" (griech. gnósis) zugänglich.

---

[223] Zu diesem Punkt (3) vgl. ausführlicher H. Kessler, Erfüllung – augenblicklich erlebt und doch schmerzlich vermisst? Erlebnisorientierung und Heilserfahrung, in: Concilium 35 (1999) 490–499, sowie ders., Erlösung als Befreiung, Düsseldorf 1972, bes. 37–40 und 87–93.

Immanenz

lat. „Einwohnung", heute aber oft auch verwendet im Sinn von bloßer Innerweltlichkeit (immanent: „innerhalb eines umgrenzten Bereichs bleibend"). – Immanenz Gottes bedeutet das Einwohnen Gottes in der Welt, durchaus bei gleichzeitiger Welt-Transzendenz Gottes (für Bibel und christliche Tradition ist Gott in der Welt und in allen geschaffenen Dingen zuinnerst anwesend, aber so, dass er nicht in ihnen sich erschöpft, sondern sie zugleich unendlich übersteigt, also auch etwas Neues – z.B. Agápe, Erlösung, Auferstehung – ins Spiel bringen kann, was in der Welt nicht angelegt oder „drin" ist). – Hans Jonas jedoch meint hier mit „bedingungsloser Immanenz", dass für den „modernen Geist" Gott seine Transzendenz verloren habe, weil er in der Welt aufgegangen sei. Immanenz bekommt hier also die Bedeutung von reiner Innerweltlichkeit: es gibt nichts anderes als sie, keine die Welt übersteigende Transzendenz (der Himmel ist über unseren Köpfen zugezogen und geschlossen).

Manichäismus

ist die von dem Perser Mani (+ um 277 n.Chr.) gegründete Heilslehre. Für Mani kann ein guter Gott nicht Ursache des Bösen sein. Deshalb vertritt er einen radikalen Dualismus: die Welt wird in zwei absolute Urprinzipien aufgespalten, in ein gutes Urprinzip (begründet das Lichtvolle, Geistige, die Seelen) und ein böses Urprinzip (begründet das böse Materielle, Körperliche). Die Seelen sind in die Körper gebannt, sie vermögen sich nur durch Annahme der Lehre Manis (Bewusstwerden seines geistigen Selbst, radikale Enthaltsamkeit) zu befreien und in das Lichtreich zurückzukehren. Der Manichäismus breitete sich vor allem in Zentral- und Ostasien aus, wo er im 14. Jh. unterging. Augustinus hing ihm neun Jahre lang an.

Metaphysik

von griech. metá = nach und phýsis = Natur. Philosophische Disziplin, welche über die sinnlich erfahrbare Welt, über die Natur (und Physik) hinausfragt nach den letzten Gründen und Zusammenhängen des Seins und diese in einem einheitlichen Vernunftentwurf zusammenzudenken versucht.

Mystik

von griech. mýein = Augen und Lippen schließen, oder von griech. myéin = einweihen (z.B. in Mysterien), oder von griech. mystérion = Geheimnis. Bezeichnet spirituelle Wege zur Begegnung oder Einheit mit dem Göttlichen in verschiedenen Religionen. Es gibt verschiedene Formen von Einheit (Liebeseinheit, Verschmelzungseinheit). So ist zu unterscheiden zwischen Begegnungs- oder Liebesmystik (in monotheistischen Religionen) und Verschmelzungsmystik (in einigen östlichen Religionen).

Naturalismus

ist ein vager Sammelname für Haltungen und Daseinsdeutungen, nach denen alle Wirklichkeit (Kosmos, Evolution, Materie, Leben, Geist-Bewusstsein, Menschsein) rein natürlich erklärbar sein soll. „Die Materie" oder „die Natur" wird wie ein Subjekt betrachtet, das alles spontan selbst hervorgebracht haben soll, ohne irgendeinen transzendenten Faktor. – Aber hier wären viele Gegenfragen zu stellen. Um nur eine zu nennen: Wie z.B. soll die Natur und Materie ein Wesen (wie uns Menschen) hervorbringen, das auch über *sie*, über die Natur und Materie, hinausfragen kann, sie übersteigen, sich (geistig) überallhin versetzen und vor allem lieben kann (auch wenn es das oft nicht tut)? Dieses – über die Natur/Materie überschießende – Mehr muss doch irgendwoher kommen: Wie soll es aus der Natur/Materie *allein* kommen, wenn es über sie überschießt? [Die Selbstorganisation/Evolution hin zu höheren Seinsniveaus ist vielmehr ein Vorgang, der philosophisch ohne einen transzendenten Faktor gar nicht wirklich denkbar ist.] – Ist da nicht die Sicht des Glaubens viel plausibler, der einen schöpferischen Urgrund annimmt und mit Augustinus sagen kann: „Du (Gott) hast uns auf dich hin erschaffen (begründet), und ruhelos ist unser Herz, bis es seine Ruhe (seinen Halt) findet in dir" (Confessiones 1,1)?

ontologisch

von griech. on = seiend, Sein. – Ontologisch = seinsmäßig, das Verständnis des Seins und des Seienden betreffend. – Ontologie ist das philosophische Fragen nach bzw. Reden von jenem Verständnis des Seins und jedes Seienden, das jedem denkenden und handelnden Umgang mit den konkreten Wirklichkeiten zugrunde liegt.

Pantheismus

von griech. pas/pan = ganz, alles. – Allgottglaube, also die Vorstellung, dass das Göttliche nicht unterschieden ist von den Dingen, sondern mit ihnen identisch: „deus sive natura" (Spinoza), Gott und Welt sind identisch. Da der Pantheismus „alles" (= griech. pan) Welthafte mit Gott identifiziert, nach ihm aber das Welt-All alles ist, Gott die Welt also nicht mehr übersteigt, gibt es nicht mehr als die Welt und ist nicht mehr zu erwarten, als im kosmischen Geschehen „drin" ist: das fortwährende Stirb (des einen Individuums) und Werde (eines anderen Individuums).

prä-hermeneutisch

aus lat. prä = vor und griech. Hermeneutik = Lehre/Kunst des Verstehens/Auslegens von Aussagen. – Prä-hermeneutisch ist ein Denken dann, wenn es Aussagen/Texte einfach buchstäblich nimmt, ohne den gemeinten Sinn zu hinterfragen.

transzendental

von lat. transcendere = (hin)übersteigen, überschreiten. – „Transzendenz" bezeichnet (1) das Überschreiten der Grenzen der Erfahrung bzw. der empirischen Welt, (2) die – dabei evtl. angezielte – Wirklichkeit jenseits des sinnlich-gegenständlich Erfahrbaren und kategorial (= mit unseren Kategorien) Verfügbaren, also Gott und seine total andere Dimension, die alle uns bekannten Dimensionen übersteigt, quer liegt zu ihnen, in ihnen ko-präsent ist. In diesem Sinn ist Gott in allen Dingen gegenwärtig, aber nicht auf kategorial-gegenständliche (d.h. sie verdrängende) Weise, sondern auf eine total andere, übergegenständliche, „transzendental"-fundierende (d.h. sie übersteigende, ihnen zugrunde liegende, sie begründende und in ihre Eigendynamik freisetzende) Weise; Gott ist ihr transzendentaler Ermöglichungsgrund. – Der Begriff „transzendental" bezeichnet hier die nicht mehr hintergehbare Grundvoraussetzung, die letzte Bedingung der Möglichkeit von Welt, Prozess, Leben, Erkenntnis, Freiheit usw. überhaupt, ist also gegenüber dem Kantischen Sprachgebrauch von der erkenntnistheoretischen auf die (dieser zugrunde liegende) ontologische Ebene verlagert bzw. erweitert.

Weitere lieferbare Bände der Reihe:

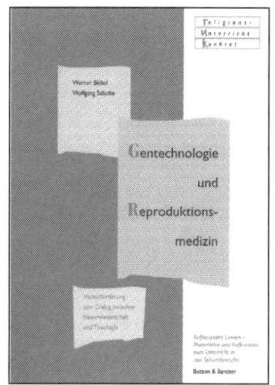

religionsunterricht konkret 3

Werner Bickel / Wolfgang Schulte

Gentechnologie und Reproduktionsmedizin

Herausforderung zum Dialog zwischen Naturwissenschaft und Theologie

152 Seiten. Format: 21 x 29,7 cm. Pp. ISBN 3-7666-0162-8

Lehrende und Lernende im Fach Religion werden, am gegenwärtigen Kenntnisstand ausgerichtet, fachwissenschaftlich und fachdidaktisch exakt und zugleich problem-orientiert in die Thematik des Verhältnisses von Naturwissenschaft und Theologie einge-führt. Der Bezug auf die Begegnungsfelder Reproduktionsmedizin und Gentechnologie kann dabei einerseits durch hohe Aktualität Interesse beanspruchen und andererseits Anlass bieten, die Beziehungen zwischen Naturwissenschaft und Theologie sachlich angemessen und schülerorientiert zu erarbeiten. Er eröffnet darüber hinaus Perspektiven für fächerübergreifendes Lernen in beiden Sekundarstufen. Neben einer grundlegenden inhaltlichen Orientierung liefert der Band unmittelbar im Unterricht einsetzbare Materialien sowie konkrete Hilfen für die Verwendung im unterrichtlichen Zusammenhang.

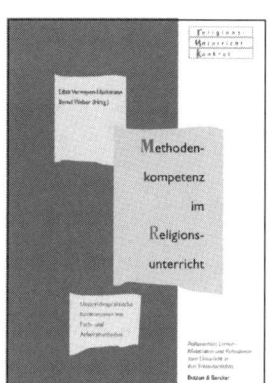

religionsunterricht konkret 4

Edith Verweyen-Hackmann / Bernd Weber

Methodenkompetenz im Religionsunterricht vermitteln

Unterrichtspraktische Konkretion von Fach- und Arbeitsmethoden

228 Seiten. Format: 21 x 29,7 cm. Pb. ISBN 3-7666-0237-3

Als ordentliches Lehrfach ist der Religionsunterricht dem Bildungs- und Erziehungsauftrag verpflichtet, Schülerinnen und Schüler zur Mündigkeit zu befähigen, die Selbst- und Mitbestimmung ebenso einschließt wie Selbstverantwortung und die Fähigkeit zur Solida-rität. Mündigkeit ist ohne eigenständiges Lernen nicht denkbar. Daher müssen Schülerin-nen und Schüler Methodenkompetenz erwerben, die Selbstständigkeit und Selbsttätigkeit in den Lernfeldern des Religionsunterrichts ermöglicht. Der Band bietet in diesem Sinne unterrichtspraktisch erprobte Bausteine zur Entfaltung der methodischen Dimensionen. Ebenso wird in Arbeitsmethoden der Lernenden eingeführt.

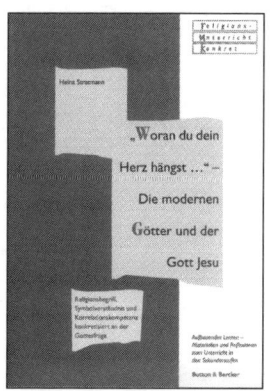

religionsunterricht konkret 5

Heinz Stratmann

**„Woran du dein Herz hängst ...“ –
Die modernen Götter und der Gott Jesu**

Religionsbegriff, Symbolverständnis und Korrelationskompetenz konkretisiert an der Gottesfrage

160 Seiten. Format: 21 x 29,7 cm. Pb. ISBN 3-7666-0318-3

In heutigen Lehrplänen findet eine überzeugende Rückbesinnung auf das Prinzip der Korrelation als didaktischer Orientierungsansatz für das Fach Religionslehre statt. Die Methode der Korrelation versteht sich als Einladung, zwischen der Lebenswirklichkeit heutiger Schülerinnen und Schüler und dem überlieferten christlichen Glauben zu vermitteln.
Dieser Band bietet mehrere unterrichtspraktische Bausteine, die eine differenzierte Diskussion zum Religionsbegriff enthalten und symboldidaktische Elemente berücksichtigen. Die in langjähriger Unterrichtserfahrung entstandenen Kapitel bieten Antworthilfen auf Schülerfragen wie „Worum geht es eigentlich, wenn wir von Religion sprechen?", „Wie lassen sich die modernen Götter vom Gott Jesu unterscheiden?" oder „Warum sind wir eigentlich Christen?" Der Band fordert zu einer kritischen Auseinandersetzung mit der Korrelationsdidaktik heraus und enthält neben den Anregungen für die Unterrichtspraxis auch mehrere erprobte Vorschläge für Klausuren und Abiturprüfungen.

Verlag Butzon & Bercker Kevelaer